欧亚备要

主办：中国社会科学院历史研究所内陆欧亚学研究中心

主编：余太山　李锦绣

吐火罗史研究

(增订本)

王 欣 著

商务印书馆
The Commercial Press
2018年·北京

图书在版编目(CIP)数据

吐火罗史研究 / 王欣著. — 增订本. — 北京：商务印书馆，2017（2018.8重印）
（欧亚备要）
ISBN 978-7-100-13000-4

Ⅰ.①吐… Ⅱ.①王… Ⅲ.①古代民族－民族历史－研究－中国　Ⅳ.①K289

中国版本图书馆CIP数据核字(2017)第042233号

权利保留，侵权必究。

吐火罗史研究
（增订本）
王　欣　著

商　务　印　书　馆　出　版
（北京王府井大街36号　邮政编码 100710）
商　务　印　书　馆　发　行
三河市尚艺印装有限公司印刷
ISBN 978-7-100-13000-4

2017年5月第1版　　开本 710×1000　1/16
2018年8月第2次印刷　印张 14 3/4

定价：48.00元

编者的话

"欧亚备要"丛书所谓"欧亚"指内陆欧亚（Central Eurasia）。这是一个地理范畴，大致包括东北亚、北亚、中亚和东中欧。这一广袤地区的中央是一片大草原。在古代，由于游牧部族的活动，内陆欧亚各部（包括其周边）无论在政治、经济还是文化上都有了密切的联系。因此，内陆欧亚常常被研究者视作一个整体。

尽管司马迁的《史记》已有关于内陆欧亚的丰富记载，但我国对内陆欧亚历史文化的研究在很多方面长期落后于国际学界。我们认识到这一点并开始急起直追，严格说来是在20世纪70年代末。当时筚路蓝缕的情景，不少人记忆犹新。

由于内陆欧亚研究难度大，早期的研究者要克服的障碍往往多于其他学科。这也体现在成果的发表方面：即使付梓，印数既少，错讹又多，再版希望渺茫，不少论著终于绝版。

有鉴于此，商务印书馆发大愿心，选择若干较优秀、尤急需者，请作者修订重印。不言而喻，这些原来分属各传统领域的著作（专著、资料、译作等）在"欧亚"的名义下汇聚在一起，有利于读者和研究者视野的开拓，其意义显然超越了单纯的再版。

应该指出的是，由于出版时期、出版单位不同，尤其是研究对象的不同，导致诸书体例上的差异，这次重新出版仅就若干大的方面做了调整，其余保持原状，无意划一，借此或可略窥本学科之发展轨迹也。

愿本丛书日积月累，为推动内陆欧亚历史文化的研究起一点作用。

余太山

前　言

吐火罗人在历史上的活动情况，一直是一个令众多中外学者感到困惑的问题。有文字记载以来，东西方各种文献中有关吐火罗人的记录时隐时现，且多语焉不详，矛盾抵牾之处比比皆是。所以，仅靠文献记载复原完整的吐火罗人的历史几乎是不可能的。但吐火罗人在古代东西方民族、文化交流史中所起的重要作用及其所处的不可或缺的特殊地位却早已为人们所认识（季羡林 1982）。可以说，所谓的吐火罗问题（Tocharian Problem），是任何研究印欧文明起源、东西民族文化交流、中亚西域文明的学者所无法回避的一个课题。

从严格的意义上来讲，国际上对吐火罗历史的研究始于 19 世纪末 20 世纪初，迄今已逾百年。其背景则是吐火罗语文献的发现与成功解读。吐火罗语文献主要发现于中国新疆的库车、焉耆、吐鲁番一带，它用古印度婆罗谜（Brāhmī）字母中亚斜体书写，属原始印欧语（Proto-Indo-European）系 Centum 语支的西北组（North-West Group）。比较语言学的研究成果已经证明，吐火罗语是迄今所知最古老的原始印欧语的一支（Adams 1984），这暗示着操吐火罗语的古代库车（龟兹）、焉耆、吐鲁番（车师）的早期居民有可能是一支最古老的原始印欧人。新疆所出佉卢文书的研究成果已经证明，古鄯善王国（从精绝至楼兰一带）的土著语言亦为吐火罗语（Burrow 1935），表明塔里木盆地南缘诸绿洲上的早期居民很可能也是原始印欧人。因事关原始印欧人的起源问题，故吐火罗语和吐火罗人历史的研究引起了西方学者的广泛注意，其势至今尤甚。有关论著亦汗牛充栋，涉及领域十分广泛，其中又以语言学的研究成果居多（Krause and Thomas 1960、1964）。与吐火罗语文献的研究相呼应，法国著名汉学家伯希和、列维则结合汉文文献与西方文献的有关记载，对吐火罗语流行的龟兹、焉耆地区的历史做了较为详尽的研究（冯译1957a）。20世纪以来，中国学者在这些方面也做了大量的工作（参见本书参考文献部分）。

问题在于，西方文献中所指称的吐火罗（Tochari）最早却出现于中亚的巴克特里亚（Bactria），他们以灭亡希腊—巴克特里亚王国而著称，这一地区也因之被后世称为吐火罗斯坦。这一点与汉文文献的有关记载完全一致，玄奘在《大唐西域记》中称其地为"覩货逻国故地"。然而这里却并未发现任何所谓的吐火罗语文献。此外，东西方各种古代文献亦从未明确指称龟兹、焉耆地区的古代居民为吐火罗人，这就使得文献中的吐火罗人与所谓的吐火罗语在时间上和空间上产生相互脱离、似乎又互不相关的奇特现象。所以，自1907年德国学者缪勒将龟兹、焉耆古代文书中所记录的语言比定为吐火罗语以来，有关吐火罗语定名问题的争论就从未停止过（冯译1957a）。近年来，中国学者多倾向于将所谓的吐火罗语（甲、乙两种方言）定名为焉耆语与龟兹语（李铁1984）。以地名命名古代民族所操的语言是否合适姑且不论，这样做本身也是对所谓的吐火罗问题的回避。

由于希腊文献和汉文文献最早都曾提到吐火罗人早期在河西走廊及中国北部活动的某些迹象，加之吐火罗人余部在河西一带的活动又为9世纪的于阗塞语文献所证实，这就使得吐火罗人的历史显得更为扑朔迷离。西方学者通过汉文文献中有关古代河西走廊的民族分布与迁徙情况的分析，多倾向于将进入中亚的吐火罗人比定为月氏，但仍未解决吐火罗人何以会到达河西走廊及中国北部，塔里木盆地何以又有操吐火罗语的原始印欧人群分布等问题。而且，在汉文文献中，中亚吐火罗人（大夏）与大月氏人明显是区分开来的（《史记·大宛列传》）。

20世纪80年代以来，在塔里木盆地发现的大量当地古代居民的遗骨和干尸引起了国内外学者的极大重视。中国学者韩康信等已经通过体质人类学的研究成果证明，塔里木盆地的早期居民中有大量的原始印欧人群体。美国宾夕法尼亚大学（University of Pennsylvania）教授梅维恒（Victor H. Mair）于1995年则集中了世界各地的学者，从考古学、历史学、体质人类学、比较语言学甚至遗传学等角度，全方位地探讨了塔里木盆地古代居民的遗骨（体）与吐火罗人或原始印欧人联系的可能性（JIES 1995）。1996年他还在美国召集了以吐火罗问题为主题的国际学术讨论会。相信在不久的将来，吐火罗人的神秘面纱终将被多学科的综合研究所揭开。

针对吐火罗历史研究中所存在的问题，本文在前人研究的基础上，试图通过考察历史上吐火罗人迁徙活动的情况，说明他们向东发展的过程中曾分布于塔里木盆地南北部。东徙河西走廊的吐火罗人的活动范围曾到达了中国北部地区。此后这支吐火罗人除少数进入祁连山之外，大部分又经过天山北麓西迁伊犁河、楚河流域，最后越过阿姆河，进占巴克特里亚。在此期间，各地吐火罗人之间相继失去联系，并进而分道扬镳，独立发展，逐渐在塔里木盆地南缘的尼雅至楼兰一线，北缘的龟兹、焉耆地区，河西走廊西部山谷地带及中亚巴克特里亚等地形成几个活动中心。鉴于中外学界在古代库车、焉耆地区的历史、文化研究上已做了大量的工作，取得了丰硕的成果，并已形成了龟兹学的雏形，我们这里主要研究、探讨河西走廊、塔里木盆地南缘和中亚吐火罗人的历史活动，即上述地区的吐火罗人发展史。限于篇幅，其经济、文化方面涉及较少。

早在1936年，伯希和教授就已经指出："吐火罗语问题是一种必须深知中亚历史始能答解的问题，可也是一种最难答解的问题，因为就现在我们的知识程度说，有些答解互相抵触，好像任何答解皆可包括在内。要使问题明了，只能做陆续接近的研究，各人利用前人研究的成绩，整理自己的主张，而为一种暂时学说，然而仍旧未能掩盖其弱点。"（冯译1957a）这种情形从总体上来看至今仍未改变，本文概莫能外。我们只是尽可能地吸取各学科的最新研究成果，将吐火罗人的早期活动遗迹同其迁徙活动联系起来考察，并力图从总体上把握各个时期、各个地区吐火罗人的历史发展情况。事实上，本文许多推论仍不成熟，尚祈方家批评、指正，并待以后进一步研究、完善。

英国著名的中亚史学者塔恩（W.W.Tarn）曾经抱怨说，吐火罗人的族属和语言是一个最大的难题，他甚至打算置之不理（Tarn 1951）。当然，最终任何人也无法回避这一问题。迄今为止，汉文文献仍然是记载吐火罗人历史活动最早也是最丰富的材料。中国是吐火罗语文献的发现地，也是历史上吐火罗人活动的主要地区之一。无论从哪一方面来讲，搞清吐火罗问题的真相，中国学者都责无旁贷。在各方面条件尚不完备的情况下（如吐火罗语知识的欠缺），我们只能勉力为之，以求引玉。

目　录

第一章　吐火罗的族名与族属

第一节　吐火罗的族名 1

第二节　吐火罗的族属 18

第二章　吐火罗人的族源及其迁徙与分布

第一节　吐火罗人的族源 23

第二节　吐火罗人的迁徙与分布 27

第三章　河西走廊及塔里木盆地南缘的吐火罗

第一节　吐火罗人在河西一带的活动 46

第二节　塔里木盆地南缘的吐火罗人 55

第四章　吐火罗在中亚的前期历史活动

第一节　吐火罗集团对巴克特里亚的征服与大夏国的建立 78

第二节　大月氏统治下的吐火罗与贵霜王国的建立 91

第三节　第二贵霜王朝的衰亡与吐火罗诸部的独立 102

第五章　西突厥统治下的吐火罗与吐火罗叶护政权

第一节　突厥在中亚的扩张与西突厥统治下的吐火罗 …… 110

第二节　唐经营中亚与吐火罗叶护政权在吐火罗斯坦的统治 …… 124

第三节　吐火罗叶护统治时期的中亚形势与吐火罗斯坦的突厥化 …… 135

结　语 …… 150

Summary：A Study of The Tocharian History …… 152

附　录

印欧人的起源与吐火罗人的迁徙：学术史的回顾与方法论的思考 …… 162

丝绸之路中段的早期印欧人 …… 179

参考文献与缩略语 …… 195

索　引 …… 206

后　记 …… 224

Contents

Charpter Ⅰ The Name and Racial Identification of the Tocharians

1. The Name of Tochari 1

2. The Racial Identification of the Tocharians 18

Charpter Ⅱ The Origin of the Tocharians and Their Migration and Distribution

1. The Ethnic Origin of the Tocharians 23

2. The Tocharians' Migration and Distribution 27

Charpter Ⅲ The Tocharians in Hexi Corridor and the Southern Fringe of Tarim Basin

1. The Tocharians' Activities in Hexi Corridor 46

2. The Tocharians in the Southern Fringe of Tarim Basin 55

Charpter Ⅳ The Early Activities of the Tocharians in Central Asia

1. The Tocharian Groups Conquer Bactria and the Foundation of Daxia Kingdom 78

2. The Tocharians under the Rule of Da Rou-zhi and the Foundation of Kushan Kingdom 91

3. The Decline of the Second Kushan Dynasty and the Independence of the Tocharian Tribes 102

Chapter V The Tocharistan under the Rule of Western Turks and the Tocharian Yabqu Regime

1. Turks Expansion in Central Asia and the Tocharians under the West Turks 110

2. Tang Dynasty in Central Asia and the Tocharian Yabqu Regime 124

3. Central Asia under the Tocharian Yabqu Regime and Turkization in Tocharistan 135

Conclusion 150

Summary: A Study of The Tocharian History 152

Appendix

Origin of the Indo-Europeans and Immigration of the Tocharians 162

The Early Indo-Europeans in the Middle Part of Silk Road 179

Bibliography and Abbreviations 195

Index 206

Postscript 224

第一章 吐火罗的族名与族属

第一节 吐火罗的族名

一、吐火罗一名的由来

古代东西方的各种文献中，包括那些曾流行于古代中亚地区而现在早已消亡的各种所谓的"死文字"里，有许多都曾提到过"吐火罗"之名。这些文献包括汉文、古希腊文（Greek）、于阗文（Khotanese）、粟特文（Sogdianese）、吐蕃文（Tibetanese）、回鹘文（Uygurese）、梵文（Sanskrit）和阿拉伯—波斯文（Arab-Persia）等，几乎涵盖了曾使用这些文字、在古代中亚地区活动的所有民族留下的文献，时间延续长达一千年。仅此一点就可以反映出历史上吐火罗人在这一地区影响的广泛性与深远性，及其在东西方民族关系和文化交流史中所占有的特殊地位。

关于"吐火罗"一名的由来，史无明征，其含义亦至今无从知晓，甚至在吐火罗语（Tocharian）文献中也没有发现"吐火罗"一词。人们对这一名称的认识始终是模糊的。但可以肯定，"吐火罗"是古代诸民族、国家对这一古老民族的称谓，并为后世所承袭。20世纪初以来，结合有关吐火罗人起源问题的讨论，国际上有学者曾对"吐火罗"一名的由来做了种种推测。著名的英国伊朗学家贝利（H.W.Bailey）教授认为，"吐火罗"（Tochari）一词（在古希腊地理学家托勒密［Ptolemy］的名著《地理志》中作"Θογαρα"）原由两部分构成，即前一部分 to-（又作 tho- 和 tu-），后一部分 Gara（即 *γαρα）。前者（to-）相当于汉语中的"大"（ta）；而后者（Gara）则为一个古代民族的称谓。该民族在 8 世纪的吐蕃文献中被称作 *Gar（吐蕃文献中共有三种形式：mgar、hgar、sgar）。在 8—10 世纪的于阗塞语文书中被称为 Gara，主要活动在那一时期的所谓南山（即祁连山）中。贝利进一步指出，Gara（*Gar）相当于托勒密《地理志》中的 Θογαρα，汉文文献中的月氏（üe-tsi）。① 贝利的研究对于探索"吐火罗"一名的来源无疑具有启发性。

据《史记·大宛列传》的记载，月氏在公元前 177—前 176 年被匈奴从河西逐往伊犁河和楚河流域的塞种故地以后，"其余小众不能去者，保南山羌，号小月氏"。这就是贝利将 Gara（*Gar）比拟为月氏的根据所在。但在 8—10 世纪时，这部分小月氏人早已与当地的羌人相融合，并与这里的其他游牧诸族共同形成一个以地域（南山）为中心的多民族融合体。② 被称作"仲云"，或"众熨"、"众云"、"重云"、"种榅"等。五代时高居诲《使于阗记》中明确记载："沙州西曰仲云，其牙帐居胡卢碛，云仲云者，小月氏之遗种也。"③ 小月氏之名此时已为仲云所取代而不复存在，在敦煌汉文文书中又称南山人。④ 他们后来成为吐蕃统治下的南山部族中的一部分，相当于敦煌所出伯希和吐蕃文卷子 1089 号中的 Lho-bal（南人）、斯坦因敦煌汉文卷子 542 中的"南波"。⑤ 而在敦煌于阗文文书中，仲云则被称为 Cimuda（Cumud 或 Cimnda）。⑥ 故以 8—10 世纪时期的 Gara（*Gar）比称月氏似有不妥。此外，在贝利等学者看来，月氏即吐火罗，这恐怕也是他们将 Gara 称作月氏的一个前提。正如后面所论述的那样，我们认为月氏和吐火罗尽管关系十分密切，但两者显然分属不同的民族，不能将他们简单地等同起来。因此，我们同意贝利将 Gara 比作吐火罗的观点，但不认为 Gara 与月氏同族。

著名的伊朗学家亨宁（W.B.Henning）曾将吐火罗人与西亚楔形文字中所出现的古提（Guti）人等同起来，在他看来，Guti 人是吐火罗人的前身，公元前三千纪之末和其兄弟部族 Tukri 人离开波斯西部远徙中国，"月氏"一

---

① Bailey 1970, pp.121—122.
② 周伟洲 1993, 第 248—250 页。
③ 《新五代史》, 3/918. 以下所引二十四史均据中华书局简装校注本, 前为册数号, 后为页码, 不另注。
④ 黄盛璋 1989b, 第 5—6 页。
⑤ 杨铭 1993, 第 10—15 页。
⑥ 耿译 1985, 第 177 页。

名最终源于 Guti,"吐火罗"一名最终源于 Tukri。他们则被认为是历史上最初的印欧人。[1]亨宁这一假说显然极富想象力,可备一说。我们更倾向于认为,汉文文献中的"大夏"是迄今所知中外各种文献中对吐火罗人的最早记载。早在 1901 年,马迦特(J.Markwart)在其名著《伊兰考》(Ērānšahr, Berlin 1901)中首次提出"大夏即吐火罗"的观点,中国学者王国维、黄文弼等则进一步探讨了大夏(即吐火罗)人在中国北部地区的活动情况。[2]尽管国内外学术界对此仍有争论,但大夏即吐火罗这一观点近年来已日益为我国更多的学者所接受。[3]正如我们下面所讨论的那样,早在先秦时期,大夏(吐火罗)就曾活动于中国北部及河西走廊一带,同月氏关系十分密切,二者多次并见于先秦时期的汉文文献中。可能在公元前 3 世纪后半叶,受乌孙、月氏战争的影响,河西一带的吐火罗人大部分西迁伊犁河、楚河流域的塞地。据研究,他们仍有一部分留在原地。[4]留下来的这部分吐火罗人可能人数不多,主要活动于敦煌以南的祁连山中,在后世影响不大。有迹象表明,残余下来的吐火罗人集团在 8—10 世纪时仍活动于这一地区。上引高居诲《使于阗记》中所记"胡卢碛"之"胡卢"即为"吐火罗"的别译。[5]要之,则于阗文中的 Gara、吐蕃文中的 *Gar 和汉文中的"胡卢"所指的均是还活动于敦煌至罗布泊一带的吐火罗人后裔。所以,与其将于阗文和吐蕃文中的 Gara(*Gar)比拟为月氏,倒不如将之视为吐火罗余众似更接近事实。如果以上推论不误,那么 Gara(*Gar)很可能就相当于汉文"大夏"中的"夏"。正如贝利教授上文指出的那样,希腊文 Θογαρα 一词前一部分 to-(tho、tu)相当于汉文中的 ta(大)。所以,我们认为,"吐火罗"一词很可能亦由两部分构成,即 to- 相当于汉文中的 ta(大)之对译;*γαρα,相当于汉文中的"夏",亦即于阗文中的 Gara、吐蕃文中的 *Gar。当然,无论是汉文文献中的"大夏",抑或是其他西方文献中所记的吐火罗之名,其本身都是作为一个整体指称吐火罗人的,在实际中则不能将其分开,更不能根据汉文字意将"大"、"夏"二字

---

[1] 参见徐文堪 1993,第 6 页。
[2] 参见王国维 1959,第 613 页。黄文弼 1981,第 117—129 页。
[3] 参见杨建新 1986、王宗维 1987、林梅村 1989、余太山 1992、季羡林 1993 等。
[4] 余太山 1992,第 28 页。
[5] "胡卢碛",有人认为在今罗布泊西南,见钱伯泉 1989,第 67—69 页。

分加解释，如"大月氏"、"小月氏"之类。此外，吐火罗（Tochari）在公元前141年左右进入巴克特里亚（Bactria）之后才见诸西方文献之中，显然要晚于汉文文献，所以，汉文中的"大夏"是有文字记载以来指称吐火罗人的最早形式。这一点，我们将在下文中详加讨论。

二、汉文文献中所见吐火罗

在汉文文献中，有关"吐火罗"一名的译写形式十分繁杂，又因时代的不同、史料来源的差异而多有变化。但将它们归纳起来考察，我们会发现，其中还是有规律可循的。为明晰起见，兹将汉文非佛教文献中所见吐火罗一名的各种译写形式，大致按其所出现时代的先后顺序，列表如下。佛教文献中的有关记载随后集中讨论。

汉文非佛教文献中所见吐火罗一名译写形式

名称	出处	时代
大夏	《吕氏春秋·古乐篇》	黄帝
	《左传·昭公元年》	高辛氏
	《史记·齐太公世家》	齐桓公三十五年（前651）
	《逸周书·王会解》	战国
	《山海经·海内东经》	战国？
	秦始皇《琅琊台铭》（《史记》）	秦
	《史记·大宛列传》	西汉
	《汉书·西域传》	西汉
	《汉书·地理志》	西汉
敦薨	《山海经·北山经》	战国？
	《水经注》卷二	北魏
敦煌	《史记·大宛列传》	西汉
	《汉书·地理志》	西汉
	（下略）	
去胡来	《汉书·西域传》	西汉
兜勒？	《后汉书·西域传》	东汉
吐呼罗	《魏书·西域传》	北魏
吐豁罗	《新唐书·西域传》	唐
胡卢	《五代史·四夷传》	五代

从上列表中我们可以清楚地看到,"大夏"是汉文文献中指称吐火罗人的最早形式,首见于先秦时期的各种典籍之中。在这一历史时期,大夏(即吐火罗)主要活动在晋南及晋北或河套以北地区。① 如我们下面所指出的那样,这一带亦可视为迄今所知吐火罗人迁徙发展的最东端。西汉张骞凿空西域,于公元前 128 年前后到达阿姆河流域,将西迁后灭亡并占领希腊—巴克特里亚王国(Graceo-Bactria Kingdom)的吐火罗人所建立的国家径呼之为大夏。《史记·大宛列传》和《汉书·西域传》均采用了这一称呼。众所周知,张骞在中亚地区曾活动了长达一年多的时间,对那里的各种情况当有一个比较清楚的认识。他在记载巴克特里亚的吐火罗人时采用"大夏"这一古代名称,绝非偶然。这表明他已敏锐地发现了这里的吐火罗人与曾出现在古代文献中的、原活动于中国北部的"大夏"的某种联系,而并未仅仅从二者在对音上的相似之处考虑。②《新唐书·西域传》所云"大夏即吐火罗也",似乎是后人对这一历史事实的确认。

"敦薨"或"敦煌"是汉文文献指称吐火罗人的另外一种形式。据研究其得名直接源于"大夏",系"大夏"一词的同名异译。③ 从上列表中我们亦可以看到,"敦薨"一名首先出现于先秦时期,但其时间要明显晚于大夏。如我们下文所讨论的那样,"敦薨"一名出现时,吐火罗人已从晋南、晋北一带迁往河西地区,所以它所指的实际上是已活动于河西地区的吐火罗人。从汉文文献中记载吐火罗人的这种名称变化来看,当时人们对大夏西迁河西这一段历史的认识是十分模糊的,所以并没有把在河西一带活动的吐火罗人与之前曾活动在中国北部地区的大夏人联系起来,且将他们作为未知民族而用"敦薨"一名加以指称。至西汉武帝开河西通西域时,这里的大部分吐火罗人早已离开河西,并经伊犁河、楚河流域迁居阿姆河中上游原希腊—巴克特里亚王国境内。虽然仍有一小部分吐火罗人留在河西,但他们可能已退入祁连山中活动,故不为汉文史家所注意。尽管如此,"敦薨"之名作为吐火罗民族的遗存却对后世产生了深远的影响。据研究,汉代敦煌郡的得名就

---

① 余太山 1996b,第 690 页。
② 余太山 1996b,第 698—670 页。
③ 参见余太山 1992,第 25 页;王宗维 1987,第 61—72 页。

直接源自"敦薨"一词。①"敦煌"之名因此一直沿用至今。《汉书·地理志》"敦煌郡"条下应劭注云:"敦,大也;煌,盛也。"研究者已经指出:"这种解释,纯属望文生义。"②同志"陇西郡"条下有县名曰"大夏"恐亦得名于吐火罗人的活动。此外,在《汉书·西域传》中还记有"去胡来王"之名。据研究,"去胡来"亦为"吐火罗"之对音,皆"大夏"之异名。③"去胡来"主要活动在今阿尔金山一带,从下文所讨论的吐火罗人的迁徙史来看,这部分吐火罗人更可能是吐火罗人早期东徙时的余部。

一般来讲,"敦薨"在汉文文献中用于指称活动在河西一带的吐火罗人。但从《山海经·北山经》的注文之记载来看④,活动在西域焉耆一带的吐火罗人也首次受到了注意。这一地区所留下的敦薨之山、敦薨之水、敦薨之浦、敦薨之薮等即为当时吐火罗人在这一带活动所留下的影响遗迹。联系"敦薨"一名出现的年代来看,焉耆一带的吐火罗人与河西一带的吐火罗人大致属同一时期的。需要指出的是,焉耆一带的吐火罗人是在早期东徙过程中受阻而留居于此的,与另一支东徙中国北部、复又从河西西迁中亚的吐火罗人早已失去联系。这一点下文将详细论述。

东汉以降的汉文史籍中大致上相继用兜勒、吐呼罗、吐火罗、吐豁罗、胡卢等名指称吐火罗人。此时,吐火罗人的主体早已在阿姆河中上游一带,亦即后来玄奘所称的"覩货逻国故地"或穆斯林文献中的吐火罗斯坦(Tūkhāristān)定居下来。汉文文献中的上述名称("胡卢"除外)所指的实际上就是这一历史时期活动在吐火罗斯坦的吐火罗人。汉文这些译写形式可能均源于东汉至唐当地或周边民族对吐火罗人的称谓。⑤如粟特语中的 'tγw'r'k,回鹘语中的 twγry、twxry、twqry 等,而这些称谓无疑又均源自希腊人对吐火罗人最早的几种称谓形式,如 Τόχροι(Tocharoi)、Θογάρα(Thogara)、Τακοραιοι(Takaraioi)等。⑥显然,从上述汉文中关于中亚吐火

---

① 王宗维 1987,第 64 页。
② 王宗维 1987,第 61 页。
③ 黄文弼 1981,第 128 页。
④ 参见郝懿行《山海经笺疏》。
⑤ Bailey 1970, p.121.
⑥ Tarn 1951, pp.515-516.

罗人名称的译写形式的种种变化及其来源来看，东汉以后的汉文文献已基本上将中亚的吐火罗人与过去曾活动在中国北部及河西一带的吐火罗人，即大夏人、敦薨人之间可能存在的某种渊源关系完全割裂开来。张骞通西域以后试图将中亚的吐火罗人与历史上的大夏联系起来的努力遂宣告失败。造成这一结果的原因，一方面是由于汉文典籍对大夏的西迁活动多语焉不详，只留下一些有关的地理名词，使后人摸不着头脑，难以遽断；另一方面恐怕是因为东汉以后，中原战乱频起，诸王朝分裂割据，无暇西顾，同西域、中亚的政治联系有所削弱所致。值得注意的是，《魏略·西戎传》中曾有"罽宾国、大夏国、高附国、天竺国皆并属大月氏"的记载。① 此处称吐火罗人在中亚建立的国家为"大夏"国，似乎是时人对张骞在中亚认识的某种继承和认同。但除了《新唐书·西域传》曾提到"大夏即吐火罗"之外，这种继承和认同如过眼云烟，终为后世所忽略。中亚吐火罗人与大夏之间可能存在的某种联系亦告断绝。当汉文文献重新关注中亚的时候，吐火罗人遂以一个未知民族的崭新面貌见诸史端。

目前，学术界在《后汉书·和帝本纪》及《后汉书·西域传》中所提到的"兜勒"所指为何的问题上分歧较大。《和帝本纪》云：永元十二年（100）"冬十一月，西域蒙奇、兜勒二国遣使内附，赐其王金印紫绶"。《西域传》复云："于是，远国蒙奇、兜勒皆来归服，遣使贡献。"张星烺首先认为："蒙奇即马其顿（Macedonia）之译音，而兜勒则为吐火罗之译音。"② 莫任南却认为兜勒应指的是色雷斯（Thrace）。③ 林梅村则不同意张星烺和莫任南关于"兜勒"一词的比附，在他看来，"兜勒"应是地中海东岸城市推罗（Tyre）的音译。④ 他将《后汉书》的上述记载同公元100年前后发生的一次罗马商团出访洛阳事件联系起来。但"兜勒"与汉文佛教文献中的"兜佉"（《正法念处经》）、"兜沙罗"（《杂阿含经》）和"兜佉勒"（《高僧传》）在译写形式上似乎是一脉相承的，均源于古印度梵语中的Tusāra。⑤ 所指的均当是

---

① 《三国志》，3/859。
② 张星烺1977，第24页。
③ 莫任南1985，第30—31页。
④ 林梅村1995，第12—13页。
⑤ 冯译1957a，第77页。

活动在原巴克特里亚一带的吐火罗人。此外，在《后汉书》的上引记载中我们也能看到，兜勒和蒙奇是共同遣使的，两国自应相距不远且关系密切。据考订，"蒙奇"所指的就是与吐火罗斯坦西邻的马尔吉亚那（Margiana）地区，"蒙奇"或即为 Margiana 之音译。① 这一点在对音上似乎没有什么太大的问题。倘如此，则这从一个侧面或也证明"兜勒"所指应为巴克特里亚一带的吐火罗人。当然，这个问题似乎还可以做进一步探讨。

东汉末年，随着佛教传入中国，众多的异域僧侣东行弘法、内地高僧西行求法活动的展开，大量佛教典籍被引介并译成汉文。在这些典籍及内地高僧的各种行纪和撰述中，亦多见有关吐火罗人的记载。这些记载极大地丰富了我们对吐火罗历史、文化的认识。

在汉文佛教文献中，"吐火罗"的译写形式亦多有不同。"吐火罗"（Tochari）一名在《梁高僧传·昙摩难提传》和《鞞婆沙论》中均作"兜佉勒"，《正法念处经》中作"兜佉"，《大智度论》中作"兜佉罗"（还有作"兜呿罗"者），《杂阿含经》中作"兜沙罗"。玄奘在《大唐西域记》中作"覩货逻"，慧立、彦悰《大慈恩寺三藏法师传》、义净《大唐西域求法高僧传》、《南海寄归内法传》均基本沿袭玄奘的译法，作"覩货逻"（或"覩货罗"）。唯慧超之《往五天竺国传》中作"吐火罗"。"兜佉勒"、"兜佉"和《后汉书》中所记"兜勒"有可能均源自佛教梵语（Buddhist Sanskrit）中的"Tokhari"。② "兜佉罗"、"兜呿罗"、"兜沙罗"等则可能源于梵文中吐火罗的另一种写法"Tusāra"。③ 玄奘所称的"覩货逻"无疑源于梵文中的"Tukhāra"。他还试图用"覩货逻"这种译写形式，校正常见于史乘的"吐火罗"，但据研究，他"或许意在强调梵名原文 Tukhāra 第二音节为长元音"之故。④ 这些佛教典籍和有关撰述中所反映的基本上均是吐火罗人在中亚吐火罗斯坦活动的情况，它们对汉文正史是一个极大的补充，也是我们全面认识和了解吐火罗人在中亚历史活动的必不可少的材料。

---

① 《辞海·地理分册·历史地理》，第 427 页。
② Bailey 1970, p.121.
③ 冯译 1957a，第 77 页；林梅村 1995，第 4 页。
④ 季羡林等 1985，第 101—102 页。

从对汉文文献中有关吐火罗人的各种译写形式的分析及其演变历史来看，我们认为，"大夏"是汉文文献中指称吐火罗人的最早名称，原来主要是指活动于中国北部的吐火罗人。这种写法多见于先秦时期的各种文献之中。张骞通西域后，对西迁中亚的吐火罗人复以此名对之加以确认，《史记》、《汉书》袭之，《魏略》则对此加以继承和认同。此后，除《新唐书》外，以"大夏"指称吐火罗的这种形式遂从汉文文献中消失。在吐火罗人西徙河西后、西迁塞地前的一段时间里，汉文文献中一般用"敦薨"一名指称在河西地区活动的并以敦煌为中心的吐火罗人，顺及焉耆一带的吐火罗人。东汉以后，汉文史籍中则又用"兜勒"、"吐呼罗"、"吐火罗"或"吐豁罗"等指称已定居于吐火罗斯坦的吐火罗人，在佛教文献中则作"兜佉勒"、"兜佉"、"兜佉罗"、"兜呿罗"、"兜沙罗"、"覩货逻"等。所以，汉文文献中有关吐火罗人的各种译写形式的演变，多少也能折射出吐火罗人从中国北部到中亚阿姆河流域迁徙发展的某些轨迹。需要指出的是，中亚诸民族在称呼吐火罗人时的各种差异，以及各地吐火罗人的土著化，很可能也是造成汉文文献中对吐火罗之名译写形式繁杂的主要原因之一。

三、古希腊文文献中所见吐火罗

一般认为，希腊文文献是最早记载吐火罗人活动的西文史料之一。英国学者塔恩（W.W.Tarn）甚至认为，希腊文中所提到的吐火罗人的时间远远要早于大多数东方文献。[①]据认为，最早提到吐火罗人的希腊人是公元前100年前后的阿波罗多鲁斯（Apollodorus）。[②]他说灭亡希腊—巴克特里亚王国的是游牧的Τόχαροι（Tocharoi）等四部。古希腊地理学家斯特拉波（Strabo）在《地理志》中采纳了这一说法。[③]托勒密在其《地理志》中也有这种写法，所指的亦为巴克特里亚的吐火罗人；在他的著作中还有另一种写法，即Τάχοροι

---

① Tarn 1951, p.515.
② 参见 Tarn 1951, p.284, N.4.
③ Starbo 1916, p.261.

（Tachoroi），用以指称活动在索格底亚那（Soghdiana）的吐火罗人。① 希腊—巴克特里亚王国大致灭亡于公元前 141 年左右，所以，希腊文献中提到的吐火罗人的时间大致在此前后。这一年代远远要晚于汉文文献中所提到的在中国北部的（大夏）和河西、焉耆一带活动的吐火罗人（敦薨）的时间。显然，塔恩对吐火罗人在中国境内的早期活动情况毫无所知。

生活于公元前 85 年前后的希腊史学家珀姆佩乌斯·普罗劳古（Pompeius Trogus）曾用"Thocarorum"、"Thodarorum"、"Thoclarorum"、"Toclarorum"指称吐火罗。② 在托勒密的《地理志》中则记有"Θαγοῦροι"（Thagouroi）人和"Θόγαρα"（Thogara）城。③ 一般认为，托勒密的上述记载源于古推罗作家马林（Marinus）的《地理学导论》，而后者则是根据公元 2 世纪早期的马其顿商人梅斯（Maes，又名提香 Titianus）的旅行志编撰的。④ 有学者径将梅斯商团抵达洛阳的时间系于东汉和帝永元十二年（100）。⑤ 研究者已基本公认，这些吐火罗人（Thagouroi）和吐火罗城（Thogara）均在今河西走廊西部一带。所以，我们估计"Thagouroi"和"Thogara"很可能分别是指西迁中亚以后的吐火罗人余众及其活动的中心地区，大概相当于汉文文献中的"敦薨"或"敦煌"及其以南的祁连山一带。托勒密的著作还提到了伊莫斯山（Imaus，即帕米尔）以北的吐火罗人，并称之为"Τακοραιοι"（Takoraioi）或"Ταπουραιοι"（Tapouraioi）。⑥ 赫尔曼教授则注意到了希腊文献中吐火罗人的另一种形式的写法"Ταγουραιοι"（Tagouraioi），并指出他们住在伊塞克湖（Lake Issyk Kul）西岸的亚历山大罗夫斯克（Alexandrovski）地区。⑦ 塔恩敏锐地注意到了托勒密著作中记载吐火罗人时的混乱现象，并指出对吐火罗一名的不同拼写形式分别代表不同时期、不同地点的吐火罗人。即"Thagouroi"在甘肃，"Takoraioi"在伊莫斯山以北，"Tagouraioi"在伊塞克湖附近，

---

① Ptol 1932, pp.142, 143.
② Starbo 1916, p.261.
③ Ptol 1932, p.146. 汉译文参见耿译 1987，第 33、36 页。
④ Tarn 1951, p.285, N.6.
⑤ 林梅村 1995，第 12—16 页。
⑥ Ptol 1932, pp.145, 146.
⑦ Tarn 1951, p.516.

"Tachoroi"在索格底亚那，"Tocharoi"在巴克特里亚。他还正确地将上述现象同吐火罗人的迁徙活动联系起来（但却将吐火罗与月氏混为一谈）。① 由于汉文文献对吐火罗人西迁塞地以后的情况几无涉及，因此希腊文献中的上述记载对于我们认识吐火罗人从塞地西迁巴克特里亚的具体过程，就显得弥足珍贵。

希腊文献中有关吐火罗的记载还见于老普林尼（Pline L'Ancien，公元23—79年）的《自然史》中，他所提的"Tagorae"被塔恩认为是希腊文献中"吐火罗"一名的第三种拼写法，其时代和斯特拉波《地理志》中所提到的"Tocharoi"这种形式几乎一样早。② 事实上，在《自然史》中还有"Thocari"、"Phocari"和"Focari"等几种写法，均是指吐火罗人，所反映的也应是吐火罗人进入中亚以后的情况。

从以上分析来看，希腊人对吐火罗的认识最早主要是从他们西迁塞地（伊塞克湖）以后才开始的。吐火罗人越过锡尔河灭亡希腊—巴克特里亚王国给他们留下了深刻的印象。2世纪初期，古希腊文献也注意到了在中国河西一带活动的吐火罗人。塔恩曾根据有无送气音，将希腊文中各种有关"吐火罗"一名的拼写形式分为三组，即"Tocharoi"或"Tachoroi"与"Takor(aioi)"，"Thagouroi"与"Tagour(aioi)"，"Thogari"或"Thogara"与"Tagorae"。③ 显然各组拼法中均有相应的送气与不送气音之分。其他希腊文中的各种拼法大致亦可归入此三组中。希腊文献中对"吐火罗"一名在拼法上的种种差异，除了表明材料来源分属不同时期和不同地点外，多少也反映出希腊人乃至当时中亚诸民族对吐火罗人的来源、迁徙与分布等情况的认识是比较模糊与混乱的。但希腊文献在西方首次对吐火罗的记载及称谓，无疑对此后西方世界和中亚诸民族认识吐火罗人及吐火罗地方（吐火罗斯坦）产生了深远的影响。

---

① Tarn 1951, p.517.
② Tarn 1951, p.516. 亨宁却认为，Tagorae 等形式是受伊朗语影响的结果，参见 Henning 1938, p571。
③ Tarn 1951, p.517.

四、于阗文、粟特文文献中的吐火罗

1936 年，贝利讨论了一份敦煌于阗文卷子（ch.00269）中所出现的"Ttaugara"一词，并将之比定为吐火罗。[①] 后来，他又注意到 P.2741 于阗文《于阗使臣 Thyai Paḍä-tsā 上于阗朝廷书》中所出现的"ttauḍägara"，并有意将之比定为"Ttaugara"。[②] 这件文书写于 9 世纪时的沙州（敦煌），亨宁（W.B.Henning）从当时沙州的形势来分析，认为"ttauḍägara"是一个回鹘部落的名字，相当于鄂尔浑碑铭中的"tonra"，即汉文文献中的"同罗"。[③] 前面我们已经指出，汉文文献和希腊文文献中都曾提到了吐火罗人或其余部早期在河西地区活动的情况，如汉文中的"敦薨"和希腊文中的"Thagouroi"人或"Thogara"城等。939—940 年间，高居诲《使于阗记》中所提到的"胡卢碛"可能与吐火罗余部活动的影响有关，如前所述，"胡卢"或即吐火罗之音译。中西文献的记载均说明，河西西部至罗布泊一带曾是吐火罗人活动的中心地区之一，故在 9 世纪敦煌于阗文文书中出现有关吐火罗人活动的记载并不奇怪。所以，我们更倾向于认为 P.2741 卷子中的"ttauḍägara"是指当时仍活动于沙州一带的吐火罗后裔。以上文书据研究是 9 世纪在沙州陆续撰写或抄成的。[④] 要之，于阗文中的"Ttaugara"和"ttauḍägara"实际上是指 9 世纪时活动在沙州一带的吐火罗人后裔。结合汉文文献的记载，我们推测，吐火罗人后裔在河西地区最晚可能存在至 10 世纪前后。

在编号为 P.2741、ch.00269 和 P.2790 的敦煌于阗文卷子中，还有一种被称为"Gara"的人。[⑤] 贝利初以为它是大山名，后又确定是部落名。1953 年他试图将"Gara"比拟为"月氏"，后又根据石泰安的建议，认为"Gara"可能是吐蕃文中的"Mgar"（或hgar、sgar），即"弥药"。黄盛璋则认为

[①] Bailey 1936, pp.883-921.
[②] Bailey 1947, pp.147-148.
[③] Henning 1938, pp.545-571.
[④] 张、荣 1989，第 284—306 页；又见同氏 1993，第 98—139 页，认为文书属 10 世纪。此处采用黄盛璋说，见黄盛璋 1989a。
[⑤] 上述三篇于阗文文书的汉译文请参阅黄盛璋 1989a，第 1—33 页。唯黄文 ch.00269 文书编号误作 ch.00296，类似的误植复见于黄盛璋 1989b，第 11 页等。

"Gara"是羌族。①1970年，贝利又推翻前说，认为"Gara"相当于古希腊文中的Θοαρα（Thogara），即吐火罗。但他又认为吐火罗和月氏是一回事。②据于阗文文书的记载，虽然沙州也有部分Gara人（见P.2790），但他们似乎主要分布在于阗以东、仲云以西，即塔里木盆地南缘的原鄯善国之领地内（见ch.00269）。上述于阗文文书已公认属9—10世纪，考虑到此时这一带的羌族早已消亡，而弥药的分布在地域上与Gara多有不合，所以我们更倾向于贝利将"Gara"比定为吐火罗的观点。如我们下文中所讨论的那样，吐火罗人在早期东徙经过塔里木盆地南缘时曾有一部分人留居于此，并在今安得悦（Endere）故城一带建立一个小王国，相当于玄奘所云的"觐货逻故国"。鄯善国中也有很多吐火罗人，在汉文文献中还有一支被称为"去胡来"。这些吐火罗人的活动范围与于阗文中的"Gara"人分布相合，很可能属同一民族。于阗文文献的上述记载似乎表明，在9世纪，被称为"Gara"的吐火罗人仍活动于塔里木盆地南缘的绿洲上。至于他们如何到了沙州则不得而知。如果贝利的观点不误的话，那么于阗文文献中指称吐火罗人至少有两种形式：一是"Ttaugara"或"ttauḍāgara"，指的是敦煌一带的吐火罗余部；一是"Gara"，指的是于阗至罗布泊一带的吐火罗人。

粟特人在古代东西贸易中十分活跃，甚至其足迹遍布丝路沿线各地；同时他们在东西文化交流史上也起到了中介作用。19世纪中叶以后在中亚、新疆等地发现的三种所谓的未知语言中的第三种语言就是粟特语，属于印欧语系伊朗语族东支。粟特文文献的被发现及粟特语的解读，极大地丰富了古代中亚历史文化的研究。由于粟特人商业经济活动比较发达，活动范围十分广泛，故粟特文文献的内涵相当丰富。吐火罗民族自然也就纳入了粟特人的注意范围。在粟特文文献中，吐火罗一名作"'tγω'γ'k"。③哈喇八剌合孙的三体合璧碑文中粟特文第九行记有"四 Twgry"。④所指的似乎是龟兹、焉耆地区的吐火罗人。亨宁虽然认为"'tγω'γ'k"与回鹘文中的"toxri/

---

① 参见黄盛璋1989a，第8、32页。
② Bailey 1970, pp.121-122.
③ 季羡林等1985，第101页。
④ 参见张广达1995，第48页，注10。

Toγri"在对音上存在问题[1],但粟特语中的"'tγω'γ'k"一词却未必与回鹘文有什么语源上的直接联系。在上述问题未得到圆满解决前,我们更倾向于认为"'tγω'γ'k"是粟特人用以指称活动于吐火罗斯坦的吐火罗人,而"twgry"和回鹘文中的"toxri/Toγri"是指龟兹、焉耆一带的吐火罗人。当然,以上仅仅是推测。

五、吐蕃文和回鹘文文献中的吐火罗

"吐火罗"一词在吐蕃文简牍、文书和文献中有多种写法。英国学者托马斯(F.W.Thomas)从新疆出土的吐蕃文简牍、文书中检出"Phod-kar"一词,相当于藏文文献(如10世纪的《阿底峡传》)中的"Tho-gar"、"Tho-kar"、"Thod-dkar"等,也就是西方文献中的吐火罗(Tokhari)。[2]塔恩曾经推测,吐蕃文中的"Phod-kar"一词可能借自老普林尼著作中的"Focari"[3],但这一观点我们是无法接受的。首先,从时间上来看,"Focari"一词的出现如前所述,几乎和斯特拉波《地理志》中的"Tocharoi"一样早,反映的是公元前141年前后吐火罗人进入巴克特里亚时的情况。虽然"Phod-kar"在吐蕃文文书中出现的准确时间我们暂时无从得知,但吐蕃人第一次出现在西域一带是芒松芒赞时期(656—676),即唐龙朔二年(662)[4],所以我们推测"Phod-kar"一词的出现可能不会早于此。其次,"Phod-kar"在吐蕃文文书中活动的地区主要在婼羌(Skyañ-ro)一带。[5]因此,吐蕃文文书中的"Phod-kar"无论在时间上抑或是地域上都与老普林尼的"Focari"无涉。吐火罗人在吐蕃文文书中又被称为"Phod. Kar. gyi. sde",即"吐火罗部落"(M.Tāgh.0291),似乎说明"Phod-kar"仍以游牧的经济生活为主。这一点明

---

[1] Henning 1938. 参见张广达1995,第37—38页。
[2] Thomas 1931, pp.834-835;又见同氏1951, pp.294-297。日本学者佐藤长则认为Phod-kar为一吐蕃小部落的名称。
[3] Tarn 1951, p.515.
[4] 劳译1985,第72页。
[5] Thomas 1951, p.294.

显与进入巴克特里亚以后很快转入"土著"①的那支吐火罗人（大夏）不符。与此相反，残留在河西一带的吐火罗余部倒是仍保持着游牧的传统（详见下章）。吐蕃文文书中的"Phod-kar"很可能是指活动于从敦煌至罗布泊一带南山中的吐火罗人，大概相当于于阗文文书的"Ttaugara"或"ttauḍāgara"，这一点与汉文和希腊文文献中的记载可相互印证。至于吐蕃文文献中的"Thogar"、"Tho-kar"和"Thod-dkar"，它们出现在吐蕃进入中亚以后，所指称的很可能是吐火罗斯坦的吐火罗人。

回鹘文文献中，"吐火罗"一词作"Toxri"或"Toγri"②，因牵扯到所谓"吐火罗语"的定名问题，所以具有特殊的意义。19世纪末，当吐火罗语文献在新疆的库车、焉耆、吐鲁番等地被发现以后，人们对这种"未知"的语言几乎一无所知。德国语言学家劳依曼（E.Leumann）试图用"第一种语言"、"北雅利安语"或"喀什噶尔语"来指称这种语言③，显然难以令人满意。1907年，德国语言学家缪勒（F.W.K.Müller）根据回鹘文《弥勒会见记》（Maitrisamiti）中所提到的"Toxri"一词，首次将这种语言定名为"吐火罗语"。④ 在此后近一个世纪的时间里，中外学术界对于"吐火罗语"的定名问题的争论十分激烈，响应者不少，反对者亦众多，延续至今，仍无定论。有关吐火罗语的详细情况我们将在以后详细讨论，这里暂时不谈。需要指出的是，用回鹘文中的"Toxri/Toγri"指称吐火罗"从对音方面来看，完全站得住脚"。⑤ 前已述及，汉文文献用"敦薨"指称活动于焉耆一带的吐火罗人。从吐火罗语两种方言流行的地区来看，甲种吐火罗语（Tocharian A）只流行于焉耆、吐鲁番等地，而乙种吐火罗语（Tocharian B）文献则在库车（龟兹）、焉耆和吐鲁番（高昌）等地均有发现。所以，回鹘文中的"Toxri/Toγri"实际上指的是活动在龟兹、焉耆一带的吐火罗人，而与在吐火罗斯坦活动的吐火罗人无涉。造成这一现象的原因，或者如我们下文将要讨论的

---

① 《史记》，10/3164。
② "Toxri"是缪勒的转写形式，经耿世民、张广达研究指出，当作"Toγri"，见张、耿 1980，第 147—159 页。
③ 参见李铁 1984，第 56 页。
④ Müller 1907, pp.958-960.
⑤ 季羡林 1993，第 14 页。

那样，恐与吐火罗人早期的迁徙活动有关。"Toxri/Toγri"主要出现在回鹘文《弥勒会见记》的跋文中，根据跋文我们知道，该经是从吐火罗语本翻译过来的，吐火罗语本是从印度（梵语）本翻译过来的。目前只发现了该经的甲种吐火罗语本和回鹘文本。而吐火罗人在佛教东传过程中所起的作用早已为研究者所证实。在回鹘文本的《玄奘传》中，"Toxri"又被用以对译玄奘所记塔里木盆地南缘的"覩货逻故国"。[①] 这似乎亦暗示着两者均源于吐火罗的可能性。

六、梵文和阿拉伯—波斯文献中的吐火罗

在佛教梵语文献中，"吐火罗"一词亦有多种拼写形式。梵语文献中一般称吐火罗为"Tukhāra"或"Tuṣāra"[②]，在古印度学者迦尔汉（Kalhaṇa）编纂的《王河》（Rājatarangini）一书中又作"Turuska"。[③] 它们所指称的当是活动在吐火罗斯坦的吐火罗人。贝利还从一件西域出土的佛教梵语和乙种吐火罗语的两体文书中发现了"Tukhāra"一词的阴性形容词形式，即"tokharika"，并指出其相当于印度（Hindu）梵语中的"*Taukhărikā"。[④] 从这件文书中我们也可以看出梵语和吐火罗语之间的密切关系。至于梵语中"Tukhāra"一词的来源，塔恩将之追溯到公元前100年左右希腊文文献中的"Τοχαροι"（Tocharoi），其根据是二者在拼写"吐火罗"一词时的送气音都在第二个音节上。[⑤] 前面我们已经谈到，吐火罗人在佛教东传的过程中曾起到中介作用，早期许多汉译佛教典籍并非直接译自佛教梵语，而是译自吐火罗语，而吐火罗语佛典无疑又直接译自佛教梵语。所以，梵语文献中有关"Tukhāra"的记载，对于我们研究吐火罗人在东西文化交流史中的地位与作用具有特殊的意义。需要指出的是，吐火罗斯坦的吐火罗人和龟兹、焉耆的吐火罗人因其各自在历史上发展道路的不同，以及文化环境的差异，在很大程度上呈现出

---

① 参见黄盛璋 1995，第 249—250 页。
② 参见冯译 1957a，第 77 页。
③ 参见林梅村 1989，第 723 页；又见同氏 1995，第 4 页。
④ Bailey 1970, p.121.
⑤ Tarn 1951, p.515.

各自不同的特点（详说见后）。迄今为止，尚未发现梵文中是否有明确指称龟兹、焉耆一带的居民为吐火罗人的记载。

在阿拉伯—波斯文献中，"吐火罗"一词基本上是作为一个地理概念而出现的，即"Tukhāristān"，意即"吐火罗地方"。其范围亦大致如玄奘《大唐西域记》中所记"覩货逻国故地"之四至，即"南北千余里，东西三千余里，东扼葱岭，西接波剌斯，南大雪山，北据铁门，缚刍大河中境西流"。[①]相当于今阿姆河中上游、阿富汗东北部，以及塔吉克斯坦和乌孜别克斯坦西南地区。阿拉伯作家还将吐火罗斯坦分为下吐火罗斯坦（东部）和上吐火罗斯坦（西部）。[②]"Tukhāristān"一词似乎直接源于梵语中的"Tukhāra"，而不是塔恩所推测的希腊文中的"Τόχαροι"（Tocharoi）。[③]法国学者费琅（G.Ferrand）则认为"Tukhāristān"是伊兰文"Tokhāristān"阿拉伯语化后的写法，意为"吐火罗人地区"。[④]阿拉伯—波斯文献对当地的吐火罗人的情况似乎只字未提，原因恐怕在于当阿拉伯人入侵中亚的时候，这里的吐火罗人正处于西突厥吐火罗叶护政权的统治之下，并如下文所讨论的那样，他们已逐渐走向了突厥化。但吐火罗人在当地的影响依然存在，故阿拉伯文献仍用"Tukhāristān"来指称这一地区。此外，在著名的《大秦景教流行中国碑》中的叙利亚文里，吐火罗地方被称作"Tahuristan"，似乎与"Tukhāristān"同源于费琅所说的伊兰文"Tokhāristān"。[⑤]

在阿拉伯—波斯语中，吐火罗或吐火罗斯坦还有以下几种译写形式，如"ṭuχārā"、"ṭaχārīstan"、"ṭaχairistān"等。中古波斯语（Mid.Pers）中作"tɷryst'〔n〕"，叙利亚语（Syriac）中作"thwrstn"，亚美尼亚语（Armenian）中则作"t'uχari-k'"或"toχarastan"。[⑥]

[①] 《大唐西域记校注》，第 100 页。
[②] 参见 Hudūd al-'Alam，第 337 页。
[③] Tarn 1951, p.515.
[④] 耿、穆译 1989，第 537 页，注 10。
[⑤] Bailey 1936, p.888.
[⑥] Bailey 1936, p.888.

第二节　吐火罗的族属

一、吐火罗人的语言

19世纪末20世纪初以来，随着吐火罗语文献的被发现以及对吐火罗历史认识和研究的深入，人们对操这种语言的古老民族的族属问题逐渐形成了一个比较清晰、明确的认识与看法。语言学、考古学、体质人类学乃至遗传学的研究成果表明，吐火罗人是最古老的原始印欧民族之一，他们操一种属印欧语系东伊朗语支西支Centum语族的语言，在体质上也表现出典型的原始印欧人种的特征。

1907年缪勒首次将劳依曼所谓的"第一种语言"命名为吐火罗语以后，经过20多年的努力，德国语言学家西额（E.Sieg）和西额林（W.Siegling）在比较语言学家舒尔茨（W.Schulze）的协助下，研究整理了在西域发现的吐火罗语文献，于1931年出版了《吐火罗语语法》。经过对吐火罗语语法结构的分析、比较，他们认定吐火罗语为古印欧语系的一支，属一种已消亡的原始印欧语。这已是一个不争的事实。[1]近一个世纪以来，各国学者通过对吐火罗语在印欧语系中的地位及其与非印欧语联系的研究，基本上可以肯定，"吐火罗语的发祥地可能在欧洲。它是一种古老的印欧语，操这种语言的人群脱离印欧人共同体的时间相当早。在操这种语言的部族到达我国新疆等西北地区之前，曾有过长途远徙的历史，在此过程中，它又与许多印欧语和非印欧语发生接触"[2]。所以，操这种古老的印欧语的吐火罗人很可能是一支古老的原始印欧人。

正如研究者普遍注意到的那样，吐火罗语文献中有两种方言之分，一种仅流行于焉耆、吐鲁番（高昌）地区（Tocharian A），另一种主要发现于库车（龟兹）地区（Tocharian B），并在焉耆、吐鲁番等地均有影响。法国学者列

---

[1] 详参冯译1957a，第43—45页；季羡林1993等。
[2] 徐文堪1993，第4页。

维（Lévi）将后者命名为龟兹语。[①] 我国有些学者在肯定列维的看法以后，更倾向于将前者称为焉耆语，并将"吐火罗语"改称为"焉耆—龟兹语"。[②] 有关吐火罗语命名问题在学术界分歧较大，我们姑且不论。需要指出的是，由于对吐火罗早期迁徙活动历史认识的模糊和混乱，中外学者多将吐火罗仅仅与灭亡希腊—巴克特里亚王国四部之一的"Tocharoi"联系起来，而忽视了吐火罗人在早期东徙中国北部的过程中有一支停留于龟兹、焉耆乃至高昌等地的可能性。正如我们下面将要谈到的那样，在吐火罗人的一支最东到达中国北部地区，后又因种种原因退至河西走廊西部，其主体复又经天山以北西徙伊犁河、楚河、伊塞克湖地区之塞种故地，并最终西进灭亡希腊—巴克特里亚国的一千多年的时间里，留居在龟兹、焉耆一带的吐火罗人早已经改变了原来的游牧生活方式而转入定居，并经过数百年的发展，形成了一个独具特色的文化圈，也就是德国学者克林凯特（H.J.Klimkeit）所说的"库车—吐火罗文化中心"。[③] 他们与占领巴克特里亚的那支吐火罗人（大夏）的联系似乎早已中断，在文化特征上也明显不同。当东西方各种文献将注意力转向活跃于吐火罗斯坦上的吐火罗人的时候，几个世纪已经过去了，人们已很难将龟兹、焉耆的吐火罗人与前者联系起来，但他们作为原始印欧人的特征在语言上却随着吐火罗语文献的被发现而为人们重新所认识。尽管他们原来的名称"吐火罗"（即汉文文献中的"敦薨"）已基本为后世所遗忘，所幸的是，回鹘文《弥勒会见记》的跋文中却留下了佛教大师阿阇黎耶旃陀罗（圣月）将该经从印度语译（编）为吐火罗（Toxri）语的记载，他已被证实是焉耆人。[④] 这或许可视为焉耆人操吐火罗语的一个直接证据。同中亚的吐火罗人相比，龟兹、焉耆一带的吐火罗人的迁徙史可能要简单得多，因此在语言上或体质上表现出更为典型的原始印欧人种的特征。

[①] 冯译 1957a，第 11—42 页。
[②] 李铁 1984，第 56—63 页。
[③] 赵译 1994，第 166—176 页。
[④] 参见张广达 1995，第 38—39 页。

二、吐火罗人的体质特征

吐火罗人在体质上也表现出原始印欧人种的特征。1976 年，甘肃灵台白草坡一座西周时期古墓中出土有一件青铜"人头銎钩戟"，戟上人头像呈长颅、深目、高鼻、窄面、薄唇状，具有典型的印欧人的外貌特征。[①]1980 年陕西扶风西周宫殿遗址中出土两件头顶刻有"卐"字符号的蚌雕人头像，在外形上也具有和"人头銎钩戟"相同的印欧人的体质特征。[②]已有学者将它们归之于吐火罗人的形象。[③]尽管这一看法还不是结论性的[④]，但从汉文文献的记载来看，吐火罗人在这一时期确曾活动于中国北部一带，被称为"大夏"。显然，周人似乎已和吐火罗人发生了接触，其印欧人的体质特征无疑给周人留下了深刻的印象，并在一些器物所表现的人物形象上反映出来。这些表现原始印欧人形象的器物来自欧洲的可能性已经被排除[⑤]，更印证了文献中有关吐火罗（大夏）活动于中国北部地区的记载。

新疆发现的古代民族大量头骨的体质人类学研究成果同样令人瞩目。1979 年，在孔雀河下游古墓沟发掘的 42 座墓葬中，出土了一批距今三千多年的人头骨。据研究，"整个来看，这组头骨的欧洲人种特征很明显，如考虑到了低而宽的面，眉间和眉弓强烈突出，鼻突起明显，墩型较长，颅高较高，额较后斜等特征的组合，具有同原始欧洲人种头骨相近的性质，可以将他们归入古欧洲人类型。与其邻近地区的古人类学资料比较，古墓沟头骨与南西伯利亚、哈萨克斯坦、中亚甚至与伏尔加河下游草原地区的铜器时代居民的头骨比较相近，这些头骨的主要成分也是古欧洲人类型。这个类型与印度—阿富汗类型之间的差异很明显。在一般的形态上，古墓沟头骨与现代长颅欧洲人种的诺的克（或北欧）人头骨有些相似"。而且，"至少在青铜时代末期，原始形态的欧洲人种类型已经分布在罗布泊地区，也是迄今所知这种

---

① 甘博文物队 1977，第 99—129 页。
② 伊盛平 1986，第 46—49 页。
③ 林梅村 1989；又见同氏 1995，第 7 页。
④ 参见徐文堪 1993，第 2 页。
⑤ 林梅村 1995，第 7 页。

类型分布于欧亚大陆时代较早、分布最东的一支。……古墓沟文化居民的人类学特征表明，他们与分布在南西伯利亚、哈萨克斯坦、中亚甚至同伏尔加河下游的铜器时代居民有密切的种族关系"。① 有学者已经指出，古墓沟人可能与吐火罗人之间有某种渊源关系。② 前已述及，汉文文献中的"去胡来"及所谓的"觊货逻故国"均是指称活动于塔里木盆地南缘的吐火罗人；而古鄯善王国所使用的佉卢文书的研究成果业已表明，这里的土著居民所操的语言为吐火罗语的第三种方言。③ 这些情况表明，古墓沟人很可能是吐火罗人的一支。从古墓沟文化所属的时代来判断，这里的吐火罗人与公元前二千纪末期原始印欧人群（Proto-Indo-Europeans）从南俄大草原向南向东的迁徙活动是密切相关的（详说见后）。欧洲学者们也认为向东走得最远的印欧人群所操的语言是吐火罗语。④ 但他们认为吐火罗人最东只到达新疆的看法则使我们无法同意。如前所述，汉文和希腊文献已表明，吐火罗人最东已到达了中国的北部地区，并在河西敦煌地区留下了有关他们活动的记载。这一点也为考古材料所证实。

我们下面将要谈到，龟兹、焉耆一带是吐火罗人聚居的地区之一。吐火罗语文献的发现及研究成果，已界定了操这种语言居民的族属系印欧人种，而且他们的体质特点在龟兹（今库车）的佛教洞窟中的壁画上得到了形象的反映。德国学者克林凯特（H.J.Klimkeit）指出："库车的吐火罗人，在壁画上留下了他们外貌的生动画面。在库车附近的克孜尔洞窟内，出现在我们面前的吐火罗人是供养人，有一部分由夫人陪伴着，是高大的白皮肤人物，有一部分是蓝眼睛红头发，他们比我们在吐鲁番艺术中见到的东亚型人物，更具有欧洲人的特点。"勒柯克（A.Von Le Coq）也注意到："当我第一次在库车绿洲中挖开一个被埋没的洞窟，进到里边时，那些吐火罗君侯供养人的画像，给我留下了终生难忘的印象。这是因为，在吐鲁番绿洲的石窟寺中留下了自己画像的那些骑士和君侯们，其脸型和服装完全显示了他们的亚洲起

---

① 韩康信 1985，第 64、69 页。又见穆、张编 1995，第 415、424 页。
② 徐文堪 1993，第 2—3 页。
③ 参见林梅村 1995，第 3 页。
④ 参见《世界史便览》，第 137 页。

源和文化,而在这里看到的壁画,极其生动地令人想起了欧洲骑士时代的绘画。"①所以,无论从体质特征或是语言、文化属性而言,新疆境内的吐火罗人均具有典型的原始印欧人种的特征,吐火罗人为原始印欧人种的一支殆无疑义。克拉勃维德及圣马丹二人早些时候曾考订吐火罗人为西藏种②,显然是错误的。

　　同新疆境内的吐火罗人相比,进入中亚并占据巴克特里亚的那支吐火罗人(大夏),在此前曾东迁到中国北部,复又经河西走廊、天山北部西迁塞地,随后又到达锡尔河以北并进而灭亡了希腊—巴克特里亚王国,经过一个更为漫长而复杂的迁徙过程,从而与诸多东西方民族发生接触和联系。进入中亚以后,他们先与巴克特里亚人相融合,并接受了当地先进的经济和文化(详见第四章)。后又曾先后为月氏、嚈哒、波斯、突厥、阿拉伯人所统治,其自身也未留下可信的语言学或体质人类学方面的材料。尽管中亚吐火罗人早已与留居新疆的同胞失去了联系,并可能在西迁的过程中吸收其他民族(或种族)的因素,但这并不能改变他们本属原始印欧人种的事实。《史记·大宛列传》云:"自大宛以西至安息,国虽颇异言,然大同俗,相知言。其人皆深眼、多须髯,善市贾,争分铢。"显然,张骞对于中亚诸民族印欧人种的特征有强烈而深刻的印象,其中自应当包括有中亚吐火罗人(大夏)。《魏书·西域传》明言:"自高昌以西,诸国人等深目高鼻。"更肯定了龟兹、焉耆一带的吐火罗人同中亚的吐火罗人均属印欧人种的事实。更有学者认为:"进入其他地区(例如吐火罗斯坦)的 Asii Tochari 等部,和进入龟兹、焉耆等地者是同源异流的关系,由于各自的际遇不同,所受周邻诸族的影响也不同。终于都没有保持其原始语言,为伊朗语族所同化,亦在情理之中。"③相对而言,龟兹、焉耆一带的吐火罗人所保存的原始印欧人种的特点无论在语言上抑或是体质上都要更显著些。

---

① 赵译 1994,第 51 页。
② 参见张星烺 1930(5),第 21 页。
③ 余太山 1992,第 42 页。

第二章 吐火罗人的族源及其迁徙与分布

第一节 吐火罗人的族源

吐火罗人属原始印欧人群的一支,这一点似乎没有什么太大的问题。那么他们是何时从何处来到中国北部,又是如何从这里西迁进入中亚灭亡希腊—巴克特里亚王国,并最终形成吐火罗斯坦、龟兹与焉耆、河西走廊西部、塔里木盆地南缘等几个似乎"互不关联"的聚居区域或活动中心呢?这个问题直接牵扯到原始印欧人的起源及迁徙,并与中国及中亚古代民族的分布与迁徙活动密切相关,其涉及面之广,情况之复杂,在整个世界古代历史上也是罕见的。然而,东西方各种文献对此不仅言之甚少,且十分零乱。因之,学术界在这一问题上也是假说林立、众说不一,难有定论。我们这里仅仅在前人研究的基础上,尝试着做些探讨。

吐火罗人是古老的原始印欧人群中的一支,其族源与原始印欧人和原始印欧语的起源问题密切相关,而后者本来就是一个众说纷纭的领域,所以有关吐火罗人起源问题的研究迄今仍无一个令人信服的结论。但国内外学者对这一问题的研究及各种观点的展示,对于我们结合文献与考古材料,进一步认识和研究无疑具有借鉴意义。

吐火罗语的发现及其释读,为比较语言学家探讨所谓的"印欧语故乡"问题提供了新的视角和材料。世界各国语言学家通过对吐火罗语在印欧语系中的地位及其与非印欧语系之间关系的研究,对吐火罗语和吐火罗人起源问题提出了各种假说。1984年,道格拉斯·Q.亚当斯(Douglas Q.Adams)曾对吐火罗语与其他印欧语之间关系的研究成果做了一番总结,其主要结论如下：

1. 和意大利—凯尔特语（Italo-Celtic）有关。（H.Pedersen 1913）

2. 介于意大利—凯尔特语和斯拉夫语（Slavic）、亚美尼亚语（Amenian）之间。（A.Meillet 1914）

3. 与凯尔特语关系最为密切。（J.Charpentier 1917）

4. 与弗立基亚语（Phrygian）有关，与亚美尼亚语的关系则比较疏远。（E.Hermann 1922）

5. 首先与色雷斯语（Thracian）和弗立基亚语关系较近，其次是亚美尼亚语和波罗的—斯拉夫语（Balto-Slavic），复次是与日耳曼语（Germanic）有关。（J.Pokorny 1923）

6. 与意大利—凯尔特语、弗立基亚语和赫梯语（Hittite）同属一个语组。（H.Pedersen 1925；1938 和 1941 年作者又重申了这一看法）

7. 介于意大利—凯尔特语和希腊—亚美尼亚语（Greaco-Armenian）之间。（E.Benveniste 1936）

8. 最初与波罗的—斯拉夫语及日耳曼语的联系至为密切，与希腊语和色雷斯—弗立基亚语（Thraco-Phrygian）之间的关系则比较疏远。（W.Porzig 1954）

9. 介于波罗的—斯拉夫语和希腊—亚美尼亚语之间，后来又与意大利—凯尔特语和斯拉夫语有过接触（这也是他们与印欧人的最后一次接触）。与日耳曼语则没有什么特别的关系。（G.S.Lane 1970）

亚当斯本人则认为，吐火罗语属原始印欧语的西北语组，与日耳曼语关系最为接近，其次与波罗的语和拉丁语也有关系。①

从以上比较语言学的研究成果来看，吐火罗语与其他印欧语之间的关系是十分复杂的。吐火罗人在其起源地的欧洲似乎也处于居无定所的流动状态。这从一个侧面倒是印证了后世文献有关吐火罗人原为游牧民族的记载，如前引吐蕃文文书中所称的"吐火罗部落"（Phod.Kar.gyi.sde）。显然，游牧经济生活方式为吐火罗人同其他操各种原始印欧语民族的广泛接触提供了可

———
① Adams 1984, p.395, 401.

能性。至于吐火罗人原居地则可能在中欧或东欧某地。亚当斯通过缜密的研究，将吐火罗语归之于原始印欧语的西北语组（North-Western Group）。该语组的分布范围原在喀尔巴阡山（Carpathians）以北，易北河（Elbe）和第聂斯特河（Dniester）之间。他还试图将操该语组的人群与考古学中的格劳布拉·阿姆弗罗文化（Globular Amphora Culture）等同起来。该文化的时代属公元前第四千纪下半期，覆盖了今天的德国东部、波兰、加里西亚（Galicia）和弗里尼亚（Volhynia）等中东欧地区。亚当斯还推测，吐火罗人可能在公元前第三千纪上半期便从操西北语组的人群中脱离出来，向南或向东迁徙，并与操原始印欧语其他语组的人群开始接触；随后继续东迁，穿过黑海大草原（Pontic Steppes）和中亚大草原（Central Asia Steppes）。在中亚草原，他们曾与一些操前印度语（Pre-Indic）的人群发生了短暂的联系，最终在两千年后出现在西域的历史舞台上。① 兰恩（George S.Lane）认为吐火罗人在东迁之前曾与操非印欧语的芬—乌格里安语的人群有过接触，地点也在东欧，即今俄罗斯中部的某个地方。② 也有学者将这种接触定在公元前第二千纪早期的咸海和南乌拉尔之间。③

考古学研究的某些成果似乎也为吐火罗人起源于中欧或东欧的可能性提供了证明。20 世纪 50 年代，马丽嘉·吉姆布塔斯（Marija Gimbutas）提出了著名的库尔干（Kurgan）理论，她用"Kurgan"一词以指称从黑海地区到北高加索、伏尔加河下游的草原地区，以至西伯利亚叶尼塞地区，时代为公元前 5000 年至前 2500 年间的半游牧文化。这种文化具有比较先进的武器，采用竖穴式墓坑，饲养马匹，也有农耕；其社会组织是层级式的，实行父权制。她将这种文化比定为原始印欧人的文化，并认为原始印欧人起源于南俄草原。在马丽嘉看来，原始吐火罗人（Proto-Tocharians）可能源于中欧，公元前 1200 年前后东迁，考古学中的青铜时代晚期的土冢—骨灰瓮文化可能就是吐火罗人的文化遗存。此外，托马斯（H.L.Thomas）、马洛里（J.P.Mallory）和克列诺娃（N.L.Chlenova）分别将中亚草原上的安德罗诺沃

---

① Adams 1984, p.401.
② Lane 1970.
③ Krause 1951, pp.3-4.

文化（Andronovo Culture）、阿法纳西耶沃文化（Afanasyevo Culture）以及卡拉苏克文化（Karasuk Culture）与吐火罗人联系起来。[①] 这些研究同语言学研究成果相呼应，为吐火罗人起源于中欧或东欧的假说提供了较为坚实的基础。

关于吐火罗人起源问题，西方学者中还有中近东说、月氏说及达罗毗荼说等。其中前者由亨宁首创，并产生一定的影响，最近詹姆斯·欧配仍坚持吐火罗人起源于中东，即楔形文字中所出现的"Tukri"和"Guti"。[②] 我们同意徐文堪先生的看法，"倾向于认为印欧人的故乡在以黑海北岸为中心，向西伸展到多瑙河流域，向东伸展到里海沿岸，包括南俄第聂伯河和顿河流域在内的地带"[③]。吐火罗人的原居地则可能在东欧的波兰一带，公元前三千纪上半期东迁南俄草原，又经过中亚草原，穿过塔里木盆地和河西走廊到达中国北部。至迟在西周前，亦即"大夏"（吐火罗）一词在汉文文献中出现以前，吐火罗人一支的东徙活动才告一段落，虽然我们对吐火罗人的这种东徙活动的具体时间和过程无法详知，但应该指出的是，吐火罗人早期迁徙尽管总的趋势是向东，这并不排除其间可能存在反复。事实上，在游牧民族活动的历史上，受自然的或人为因素的影响，他们某个时期在草原上东来西往变幻无定的现象也十分常见。其中的一部分在迁徙中停留下来，并与当地民族相融合，走上独立发展道路的可能性也是存在的。此外，吐火罗人在东徙的过程中很可能吸收了沿途其他民族的成分并使之"吐火罗化"（Tocharianized），从而使自身的力量得到补充和加强。[④] 而且，吐火罗人的这种东徙活动事实上也只是印欧人东徙活动的一部分，其间他们不仅与其他印欧人，而且与一些非印欧人也曾发生了接触和联系。所以，吐火罗人集团在人种、民族、语言等方面也就自然夹杂着各种非吐火罗的因素。这样，吐火罗人在历史上就不可能是孤立存在的。这一特点在有文字记载以来的吐火罗人活动的历史中就显现了出来，诸如灭亡希腊—巴克特里亚王国的事件，据希腊文献的记载，就是由包括吐火罗人在内的四个游牧部落集团共同发动的。

---

① 均参见徐文堪 1993，第 5—8 页。
② Opie 1995, pp.431-437.
③ 徐文堪 1993，第 6 页。
④ Adams 1984, p.401, N.15.

第二节　吐火罗人的迁徙与分布

一、从中欧到中亚

《泰晤士世界历史地图集》的编者认为：在公元前三千纪，当定居的农业人口已经占据了欧洲两千年的时候，当城市文明正首次在近东肥沃的河流谷地出现的时候，在草原和半沙漠地带发生了首次的广泛的移民活动。[1]这一看法在西方学术界具有一定的代表性。正如亚当斯所指出的那样，大约在公元前三千纪上半期，吐火罗人从他们的原居地，可能是中欧喀尔巴阡山以北，易北河和第聂斯特河之间的某个地区，加入到了这场移民活动，并从此与同操印欧语系西北语组的其他原始印欧人群完全脱离了联系。迁徙的方向是向南或向东。学术界尽管在吐火罗人起源地的问题上还有争论，但对吐火罗人较早脱离其他印欧人群这一事实却是公认的。[2]吐火罗人在离开故乡以后，首先可能到达了黑海大草原（Pontic Steppes），并在那里停留了一段时间，其活动遗迹构成了库尔干文化（Kurgan Culture）的一部分。[3]随后，吐火罗人继续东徙，经过中亚大草原，进入塔里木盆地。中亚安德罗诺沃文化的一部分与卡拉苏克文化的居民据认为就是吐火罗人的一支。[4]

二、进入塔里木盆地

吐火罗人从中、东欧东徙到进入塔里木盆地大约经历了一千年的时间。大约在公元前二千纪末一千纪初，吐火罗等印欧人群可能到达了塔里木盆

---

[1] 参见《世界史便览》，第 136—137 页。
[2] Ringe 1995, p.440.
[3] 马丽嘉认为，印欧人在"库尔干"地区渗透、扩散的第二个阶段（前 3700—前 3500）始自德涅斯特河下游和高加索山脉之间的黑海北岸地区。参见徐文堪 1993，第 5 页。这可能与吐火罗人迁徙活动有关。
[4] Thomas 1982, p.81; Sulimirski 1970, p.308.

地。中国考古学研究的成果表明，"在南疆西南部地区，从距今约3000年前后开始，以地中海东支类型为主的欧洲人群体，由西翻越帕米尔进入这一带并继续向东推进，在南疆南部边缘大约一直推进到洛浦附近；在塔里木盆地西北面的山前地带，大约到焉耆盆地周围"①。这支印欧人群应该包括有吐火罗人在内。据此，吐火罗人在塔里木盆地的迁徙活动似乎是沿盆地南北缘两条路线进行的。南支经过且末到达罗布泊地区，在且末扎洪鲁克和孔雀河古墓沟等地留下了他们活动的遗迹。在此期间，可能有部分吐火罗人留居下来，并在安得悦故城一带，亦即玄奘所称的"覩货逻故国"周围形成、发展为一个中心。而这支吐火罗人中的大部分则又穿过河西走廊，大约在西周时期出现在中国北方的历史舞台上，汉文文献称之为"大夏"。

北支吐火罗人的东徙活动似乎远不如南支那么顺利，当他们到达焉耆至吐鲁番一线的时候，与向西发展的蒙古人种群体相遇，这支吐火罗人向东发展的势头受到了遏止。这两支代表不同种族、不同文化的群体经过一段时期的接触、较量之后，在焉耆至吐鲁番一带形成了对峙和交融状态。北支吐火罗人终于未能继续向东发展，遂逐渐地在库车、焉耆一带绿洲上留居下来，转而从事绿洲农业生产兼及畜牧业的经济生产方式。经过数百年的发展，他们在当地形成了独具特色的地方文化，并与依然保持游牧生活方式的南支吐火罗人在经济生活方式和文化特征上区分开来。在汉文文献中称他们为"敦薨"。张骞凿空西域之后，库车、焉耆一带的吐火罗人才重新为人们所认识。显然，在后人眼中，他们与曾活动在中国北部后又西迁中亚巴克特里亚的大夏，亦即南支吐火罗人没有什么联系，完全是两个不同的民族。

以上假说从体质人类学、考古学乃至分子考古学（Molecular Archaeology）②的研究成果和有关文献的记载中可以得到证明。1985年，在塔里木盆地南缘的且末扎洪鲁克发现有距今三千多年的干尸，其在体质上具有典型的印欧人种的特征。③前引对孔雀河下游古墓沟墓地所出青铜时代人头骨的研究，也表明当地的居民属印欧人种，时间也是距今三千多年。罗布泊地区其他墓葬所发现早

---

① 水涛1993，第481页。
② Francalacci 1995, p.385.
③ 邵、王1989；又见穆、张编1995，第400—408页。

期古尸大致亦属这一时期。[1]这些墓葬中所属的原始印欧人群在塔里木盆地南缘出现的时间同吐火罗人从中亚草原进入这一地区活动的时间,亦即公元前二千纪末一千纪初,基本是一致的。在体质特征上,他们与中亚草原铜器时代居民的头骨也比较相近[2],反映出两者在种族上的某种渊源关系。英国语言学家巴罗(T.Burrow)早在1935年就已指出,这一地区(即古鄯善王国,从尼雅至楼兰一带)的土著所操的语言是吐火罗语,并将之命名为吐火罗语的第三种方言。[3]而玄奘所记的"覩货逻故国"的中心地区就位于原鄯善王国境内,亦就是现在的安得悦故城[4],表明这里很早就有吐火罗人在活动。汉代罗布泊一带亦有一支被称为"去胡来"的吐火罗人。意大利学者弗朗卡拉奇(Paolo Francalacci)则通过遗传学的研究,证明了新疆出土的这些白种人干尸与吐火罗人在历史上的某种联系。[5]所以,我们有理由推测,在且末和罗布泊地区所发现的距今三千多年的原始印欧人群的遗存,为吐火罗人在塔里木盆地南缘向东发展的结果。至于其中所存在的印欧人群在类型上的某些差别,则可以从吐火罗人在黑海草原、中亚草原及其东徙过程中可能融入其他印欧人群的某些成分中得到解释。事实上,比较语言学的研究成果已经证明了这一点。[6]

至于吐火罗人在塔里木盆地北缘的迁徙活动情况,则可以从焉耆盆地所发现的以察吾乎沟口诸墓地为代表的青铜文化中得到说明。据研究,"察吾乎沟口文化是分布于西域中部天山南麓的一种早期铁器时代文化,就目前所知,分布范围较广,东起南疆和静县,西到南疆温宿县,已经发现的遗存有和静县的察吾乎沟口墓葬、轮台县的群巴克墓葬和温宿县的包孜东墓葬"[7]。该文化经碳十四测定,基本上均在距今3000—2400年以内。水涛则认为察吾乎沟口文化为青铜文化,并指出:"焉耆盆地的这种青铜文化的年代

---

[1] 穆舜英1995,第370—391页。
[2] 韩康信1985,第64页;又见穆、张编1995,第415页。
[3] Burrow 1935, p.667.
[4] 向译1987,第75—76页。
[5] Francalacci 1995, pp.385-397.
[6] Ringe 1995, pp.439-444.
[7] 余太山1996a,第18页。

上限约当公元前第一千纪初期。"①显然，这与吐火罗等原始印欧人群进入塔里木盆地的时间也是一致的。而且，在察吾乎沟口青铜文化之前，龟兹、焉耆一带似乎迄今尚未发现有早于它的、"像样的"石器时代文化遗存。察吾乎沟口青铜文化在这里的突然出现，暗示着有外来因素影响的成分。它在时间上亦是同塔里木盆地南缘吐火罗人的活动相呼应的。

马丽嘉·吉姆布塔斯曾经指出，吐火罗人从中亚大草原东徙之前已具有了比较发达的文化，亦即考古学文化中青铜时代晚期的土冢—骨灰瓮文化。②吐火罗语文献在这里的重现于世，更表明这一带早就是吐火罗人活动的一个中心地区。所以，我们更倾向于认为，察吾乎沟口青铜文化在焉耆盆地的出现是吐火罗等原始印欧人群迁入的结果。关于中亚青铜文化东向发展的情况，张光直先生曾指出："近年来，中亚已找出来一系列的青铜时代的古文明，下一步的关键区域是新疆。就青铜时代的古文明来说，新疆是一片考古学的处女地。将来这片处女地中一定会发现一系列的古文明遗迹。"③

我们不同意有关察吾乎青铜文化是一种"地方文化"的观点。④因为这种文化出现前这一地区并没有发现任何与之有承继关系的新石器或青铜文化。事实上，整个西域地区（新疆）迄今尚未发现"真正像样的、准确的"新石器时代文化，铜石并用时代文化也是一个空白。⑤但察吾乎沟口文化却是一种已经相当成熟的晚期青铜文化，故有学者径称其为一种"早期铁器时代文化"⑥。据研究，"这种青铜文化遗存中，墓葬形制多是以带石堆、石围标志的石室墓为特点，这显然是接受了西来文化的影响。在随葬陶器方面，出现在较早阶段的查吾乎沟口四号墓地和群巴克墓地遗存中的各种素面的圜底或近圜底的钵、双鼻耳罐、釜形罐等器形，明显具有帕米尔地区香宝宝墓地类遗存早期阶段陶器的作用"⑦。这些考古学研究的成果更表明察吾乎沟口青铜

---

① 水涛 1993，第 477—478 页。
② Gimbutas 1964, p.66. 参见徐文堪 1993，第 5 页。
③ 张光直 1996，第 27 页。
④ 孙秉根等 1988，第 97 页。
⑤ 参见余太山 1996a，第 9 页。
⑥ 孙秉根等 1988，第 75—99 页。
⑦ 水涛 1993，第 478 页。

文化并非是土生土长的地方文化，似乎更可能是外来文化影响的结果，而这一文化的创造者很可能就是翻越帕米尔沿塔里木盆地北缘东徙的一支吐火罗人。察吾乎沟口文化的经济形态表明，吐火罗人在到达焉耆一带的初期以畜牧业为主，兼营狩猎业，保持着游牧生活的传统，但"可能有一个比较相对固定的、有一定范围的活动区域"[①]。

吐火罗人集团在塔里木盆地北支的东向发展受到了向西发展的蒙古利亚人种群体的遏止。据研究，也就在吐火罗人到达焉耆盆地的时候，"同样是在距今约 3000 年前，继续向西发展的蒙古人种群体及其东来文化因素，沿天山南坡地带推进到焉耆盆地，在此与东进的地中海东支类型人种群体发生接触和融合，形成了两种来源因素的混合类型文化——察吾乎沟口墓地遗存类文化。在稍后一段时间里，由东来的蒙古人、由北来的原始欧洲人、由西来的中亚两河类型人和地中海东支类型人的不同群体，在天山中部地区进行了广泛的交流和接触，形成了四种文化成分的混合类型文化——鱼尔沟墓地遗存类文化，从而完成了中西文化最初阶段的交流融合过程。这一过程的完成比丝绸之路的开辟时间约早 300—400 年，而这一文化接触、交流、融合全过程的进行，大约经历了近一千年时间"[②]。

正是在这近一千年的时间里，由塔里木盆地南缘东向发展的另一支吐火罗人则曾一度到达了中国北部的某些地区，并在各种因素的影响下，完成了经河西走廊和天山以北地区西徙伊犁河流域和伊塞克湖一带，最后到达锡尔河北岸并南下征服希腊—巴克特里亚王国的全过程。而从塔里木盆地北缘东向发展的吐火罗人则受阻于蒙古人种群体的西向发展，并失去了继续东向发展的可能性，最终在库车、焉耆、吐鲁番一带停留下来。他们在这里逐渐完成了从游牧经济向定居的绿洲农业经济方式转变的过程，并与当地居民相结合，走上了独立发展的道路；从而与继续向东发展的南支吐火罗人完全失去了联系，并从根本上，亦即经济生活方式及文化特征上与后者区别开来。

据研究，察吾乎沟口青铜文化在同东来文化的接触和影响下，就"因其

[①] 孙秉根等 1988，第 97—98 页。
[②] 水涛 1993，第 481 页。

独具特色的陶器风格而有别于东西南北的各种文化"[①]。经过了一千年相对独立的发展，龟兹、焉耆一带的吐火罗人在当地自然与人文环境的影响下，已形成了独具特色的绿洲文化经济。随着佛教传入，他们又借用一种印度婆罗谜（Brāhmī）字母斜体拼写自己的语言——吐火罗语，并为后人留下了他们在此活动的珍贵文化遗产——吐火罗语文书。当后人在关注出现在中亚并活跃于巴克特里亚地区的吐火罗人的时候，龟兹、焉耆一带的吐火罗人在历史上的原先民族属性却显然被淡忘了。除回鹘文献外，很少有人再试图把他们与"吐火罗"一名联系起来。当然，人们似乎有足够的理由这样做。在这种意义上来讲，塔里木盆地北缘一带的吐火罗人在一千年后被称作"焉耆人"或"龟兹人"，语言为"焉耆语"和"龟兹语"亦就是自然而然的事情了。

众所周知，后期的东西方各种文献明确指称吐火罗人主要活动在古代的巴克特里亚地区，亦即吐火罗斯坦。这里远离吐火罗语文献的发现地——龟兹、焉耆和高昌等地。这种矛盾现象早就引起了东西方学者的注意，也是引起吐火罗语命名问题争论的症结所在。德国语言学家温特（W.Winter）意识到这可能与吐火罗人的迁徙活动有关，但他却将操甲种吐火罗语（Tocharian A）的吐火罗人的故乡定在巴克特里亚，并将吐火罗语在焉耆地区出现的原因归之于佛教僧侣在此弘法的结果。[②]如果对原始印欧人种——吐火罗人早期迁徙历史中的各种可能性做全面考察的话，有关吐火罗语和东西方文献中吐火罗人在地域分布上的矛盾现象是可以得到较为合理的解释的。

东徙到罗布泊一带的吐火罗人开始似乎有北向发展的迹象。哈密焉不拉克文化中属于原始印欧人的青铜文化遗存很可能就是他们北向发展影响的结果。焉不拉克文化主要集中在哈密地区的三堡、四堡和五堡一带，其中包括有焉不拉克墓葬和焉不拉克城堡、拉甫乔克墓葬、五堡水库墓葬和哈拉墩遗址。其绝对年代大约为公元前 1000—前 500 年[③]，基本与古墓沟青铜文化属同一时期。体质人类学的研究成果业已表明，"焉不拉克墓地的高加索人种

---

① 水涛 1993，第 477 页。
② Winter 1963, pp.239-251. 又见同氏 1984，pp.27-38。
③ 陈戈 1991，第 81、84 页。

头骨的体质形态上与邻近孔雀河下游古墓沟青铜时代居民的头骨比较接近"[1]。后者经前面分析,似乎应为吐火罗等原始印欧人群的文化遗存,两者无疑是为同一民族(或种族)群体创造的。哈密地区所发现的原始印欧人种的干尸,经遗传学的研究,已表明其与吐火罗人在"分子考古学"领域内的联系。[2] 看来,南支吐火罗人北向发展应没有什么太大的问题,至于他们何以北向发展,或许是为了与北支吐火罗人相汇合亦未可知。不过,如前所述,北支吐火罗人在焉耆、吐鲁番一带受阻于西向发展的蒙古人种群体,未能继续向东发展。南支吐火罗人北向发展同样在哈密一带与先期到达的蒙古人种群体遭遇。哈密焉不拉克文化墓地既有印欧人种也有蒙古人种的成分,"根据头骨形态的人种分类与墓葬分期关系之考察,焉不拉克的早期墓地基本上由蒙古人种支系成分所代表,欧洲人种成分者占少数;但到这个墓地的较晚期,西方人种支系居民出现的比例明显增加"[3]。

另据分析,"在焉不拉克第一期墓葬中主要是蒙古人种,第二期墓葬中欧洲人种有一定的增加,这似乎又可说明,在焉不拉克文化时期,欧洲人种有从西向东进展的趋势。就目前所知,焉不拉克文化是我国境内唯一的一个年代最早的同时包含两大人种且以蒙古人种为主的文化,也是我国境内欧洲人种分布最靠东边的一个文化"[4]。鉴于焉不拉克文化中印欧人的青铜文化与古墓沟文化在时间上的一致性,以及两者在体质形态上的相似或相同性,我们更倾向于认为哈密一带最早的原始印欧人群的出现,是南部的罗布泊地区的吐火罗人北向发展影响的结果。虽然焉不拉克文化是迄今所知我国境内欧洲人种分布最靠东边的文化,但正如前面所分析的那样,考古发现和文献记载均表明,包括吐火罗人在内的原始印欧民族向东发展影响所及,在此后已到达了晋南等地的中国北部地区。显然,南支吐火罗人北向发展至哈密一带受阻于蒙古人种群体,其主体转而继续东向发展也就是必然的了。

从塔里木盆地南缘继续东徙的吐火罗人,可能经河西走廊或其以北到

---

[1] 韩康信 1990,第 389 页。
[2] Francalacci 1995, pp.385-397.
[3] 韩康信 1990,第 389 页。
[4] 陈戈 1991,第 89 页。

达中国北方。据研究，晋南一带可能是吐火罗人活动的极东区域。[①]在汉文文献中，他们被称为大夏。这支吐火罗人在东迁的过程中，于塔里木盆地南缘地带留下了一定的影响。贝罗通过对楼兰、尼雅所出佉卢文文书的分析和研究，认为古鄯善王国的土著语言就是吐火罗语，而官方语言则是印度西北俗语（India Prakrit），又称犍陀罗语（Gāndhārī）。他将这种当地土著居民所操的语言称为吐火罗语的第三种方言。[②]我们知道，佉卢文主要曾流行于从于阗、尼雅至楼兰的塔里木盆地南缘的各绿洲地带，时间是3世纪初到5世纪。这一带最早正是南支吐火罗人东徙时所经过的地区，他们当时很可能有一部分人在这一带停留下来，并吸收、融合了当地可能存在的土著居民，以及此后陆续进入这里的其他民族成分。《汉书·西域传》所云"去胡来"所指称的很可能就是这支吐火罗人的一部分。最后，当2世纪末3世纪初时[③]，随着贵霜人的影响及其所代表的佉卢文文化的引入，这支吐火罗人所操的语言遂在鄯善王国所使用的佉卢文书中反映了出来。

唐贞观十八年（644）玄奘从印度求法后归国，曾经过中亚吐火罗人的活动地区，即所谓的"覩货逻国故地"的一部分。他在沿塔里木盆地的丝路南道东返途中，亦曾敏锐地注意到了吐火罗人在尼雅和且末之间的活动遗存。《大唐西域记》卷十二云，过尼壤（尼雅）城后，"行四百余里，至覩货逻故国"。斯坦因（A.Stein）已考订此地为现在的安得悦（Endere）古城。我们认为，这个所谓的"覩货逻故国"似乎是公元前一千纪初南支吐火罗人东徙时曾停留过的地方，后来可能成为部分遗留吐火罗人的一个聚居中心，相当于《魏略·西戎传》中所记的"小宛国"，东汉光武帝建武年（公元25—56年）以后为鄯善王国所兼并。[④]有学者已经指出："小宛居民有可能是从帕米尔东进塔里木盆地的Tochari（吐火罗）人。"[⑤]玄奘到达这里的时候，"国久空旷，城皆荒芜"，说明这里的吐火罗人早已不知所终。我们推测，这个"覩货逻故国"，亦即"小宛国"的灭亡，可能与公元25—56年以后鄯善王国

---

① 余太山1996b，第692—695页。
② Burrow 1935, p.667.
③ 贵霜人进入塔里木盆地的时间，请参阅马雍1984，第44页。
④ 《三国志》，3/859。
⑤ 余太山1992，第72页。

的兼并活动有关。从安得悦遗址所出的佉卢文文书时代来判断，这里的吐火罗人废弃故国的时间可能在4世纪末5世纪初，亦即鄯善王国灭亡以后。这一点我们将在下章详加讨论。

此外，瑞典探险家斯文·赫定（Sven Hedin）曾谈道："新疆中央大沙漠，土人称之为塔克拉玛干（Takla-makan）。又余在沙漠中发现古代之城市遗迹，亦名塔克拉（Takla）。塔克拉为吐火罗之转音，毫无疑义。和阗附近有村庄名托赫拉（Tochla），古代沙漠逼近城市时，居民皆迁至此村。托赫拉亦必吐火罗民族所遗留之名也。"[①] 今之塔克拉玛干是否为吐火罗之转音，我们暂且不论，但赫定所发现的已为沙漠所淹没的塔克拉（Takla）古城当为南支吐火罗人东徙时在当地产生影响的遗迹。"Takla"、"Tochla"和吐火罗（Tochari）在对音上应该没有什么太大的问题。从玄奘的"覩货逻故国"，到今天的"Takla"和"Tochla"，足以表明东徙的南支吐火罗人在塔里木盆地南缘的影响既有空间上的广泛性，又有时间上的深远性。由于玄奘在提及尼雅与且末之间的"覩货罗故国"之前，还曾详细记载了远在中亚阿姆河中上游，即吐火罗斯坦的所谓"覩货逻国故地"，由此引发了中外学术界对这两者之间关系的各种假说及争论。具体情况，我们将在以后详细讨论。需要指出的是，玄奘所记多为亲身经历，耳闻目睹，其记载的客观性和准确性早已为考古发现和后人的研究成果所证实。如果全面了解到吐火罗人迁徙活动的具体情况，那么"覩货逻国故地"与"覩货逻故国"在地域上的表面矛盾现象是不难得到相对合理的解释的。日人白鸟库吉所谓玄奘所记"覩货逻故国"纯系杜撰的看法，我们认为是很轻率的。[②]

三、东徙河西及中国北部

到达塔里木盆地南缘一线的吐火罗人，在北向发展受阻以后，除一部分在各地停留下来之外，其主体则继续向东发展。他们从罗布泊地区迁往中国北部的具体情况我们现在还不太清楚，但从甘肃、陕西考古发现中有关古印

---

① 汉译文参见张星烺 1930（5），第21页。
② 参见周连宽 1984，第134、256—269页。

欧人群活动的零星材料，以及他们在中亚、西域迁徙过程中所表现出的特点来分析，吐火罗人的东徙过程实际上亦可视为原始印欧人群文化东传及与蒙古人群文化接触、交融的过程。从河西的敦薨（敦煌），到陕北、晋南的大夏，就是吐火罗人东徙活动在汉文文献中所留下的记录。

大夏之名在早期汉文文献中见于《逸周书·王会解》及所附《伊尹朝献》篇、《左传·昭公元年》、《吕氏春秋·古乐篇》、《山海经·海内东经》[①]、《史记·晋世家索隐》及《史记正义》注引《括地志》、《史记·封禅书》[②]、《汉书·地理志》、《水经注·河水二》等。这些文献主要记载了吐火罗人在中国北部一些地区的活动情况或其活动所留下的某些遗迹。张骞所云之大夏则是指已西迁中亚巴克特里亚的吐火罗人。

1901年，德国学者马迦特首次将张骞所记之"大夏"比定为吐火罗。经王国维在《西胡考》一文中考实以后，大夏即吐火罗这一看法已日益为更多的学者所接受。余太山明确指出，"大夏（dat-hea）可以视为 Tochari 的确切对译"[③]。杨建新则详细考订说："据《大宋重修广韵》、《集韵》、《古今韵会举要》等书，'大'又音'驮'、'拖'，而'夏'又音'互'。贾谊《鵩赋》：'单阏之岁，四月维夏；庚子日斜，鵩集余舍'中之'夏'即音'互'。则'大夏'又可读作'驮互'，与吐火罗、覩货逻、兜勒之音相差无几。张骞在听到吐火罗或兜勒一名时，与其脑海中早已存在的大夏（驮互）联起来，并认为就是当时流传于中原的大夏（驮互），这种联想当然是很自然的。我认为，这就是张骞将已被称为吐火罗斯坦或吐火罗王国的巴克特利亚称之为大夏的原因。"[④] 余太山也有类似的看法，他认为："张骞和武帝相信西域的大夏迁自晋南，乃陶唐氏之裔胄。盖张骞身临其境，沐浴'陶唐氏之遗风'，归报于国，使好大喜功的武帝不胜向往之情。仅仅由于史迁谨慎，视张骞之见闻为类似《山海经》之奇谈，不敢言之，才湮没无闻至今。"[⑤] 考虑到吐火罗人迁徙活动的复杂性，以及他们这种迁徙在时间上延续之长和在空间上跨度之大，

---

① 黄文弼1981，第118页，误作《海外东经》。
② 王国维《西胡考》中说，《封禅书》所云本《管子》佚文。见王国维1959，第613页。
③ 余太山1996b，第687页。
④ 杨建新1986，第21—22页。
⑤ 余太山1996b，第700页。

极易使后人在认识上产生模糊与矛盾,我们认为上述推论是合理的。

有人试图将大夏与"巴克特里亚"(Bactria)一词联系起来,甚至认为大夏即巴克特里亚或大夏即希腊—巴克特里亚王国。杨建新明确指出,这种说法"实际上是不确切,甚至是不正确的。大夏是指吐火罗王国,即由西徐亚人在古代巴克特利亚地区建立起来的、以吐火罗人为统治者的王国。吐火罗王国与希腊—巴克特利亚王国虽然基本疆域相同或相似,但它们是完全不同的两个历史时代的政治实体。目前,在一些有关这方面的翻译著作中,一遇到巴克特利亚一词,就译为大夏,这种做法是很值得考虑的"[1]。杨先生这一论断是很精辟、中肯的。

前面提到的被认为有可能是吐火罗人头像的青铜人头鋬钩戟出土于甘肃灵台白草坡2号墓。据研究,此墓约属康王时期,下限至迟不晚于昭王。[2]而发现具有吐火罗人形象的蚌雕人头像的陕西扶风召陈西周宫殿遗址则被认为属西周晚期(前8世纪之前)。[3]联系吐火罗人在塔里木盆地东部出现的时间,即距今三千多年,公元前11世纪左右,我们估计,吐火罗人到达中国北部地区的时间可能在公元前10世纪左右,大致相当于西周前期。白草坡同召陈遗址的有关考古发现基本与此相一致。从吐火罗人到达中国北部地区的时间来看,我们认为汉文文献以大夏指称吐火罗只是从对音上出发的,与中国历史上的夏朝(前21—前16世纪)无涉。

这支吐火罗人是从罗布泊一带迁入的。同北支吐火罗人不同的是,他们在塔里木盆地南缘东向发展时没有遇到什么太大的阻碍,在河西走廊似乎也是如此,仅用一个世纪左右的时间就比较顺利地到达了中国北部地区。当然,这一点还需要有关考古材料的证实,其中古代河西走廊民族的分布和活动也是应该考虑到的。不管怎样,吐火罗人更可能是进入这一带的最早的印欧人群。

正如《泰晤士世界历史地图集》的编者所指出的那样,"东西印欧人群之间有一个基本的区分。西部印欧人群的各支采用了欧洲农人的稳定的农业

---

[1] 杨建新 1986,第22页。
[2] 甘博文物队 1977,第114页。
[3] 伊盛平 1986,第49页。

生活，而东部印欧人群的各支则大幅度地来回徘徊于草原和半沙漠地区，而且他们的运动常常是比较复杂和难以预料的"①。这一特点在吐火罗人东徙的过程中已经得到了比较充分的反映，并已为前述考古学和比较语言学的研究成果所证实。当他们到达中国北部地区的时候，仍保持着游牧的经济生活方式，其活动的区域也常常是变化的和不确定的。

《左传·昭公元年》云："晋侯有疾，郑伯使公孙侨如晋聘，且问疾。叔向问焉，曰：'寡君之疾病，卜人曰：实沈、台骀为祟，史莫之知。敢问此何神也？'子产曰：'昔高辛氏有二子，伯曰阏伯，季曰实沈，居于旷林，不相能也。日寻干戈，以相征讨。后帝不臧，迁阏伯于商丘，主辰。商人是因，故辰为商星。迁实沈于大夏，主参。唐人是因，以服事夏、商。'"②杜注：大夏，今晋阳县。据研究，晋南的翼城、安邑（今夏县）、鄂地（今临汾西乡宁县）、虞乡、平阳、大阳（今平陆县）均有大夏人活动的遗迹，所以，吐火罗人（大夏）曾到达晋南地区，亦为一家之说。③而这里也是我们所知吐火罗人迁徙发展最东的地方。有学者将"迁实沈于大夏"的时间归之于传说中的后帝（即尧，约公元前22世纪末至前21世纪初），但在尧时，吐火罗人并未到达这一地区，甚至还未进入塔里木盆地，是否有"大夏"之名亦令人怀疑。叔向明确讲，"卜人曰，实沈台骀为祟，史莫之知"。故子产所云或为假托。

类似的假托又见于《吕氏春秋·古乐篇》，其文云："昔黄帝令伶伦作为律。伶伦自大夏之西，乃之阮隃之阴，取竹于嶰溪之谷，以生空窍厚钧者，断两节间，其长三寸九分，而吹之以为黄钟之宫。"王国维《西胡考》中说："《汉书·律历志》、《说苑·修文篇》、《风俗通·音声篇》同纪此事。'阮隃'皆作'昆仑'，'昆'之为'阮'声之近（《说文》自部：阮读若昆）'仑'之为'隃'字之误也。综此二说，则大夏当在流沙之内，昆仑之东。较周初王会时，已稍西徙。"④如上所论，黄帝时吐火罗人并未东徙入塔里木盆

---

① 《世界史便览》，第137页。
② 《十三经注疏》，第2023页中下。
③ 参见余太山1996b，第692—695页。
④ 王国维1959，第613页。

地，自然更不可能纳入当时中原人的注意范围之内，故《吕氏春秋》以上所言恐亦为后人假托。黄文弼认为，汉文文献中的上述记载只是"反映了战国、秦汉人的观念"。①如果抛开这些记载中属于假托的某些成分，则其中有关"大夏"的记载倒不妨可视为战国、秦汉时人们对吐火罗人早期活动认识的一种反映。

《逸周书·王会解》有"禺氏騊駼，大夏兹白牛"的记载，所附《伊尹朝献·商书》亦云："正北空同、大夏、莎车、姑他、旦略、貌胡、戎翟、匈奴、楼烦、月氏、孅犁、其龙、东胡。"②一般认为《王会解》所记"成周之会"大致属西周成王诵时期，即西周初期；而《伊尹朝献》系后人比附于此，可能亦是秦汉人在观念上的某种反映。我们大致可以由此推测，在西周建立之初，吐火罗人已向东发展到中国北部地区。成周在今洛阳，其北正当晋南，乃大夏活动的区域，亦可证此。

降至春秋时期，在晋南一带活动的吐火罗人有西移的迹象。其直接原因可能与春秋五霸之一的齐国兴起并向西扩张有关。《管子·小匡篇》云：齐桓公"西征，攘白狄之地，遂至于西河，方舟投柎，乘桴济河，至于石沈，县车束马，逾大行与卑耳之貉，拘秦夏，西服流沙西虞，而秦戎始从"。或以为"秦夏"系"泰夏"之讹，泰夏即大夏也。③同书《封禅篇》亦云：桓公"西伐大夏，涉流沙，束马县车，上卑耳之山"。可证此。据研究，齐桓公伐大夏事应在公元前7世纪70年代末至50年代初。④关于齐桓公伐大夏的具体路线，黄文弼经考证后认为："桓公由山西北境西行，经陕西北边，至宁夏渡河，过贺兰山，即《管子》所称之卑耳山也，故云'县车束马'。再西行，经流沙之南，西至大夏，故云'涉流沙'（今腾格里沙漠）。"⑤要之，至迟在齐桓公时代（前685—前643？），吐火罗人已从晋南等地西徙河西，并可能与东徙时在河西一带留存下来的部分吐火罗人会合。

《山海经·海内东经》云："国在流沙外者，大夏、竖沙、居繇、月氏之

---

① 黄文弼1981，第117页。
② 余太山1996b，第690页及其注49。
③ 余太山1992，第24页。
④ 黄文弼1981，第123页。
⑤ 黄文弼1981，第123页。

国。西胡白玉山，在大夏东；苍梧在白玉山西南，皆在流沙西。"王国维在《西胡考》中已指出，此语系汉后人附益，但大致可以反映出春秋战国时期河西地区的民族分布情况。"流沙"如黄文弼考证，当为腾格里沙漠。所以，《山海经》此处所云，当为吐火罗人西迁河西以后的情况。

除晋南外，今天的临夏一带似乎也是东徙吐火罗人的一支曾活动过的地区。黄文弼甚至推测"河州"（即临夏）为古大夏之中心区。①《汉书·地理志》"陇西郡"下有"大夏"之县名，似为吐火罗人在这一带活动的遗迹。《水经注·河水二》复云："洮水右合二水。右（左）会大夏川水，水出西山，二源合舍（合）而乱流，径金柳城南。《十三州志》曰：大夏县西，有故金柳城，去县四十里，本都尉治。又东北，径大夏县故城南。"②此"大夏川"、"大夏县故城"均位于今临夏境内。据研究，大约在秦穆公和秦献公逐戎狄的二百多年里所掀起的东方民族西迁过程中，这里的吐火罗人亦随之进入河西。③秦始皇时，"西涉流沙，南尽北户，东有东海，北过大夏，人迹所至，无不臣者"④。此大夏可能就是指大夏河岸的枹罕县（今临夏）等地。秦始皇时，吐火罗人已离开这里，只留下"大夏"一词而成为地名，犹如中亚的吐火罗斯坦。

吐火罗人从晋南及临夏地区西迁入河西走廊以后，可能与东徙时留在这里的一部分人相会合。在汉文文献中他们又被称为敦薨或敦煌，这亦可视为吐火罗人在这一带活动而产生相应影响的遗迹。《山海经·北山经》云："又北三百二十里曰敦薨之山。其上多棕枬，其下多茈草。敦薨之水出焉，而西流注于泑泽。出于昆仑之东北隅，实惟河原。"⑤此"昆仑"依黄文弼考证，当为今之祁连山。⑥而"敦薨之山"，可能即为敦煌之南山，"敦薨之水"为今之党河，"泑泽"为今党河、疏勒河所注入之哈拉湖（Kara nor）。⑦有许多学

---

① 《水经注校》卷二，第 58 页。
② 王宗维 1987，第 64 页。
③ 《史记》，1/245。
④ 王宗维 1987，第 63 页。
⑤ 《山海经笺疏》，第 6 页。
⑥ 黄文弼 1981，第 121—122 页。
⑦ 余太山 1992，第 25 页。

者已经指出，"敦薨"或"敦煌"之名均为吐火罗（Tochari）一词的简（节）译。今甘肃瓜州县城东约50里，有名"兔葫芦"的地方，这里曾发现有大量新石器时代末期、战国至秦汉时期的文物，可能与同期吐火罗人从临夏、晋南等地西迁河西有关，或许这里早在吐火罗人东徙时即已成为他们的一个活动中心亦未可知。今存"兔葫芦"一名似与历史上的"吐火罗"同源。[①] 此外，在疏勒河三角洲之南榆泉盆地至今仍有"吐火洛泉"之地名，似亦可视为吐火罗人曾在此活动的遗存。[②] 所以，种种迹象均表明，吐火罗人曾在以敦煌为中心的河西地区活动过。

但《山海经》中的"敦薨"最初所指称的似乎是吐火罗人东徙过程中留在河西活动的那一部分，进入中原北部的则被称为大夏。尽管在春秋战国间，晋南、临夏一带的吐火罗人相继西迁并同河西的吐火罗人相会合，但此后的汉文文献却并未将他们与"大夏"联系起来。显然，被齐、秦等国从晋南和临夏地区逐出后进入河西的吐火罗人，在人数和规模上可能均不及东徙时留在敦煌一带并逐渐形成一个中心的那一部分吐火罗人，故这时的汉文文献中仍用"敦薨"或"敦煌"来指称他们，而没有使用"大夏"一名。这一点也表明当时汉文文献对吐火罗人的认识似乎也是比较模糊的，它们可能并未认识到"大夏"与"敦薨"均同源于吐火罗。这也就难怪后人更无法将后来西迁中亚吐火罗斯坦的吐火罗人，同历史上河西的"敦薨"、中国北部的"大夏"联系起来了。

需要指出的是，在汉文文献中也有用"敦薨"一词指称活动于焉耆一带的北支吐火罗人。《水经注·河水二》云："大河又东，右会敦薨之水，其水出焉耆之北敦薨之山。《山海经》曰：'敦薨之山，敦薨之水出焉，而西流注于泑泽，出于昆仑之东北隅，实惟河源者也。'二源俱道西源，东流分为二水。左水西南流出于焉耆之西，迳流焉耆之野，西南流出于焉耆之西，屈而东南流，注于敦薨之渚。右水东南流，又分为二，左右焉耆之国。南会两水同注敦薨之浦。东源东南流，分为二水。涧澜双引，洪湍濬发，俱东南流。迳出焉耆之东，导于危须国西。又东南流注于敦薨之薮。川流所

---

① 参见王宗维1987，第64、68页。
② 参见余太山1996b，第691页。

积，潭水斯涨。"①据研究，《水经注》中"焉耆之北敦薨之山"乃是指今巴龙台（巴轮台？——引者）北的天山山脉南侧，上述敦薨之水、之浦、之渚、之薮所包括的范围，当今巴龙台以南，包括焉耆、库尔勒，再向东至罗布泊方圆数千里的地方。②所以，《水经注》以上所记之"敦薨"，实际上所指的很可能是公元前二千纪末一千纪初沿塔里木盆地东徙的北支吐火罗人。如前所述，他们受阻于向西发展的蒙古人种群体而被迫在焉耆一带留居下来。以后，他们的活动范围似有所扩大，影响可能已及罗布泊一带，至于是否与这里一部分南支吐火罗人有联系，我们则不得而知。唯《山海经》所记之"敦薨"，如前所述，当指活动于河西一带的吐火罗人，亦即南支吐火罗人的一部分。《水经注》编者不查，在此将之与焉耆的"敦薨"相比附，虽然显得有些不伦不类，但却隐约地反映出当时人们已无意识地将焉耆一带的北支吐火罗人同罗布泊一带南支吐火罗人遗民联系起来。然而似乎仍没有迹象表明这两支吐火罗人在当时有什么直接联系。《水经注》的此种比附疑为巧合。

四、西迁中亚进占巴克特里亚

吐火罗人西迁河西以后，主要活动于河西走廊西部的敦煌一带，这与战国末至秦汉时期河西一带的民族分布及各民族势力的消长情况有关。在这一历史时期，河西地区有月氏、乌孙两大游牧民族相继兴起，月氏分布在河西东部，乌孙主要分布在河西西部，而吐火罗人则被排挤到敦煌及其以西地带，部分与乌孙杂处，故而他们的活动几乎不为人们所注意。据认为，月氏和乌孙这两大游牧民族大约在战国末至秦初发生了一场冲突，其结果是乌孙被月氏战败，其首领难兜靡被月氏所杀，乌孙的势力遂暂时被逐出河西西部，这一带随即为月氏所统治。③我们推测，大约在战国末至秦初，亦即公元前3世纪后半叶，河西一带的吐火罗人因受乌孙、月氏这场战争的影响，除一部分人退保敦煌南山一带外，大部分人可能踏上了西迁伊犁河、楚河流域

---

① 《水经注》，第66—67页。
② 王宗维1987，第61页。
③ 参见杨建新等1990，第52页。

的道路。① 在那里，他们似乎又与同属印欧人种的塞种部落发生了接触。从吐火罗人在伊犁河、楚河流域，亦即所谓的塞地出现的情况来分析，吐火罗人的这次西迁与以后月氏、乌孙西迁的路线是相同的，即是沿准噶尔盆地南部的天山北麓一线进行的。位于天山北麓东段的伊吾县境，今仍有一"吐葫芦乡"。该乡曾发现有据认为属铁器时代的拜其尔村南墓地及村东丘顶遗址和托背梁遗址。② 因其考古文化特征不明，故未敢遽断是否与吐火罗人有关。但"吐葫芦"之地名则很可能是吐火罗人西迁经过这里时所影响的遗迹。至于南支吐火罗人北向发展的影响是否及此，还有待对考古新发现的材料做进一步研究，现在下任何一种结论性的论断还为时尚早。

　　从河西西迁的吐火罗人之所以从天山北麓西迁，而没有走早些时候东徙时经过的塔里木盆地，原因估计有以下两点：第一，天山北麓有巴里坤等许多良好的草原牧场，很适合如吐火罗这样的游牧民族活动。第二，像吐火罗这种东部印欧人群的运动常常是"比较复杂和难以预料的"③。在月氏、乌孙战争的影响下，他们的这种西迁活动很可能在一开始带有很大的盲目性。但"逐水草而居"的游牧生活特性，应该还是他们选择水草条件较好的天山北麓西迁的决定性因素之一。无疑这两点应该是这支吐火罗人选择天山北麓西迁的主要原因。

　　公元前 206 年，匈奴冒顿杀父自立为单于。④ 在他统治期间（前 209—前 174）⑤，匈奴东服东胡，西击月氏，从而在中国北方建立起了第一个统一而强大的游牧政权。汉高祖六年（前 201），匈奴首次向月氏发起了攻击⑥，月氏大败，势力渐衰。大约在公元前 177—前 176 年左右，月氏在匈奴的不断打击下被迫放弃河西故地，和吐火罗人一样，沿天山北麓西迁中亚伊犁河、楚河流域。⑦ 月氏人的到来又直接导致了活动在所谓"塞地"的吐火罗人及塞种

---

① 参见余太山 1990，第 18—20 页。
② 《伊吾县志》，第 288—290 页。
③ 参见《世界史便览》，第 137 页。
④ 《史记》，9/2888。
⑤ 参见林幹 1983，第 601 页。
⑥ 《资治通鉴》，1/373
⑦ 关于月氏西迁的具体时间，众说不一。此处采余太山说，见余太山 1990，第 31—32 页。

诸部的进一步西徙。根据斯特拉波（Strabo）的记载，吐火罗（Tocharoi）与 Asii、Pasiani、Sacarauli 等四部集团在进入巴克特里亚之前，曾活动于锡尔河（Iaxartes River）以北的地区。① 吐火罗人到达这一带的时间应在月氏西迁并占领伊犁河、楚河流域以后不久，之前他们已经到达了伊塞克湖周围，即前引希腊文献中所说的"Ταουραιοι"（Tagouraioi）。②

公元前141年前后，吐火罗等四部越过阿姆河，从而最终结束了希腊人长达两个世纪左右的统治。③ 在巴克特里亚的这支吐火罗人逐渐转入定居农业为主的生活，兼营畜牧业，并建立了一个短暂的、吐火罗人统治的国家。汉文文献的最早记载中仍称他们为"大夏"。这里由此也成为吐火罗人历史上主要活动中心之一。至此，吐火罗人横贯欧亚、长达千年之久的迁徙活动最终告一段落。吐火罗人的分布格局亦基本形成。留在河西的一小部分吐火罗人主要活动在敦煌以南及以西的祁连山山区中，并仍然保持着游牧生活的传统，直到五代时期仍可以看到他们活动的痕迹。塔里木盆地南缘及罗布泊地区所存留的吐火罗人后来则处于鄯善王国的统治之下。龟兹、焉耆等地的北支吐火罗人则失去了与南支吐火罗人的联系，在当地停留下来，建立了自己的国家，逐渐走向独立发展的道路。征服巴克特里亚的吐火罗人虽然曾一度建立起自己的国家，并在这里逐渐形成了一个活动中心，此后却相继为大月氏、嚈哒、波斯、突厥、大食所征服或统治，并由于所处的地理位置之重要而成为东西方诸民族、国家争夺的对象，其活动在历史上因之更为引人注目。

西迁后占据巴克特里亚的吐火罗人与龟兹、焉耆的吐火罗人，在此后一段历史时期，由于彼此早已失去联系而走上了一条各自独立发展的道路。由于所处地理位置的不同和人文环境的差异，加之迁徙过程中的迥异遭遇及由此可能产生的在种族、文化上的不同影响，使他们在上述两个地区的发展从一开始就呈现出各自不同的特点。随着时间的推移，两者在民族特征上的各种差异不断加大，遂成为两个看似不同的民族出现在世界历史的舞台之上。

---

① Strabo, p.261.
② Tarn 1951, p.516.
③ Tarn 1951, pp.273-274.

相对而言，龟兹、焉耆一带的吐火罗人似乎保持了更多的原始印欧人的特征，这一点已为比较语言学的研究成果，即对吐火罗语的发现、解读和重新认识所证实。不管后人如何记载，我们认为这两支吐火罗人是历史上吐火罗人的主体，他们的活动构成了吐火罗历史发展的两条主线——尽管这两条主线是互不相联的。

第三章　河西走廊及塔里木盆地南缘的吐火罗

第一节　吐火罗人在河西一带的活动

一、早期河西的吐火罗人

公元前 3 世纪后半叶，河西一带大部分的吐火罗人因受月氏、乌孙之间征战的影响而沿天山北麓西迁伊犁河、楚河流域，余部则退保敦煌南山，从而离开了河西走廊，加之余部人数可能较少，故其活动鲜为后人所知。残留河西的吐火罗人仍以游牧的传统经济生活为主。在此后的一段历史时期里，河西地区先后主要处于月氏和匈奴的统治之下，吐火罗余部可能分属之。西汉文帝三年（前 177）前后[①]，月氏在匈奴的打击下亦随吐火罗之后沿天山北麓西徙中亚塞地，史书称之为"大月氏"；其余部则同敦煌南山残留的吐火罗人相会合。因为吐火罗人人少势微，复为小月氏所统。故在汉文文献中多见小月氏而鲜见吐火罗人的活动。加之两者均属印欧人种[②]，或为后人混而为一亦未可知。

成书于 2 世纪的托勒密《地理志》中，在提到赛里斯（Seres）国时曾记载："在阿尔巴人以东是加里奈人（Garinaioi）和哈巴纳人（Rhabanai）；他们的南面是阿斯米拉亚地区，位于同名山脉以南；在这些民族以南一直延伸到卡西亚山区，便是人数众多的伊塞顿种族；在其东部是特罗阿纳人（Throanoi），再往南便是吐火罗人（Thagouroi），他们的居住地位于同名的

---

① 有关月氏西迁的时间众说不一，本文采余太山说，参见余太山 1990，第 31—32 页。
② 余太山 1992，第 64 页。

山脉的东部，在伊塞顿人以南是阿斯巴卡拉人（Aspakarai）。"托勒密还提到赛里斯国中还有以"吐火罗"一词命名的城市"Thagoura"（又译作塔古拉）。[①] 德国学者赫尔曼首次将"Thagoura"比定为甘州[②]，他的这一看法后来为托玛斯[③]、贝利[④]所接受。所以，我们有理由认为，2 世纪前后吐火罗人仍在河西一带活动。不过，我们更倾向于认为，托勒密所记载的"Thagoura"城，很可能应为汉文文献中的敦煌，两者在对音上亦更接近。如前所述，这一带原来就曾是吐火罗人活动的中心地区之一。因此，与其将"Thagoura"比定为甘州，倒不如将其比定为敦煌也许更符合事实。

此外，在德尼斯（Denys）所编纂的《百科书典》（成书于 2 世纪）中也提到了吐火罗人。其文云："赛里斯国内的吐火罗人（Tokharoi）、富尼人（Phrounoi）和其他蒙昧部族都不重视肥壮的牛羊，他们可以织出自己荒凉地区五彩缤纷的花朵。他们还能够以高度的技巧裁制贵重的服装，具有草原上绿草闪闪的光泽，即使是蜘蛛结网的成果也难以与之相媲美。"[⑤] 显然，德尼斯有关吐火罗人在纺织方面的说法纯属根据所谓的"赛里斯国"的传说而作的比附，难以令人信服；而他有关吐火罗人"不重视肥壮的牛羊"的记载，恐亦系其据道听途说的想象，与事实不符。4 世纪初普里西安（Priscien）所编之《百科事典》却完全承袭了这一说法。4 世纪时的《阿维埃努斯诗集》中则记道："然后是残酷的吐火罗人、骠悍的富尼人和栖身于不毛之地的赛里斯人。他们驱赶牛羊畜群四处飘泊、随地安身。"[⑥] 拉丁史料中有关吐火罗人生活方式的记载似乎更接近事实。

上引古希腊、拉丁作家所记载的 Tokharoi 很可能与托勒密所说的"Thagouroi"一样，均是指称活动在敦煌一带的吐火罗余部。其理由如下：第一，上述记载中有关吐火罗人的活动范围表明，他们显然生活在某个远离曾是希腊人统治中心的巴克特里亚的地区，故不可能是灭亡希腊—巴克特里亚王国并

---

① 耿译 1987，第 3—34 页。
② Hermann 1910.
③ Thomas 1931, pp.834-835.
④ Bailey 1936, p.885.
⑤ 耿译 1987，第 52 页。
⑥ 耿译 1987，第 53 页。

建立大夏国的那支吐火罗人。龟兹、焉耆地区的吐火罗人早在进入塔里木盆地以后便与南支吐火罗人失去了联系，此时已独立发展一千余年。他们所呈现出的文化特征，业已与东徙后复又大部分西迁的那支吐火罗人明显区分开，故后人基本上没有把他们与"吐火罗"一词联系起来。第二，吐火罗人在龟兹、焉耆地区和巴克特里亚均已很快转入以农业为主的定居生活。《史记·大宛列传》云：大夏（吐火罗）"其俗土著，有城屋，与大宛同俗。无大君长，往往城邑置小长。其兵弱，畏战。善贾市"[①]。《汉书·西域传》记有，"龟兹国，王治延城"，"焉耆国，王治员渠城"。[②]《晋书·四夷传》则明言：龟兹"俗有城郭，其城三重，中有佛塔庙千所，人以田种畜牧为业"[③]。显然，两地定居的吐火罗人与上述文献所记载的，尤其是拉丁文献中的"驱赶牛羊畜群四处飘泊，随地安身"的游牧生活方式不符。而在塔里木盆地南缘绿洲上活动的吐火罗人也早已走上了以定居的农业生活为主的道路，也不可能是上述文献中所指称的吐火罗人。第三，希腊、拉丁文献中的记载均指出，上述吐火罗人在所谓的"赛里斯"（Seres）国内，而赛里斯在大多数古典作家的记述中一般是指中国或其影响所及的地区。这表明，上述吐火罗人活动在当时中原王朝所能控制的范围之内。而在那一历史时期里，保持着游牧生活的传统，仍在中原王朝统治境内的只能是活动在河西敦煌南山一带的吐火罗余部。如果以上推论不误的话，那么希腊、拉丁作家有关河西吐火罗人的记载尽管显得有些模糊与混乱，但我们由此仍可以看出吐火罗余部在河西活动的痕迹。

《百科书典》和《阿维埃努斯诗集》中均将吐火罗人（Tokharoi）与所谓的富尼人（Phrounoi）并称，表明两者关系密切。类似的记载早已见于老普林尼（Pline L'Ancien）所撰《自然史》（公元77年前后成书）中，富尼人又写作"Phuni"、"Thuni"或"Chuni"。[④]斯特拉波《地理志》中也曾提到过富尼人（Phauni）。英国学者赫德逊（G.F.Hudson）认为富尼人（又译作芳

---

① 《史记》，10/3164。
② 《汉书》，12/3911，12/3917。
③ 《晋书》，8/2543。
④ 参见耿译1987，第11页及其注3。

尼人）是汉文文献中的匈奴，欧洲史上的 Huns（即 Chuni、Phuni）及梵文 Hūna。[①] 塔恩对赫德逊的这一观点则持否定的态度。他明确指出，富尼人不是匈奴，而是指小月氏。[②] 从希腊、拉丁文献中所记富尼人与吐火罗人关系密切之程度，结合汉文文献中有关吐火罗人余部与小月氏共同活动在敦煌南山地区的情况来分析，我们认为塔恩的论断似更接近事实，富尼人应当是小月氏。从这一点亦可证明，当时吐火罗余部确实曾活动在河西敦煌南山一带，并与小月氏关系十分密切。

《山海经·北山经》云："又北三百二十里，曰敦薨之山。其上多棕枫，其下多茈草。敦薨之水出焉，而西流注于泑泽。"[③] 前已指出，《山海经》此处所指的"敦薨之山"系敦煌南山，亦即祁连山；"敦薨之水"系今之党河；而"泑泽"当为今之哈拉湖。"敦薨"为汉文文献中指称吐火罗的另一种译写形式，所指的即为活动在河西敦煌一带的吐火罗人，而"敦煌"一词则直接源于"敦薨"。与古希腊、拉丁文献相对照，我们认为，托勒密所说的与"Thagouroi"（吐火罗人）同名的山可能就是《山海经》中所提到的"敦薨之山"，"Thagoura"城可能指的就是后来的敦煌城。今敦煌附近的"吐火洛泉"以及瓜州县境内的"兔葫芦村"等地名[④]，很可能与历史上吐火罗人在这一带的活动有关。王宗维先生曾经指出我国西北地区往往有地从族名的习惯[⑤]，这一论断自然亦适用于历史上的吐火罗人。

二、魏晋以后的河西吐火罗人

魏晋南北朝时期，中原战争不断，内乱频仍，河西地区则有诸凉政权交替兴起，但当时他们的注意力仍然主要集中在对中原的争夺上。在这一历史阶段，河西吐火罗人余部的活动基本不见于史乘的记载，他们可能仍与小月氏一样"逐水草而居"，共同生活在远离河西交通线的敦煌南山中，并可能

---

① 王译 1995，第 33 页。
② Tarn 1951, pp.84-85.
③ 《山海经笺疏·北山经》，叶六。
④ 李并成 1995，第 113 页。
⑤ 王宗维 1987，第 61 页。

与当地的羌人部落发生接触。降至隋唐，这些吐火罗人又重新出现在汉文、吐蕃文、于阗文文献的记载中。这数百年间，他们可能与小月氏人、羌人等在文化和体质上产生一定程度的融合，势力有所壮大。而且，从吐火罗之名的重新出现似乎亦可看出河西吐火罗余部顽强的生命力。

在吐蕃文书中，"Phod-kar"是指称活动在河西和楼兰地区的吐火罗人。《阿底峡传》（The Life of Padmasambhava）及稍后的文献（如 Dpag-bsam-ljon-bzaṅ）中的"Tho-gar"、"Tho-kar"、"Thod-dkar"等则是指中亚历史上的吐火罗人[①]，即灭亡希腊—巴克特里亚王国，后来活动于吐火罗斯坦的那一支吐火罗人。前者，即 Phod-kar，主要见于斯坦因在麻扎塔格吐蕃古代戍堡遗址中所获的以下几件吐蕃文书中[②]：

（1）M.Tāgh.b,i,0095 号纸文书中曾提道"吐火罗部落"（the Phod-Kar regiment）。

（2）M.Tāgh,a,iii,0063 号纸文书中记道："第 29 天的晚上，从婼羌（Skyaṅ-ro）运来了三袋（粮食？）和十一捆（布匹）。在我们的传令下，一个属于吐火罗人的信差在 Nag 平原同我们会合。我们的确不想让他们出去做强盗。……很愚蠢那么好心地去关心他。……所派出的人是四个兄弟兵，他们的配给是……"

（3）M.Tāgh.0291 号木牍文书记道："吐火罗部落的 Ska-ba Klu"。

吐蕃文书 Padma-Bkahi-Than-Yig（"Writing of the Pronouncements of Padma [sambhava]"）中曾提道"Lan-mi, 吐火罗是Pa-tshab千户区（Thousand districts）"[③]，这个千户区通常被认为在吐蕃的东北部。[④]而上引文书（3）中的"Ska-ba"又见于《丹珠尔》（Bstan-hgyur）中，与所谓的 Bog-yul 相连，被认为位于 Lem-cu（凉州）地区。而吐火罗人所在的千户区和婼羌（Skyaṅ-ro）亦属这一地区，是吐火罗部落和民众活动的地方。[⑤]因之，吐蕃文献中的"Phod-kar"和希腊文献中的"Thagouroi"均是指称活动于河西一带的吐火罗

---

① Thomas1951, p.294.
② 分见 Thomas1951, pp.173-174, 240-241, 294.
③ Thomas 1935, p.278.
④ Thomas 1951, p.466.
⑤ Thomas 1951, p.294.

人，这一点应没有什么太大的问题。但从汉文文献中有关敦薨（敦煌）的记载和敦煌一带的考古发现及遗存来看，我们更倾向于认为，当时吐火罗人活动的主要地区应为敦煌南山一带，而不是甘州或凉州。从地理位置上来讲，敦煌与婼羌（Skyaṅ-ro）更要接近一些，其联系亦应更为紧密。

从吐蕃文书中有关"吐火罗部落"的这种记载来分析，我们认为当时活动在河西敦煌南山一带的吐火罗人似乎仍保持着游牧生活的传统。在上引文书（2）中我们则可以发现，有部分吐火罗人已处于吐蕃的统治之下。以上吐蕃文书的具体时间尽管不很明确，但从吐蕃王国的历史发展来判断，这些吐火罗人大致可能活动在787年吐蕃占领敦煌前后。[1] 9世纪中叶，吐蕃内乱，其在河西的统治遂宣告瓦解。几乎在同时，漠北回鹘汗国在黠戛斯的打击下灭亡，回鹘部众四散奔逃，有一支进入河西。在这一历史背景下，原河西吐蕃统治下的诸民族纷告独立，加之回鹘势力介入，中原内乱无暇西顾，从而使河西一带的政治和民族形势呈现出纷乱复杂的局面。直到10世纪，这里的局势才渐趋明朗，"凉州组成汉、蕃联合政权，甘州、西州为回鹘人所占，瓜、沙二州是以汉人为主导的归义军的领地。鄯善一带成为仲云人的天下，于阗则重新由尉迟氏掌权"[2]。在此期间，河西一带的吐火罗人无疑也摆脱了吐蕃的统治，但因材料缺乏，对于此后他们的活动情况我们不得而知。直到9世纪末，他们才重新出现在于阗使臣致王庭的奏稿中。

涉及吐火罗人的于阗塞语文书主要见于敦煌所出P.2741、ch.00269、P.2790等卷子中。这些文书由贝利教授先后刊布、释读后，引起学术界的广泛注意。我国学者黄盛璋将其完整翻译。兹据黄译文将有关吐火罗人的内容转录如下[3]：

P.2741："贱臣接奉大金国的勒（敕）令作为使臣出使甘州，我们来到Gara人中，到达Hiaimala。我们在仲云中走了十天，……Hyryasaka去了，在他们来到之前，一支两千人的Ttauḍāgaras军队正开往黑山去达头（的途）中，他们带Hyryasaka到他们住处，他们捉了牛和达头人三百头骆驼，他们引走了七十个贵人，Ayaria AIp bsg（？），张都督、达头Ttliy igana都督，

---

[1] 吐蕃占领敦煌的时间学术界有不同看法，此处采山口瑞凤说，汉译文见高译1985，第32—63页。
[2] 荣新江1995，第144页。
[3] 黄盛璋1989a，第1—33页。

Saikairă 突厥 Cor（啜）及其他人，……龙家对他们说：对我们的人你们将怎么办，你们已分散他们于 Gara 人中，我们在城中的等于要饿死，而城外是敌人，这里于阗的使臣是可悲的，他们也都像要饿死一样，他们的马匹全被捉走。汗是小孩子，所以他们用军队领你们出城外，并送你们于 Gara 人中……"

ch.00269："……常传达于阗王庭诏令并受到王庭很多礼物的 Uhuysa 于迦已经死去，Tatai 于迦后来也死了。Saraiha 于迦在 Gara 人中到处搜查他，我们也追捕他，……"

P.2790："……你们提出在国土遇到的问题，这是很需要的，就同我们和 Gara 那样，……现在我来了，和 Gara 一起去，……沙洲这里仲云人数很多，沙州此时的 Gara 也都全副武装。"

上引于阗文文书虽经贝利累次释读、修订，但含意不明，尤其是上下文关系不清者仍多。其中出现的"Gara"一词，贝利初译为大山，后改译为部落名，并相继用"月氏"和"弥药"（Hgar、Mgar、Sgar）加以比定。最后他终于放弃前说，将 Gara 比定为吐火罗（Thogara），但仍坚持吐火罗即月氏（üe-tsī）。[1] 从 P.2741 的记载来看，Gara 人主要分布在从于阗到罗布泊一带，当指的是塔里木盆地南缘的吐火罗人。这一点我们下节将详细讨论。但从 P.2790 所记"沙州此时的 Gara 也都全副武装"的情况来看，他们已有一部分进入了河西。根据吐蕃统治河陇及西域南部时曾有征调河西南山部族入西域罗布泊地区戍守的情况[2]，则沙州这支 Gara 人或为吐蕃从塔里木盆地南缘征调至此的残余势力亦未可知。

P.2741 中的"ttauḍăgara"又见于钢和泰（Stäel Holstein）卷《使河西记》（925 年）中，作"ttaugara"，为一河西部落名，经贝利考订当为于阗文中指称吐火罗人的另一种形式。[3] 前已指出，ttauḍăgara 和 ttaugara 均是于阗文中指称河西吐火罗人的不同形式。P.2741 说：ttauḍăgara 人有二千之多，且以掠夺为生，表明河西吐火罗人已摆脱了吐蕃的统治，成为一支独立的力量出现

---

[1]　Bailey 1970, pp.121-122. 黄盛璋认为"Gara"当为羌族，参见黄盛璋 1989a，第 32 页。
[2]　参见周伟洲 1993，第 248 页。
[3]　Bailey 1947, pp.141-148.

在河西的历史舞台上。据研究,河西吐火罗人(ttaugara)活动范围此时似乎已到达了甘州一带。[①]显然,在祁连山中游牧的吐火罗人虽然中心在敦煌以南,但在唐后期河西战乱四起、民族迁徙频繁的情况下,他们肯定也受到了一定的影响,活动范围亦有所扩大。尽管不时有他们在河西地区抄掠的记载,却正表明河西吐火罗人仍保持着游牧生活的传统。这一点与吐蕃文书中有关"吐火罗部落"的记载亦是一致的。

后晋天福三年(938),张匡邺、高居诲奉命出使于阗,《高居诲行记》云:"沙州西曰仲云,其牙帐居胡卢碛。云仲云者,小月支之遗种也,其人勇而好战,瓜、沙之人皆惮之。胡卢碛,汉明帝征匈奴,屯田于吾卢,盖其地也。"[②]前已指出,"胡卢"当系吐火罗的另一种译写形式,胡卢碛之得名或许就与这里吐火罗人的活动有关。而仲云部族"应是历史上长期以来先后在今甘肃祁连山一带游牧的各族(见于记载的不下七八个,他们有的部分迁徙,有的就一直在南山游牧),在唐中后期逐渐以地域(南山)为准形成的一个多民族的融合体,统以'南山'或仲云为号"[③]。从高居诲的记载来看,河西吐火罗人活动的主要地区显然已处于仲云的势力范围之内。10世纪以后,有关河西吐火罗人的活动情况在各种文献的记载中基本消失。我们推测,这些吐火罗人最后可能汇入了被称为"仲云"的多民族融合体中。河西吐火罗人的活动似乎从此告一段落。

此外,有学者通过对敦煌文书中所见"龙家"(于阗塞语文书中作dūm)的研究,认为9世纪下半叶,随着西迁回鹘的一部占据焉耆,焉耆龙姓王族携众东徙伊州、河西走廊,并形成一个个龙家部落,活跃在此后一段时期的河西历史舞台上。最后,他们与当地百姓通婚,逐渐同化于当地汉族、回鹘或其他民族当中。[④]如前所述,焉耆的吐火罗人系早期东徙进入塔里木盆地时的北支,后在龟兹、焉耆一带走上独立发展的道路并逐渐土著化。因他们早已失去了与南支吐火罗人的联系,故后人基本不以吐火罗指称他们。从这种

[①] Bailey 1936, pp.883-885.
[②] 《新五代史》, 3/918。
[③] 周伟洲 1993, 第248—249页。
[④] 荣新江 1995, 第155—156页。

意义上来讲，他们已发展成为一个与其他地区的吐火罗人不同的民族。于阗文献中分别用"gara"和"ttaugara"指称塔里木盆地南缘一带的吐火罗人和河西的吐火罗人，这似乎也表明当时人也已把两者作为不同的民族区别开来。"gara"和"ttauḍāgara"并见于 P.2741 且互不相关似乎也说明了这一点。[①]要之，河西龙家部落的出现似可视为已土著化了的北支吐火罗人，即焉耆人的最后归宿。

综上所述，我们认为河西吐火罗人系西迁中亚时残留于此的吐火罗人的一支，主要活动在敦煌以南的祁连山一带，并一直保持着游牧生活的传统。在历史上他们和小月氏关系十分密切，并可能与河西的羌族部落发生接触。吐蕃占领河西后，一部分河西吐火罗人复为其所统。吐蕃统治瓦解后，河西吐火罗人又成为一支独立的政治力量活跃在历史舞台上。10 世纪以后，他们可能汇入了被称为"仲云"的多民族融合体中。此外，由于种种原因，塔里木盆地南缘吐火罗人后裔的一部分和被称为"龙家"的焉耆吐火罗人也相继进入河西。在写于 886 年的于阗塞语文书 P.2741 中，他们分别被称作"Gara"和"dūm"，而河西吐火罗人则被称作"ttauḍāgara"或"ttaugara"。显然，尽管以上三地的吐火罗人曾汇聚于河西一地，但在当时人们的眼中，他们已是三个不同的民族或部族，而且被严格区分开来。没有迹象表明三者在河西地区有何联系或认同感。这些说明，塔里木盆地南缘、焉耆一带及河西的吐火罗人在失去联系后的相当长一段历史时期中，已走上了各自独立的发展道路，并在不同的地域与人文环境中形成各自的特点，逐渐发展成为不同的民族。同源于吐火罗人的这种可能性，不仅为其他民族而且连他们自己也难以认识到。

---

① 参见黄盛璋 1989a，第 33 页。

第二节　塔里木盆地南缘的吐火罗人

一、塔里木盆地南缘的吐火罗人与早期东西方诸民族的关系

吐火罗人在塔里木盆地南缘的分布范围十分广泛，从于阗到罗布泊地区均可以看到他们活动的痕迹。与以往有些国外学者传统的看法不同，我们认为塔里木盆地南缘的古代于阗、精绝、且末、楼兰诸绿洲上的吐火罗人，主要是公元前二千纪末一千纪初东徙入塔里木盆地后留居于此的南支吐火罗人的一部分。而后来进入中亚巴克特里亚的吐火罗人，则主要由东徙到中国北部复又西迁中亚的那些吐火罗人构成。这两支吐火罗人早已失去联系，走上了各自独立发展的道路。玄奘所记之"觐货逻国故地"与"觐货逻故国"只是表明两者在历史上均属吐火罗人所建，并不意味着他们有直接的渊源关系。易言之，中亚吐火罗人并不是从塔里木盆地南缘，亦即所谓的"觐货逻故国"迁去的。这一点我们在前一章已做了详细的论述。

需要强调的是，吐火罗人在东徙过程中曾与多种人群发生接触，很可能吸收并融合有其他民族的某些因素。比较语言学所揭示出的吐火罗语与日耳曼语、波罗的语等之间的某种联系[1]，是这种东徙过程中发生的吸收与融合特征在文化上的反映；而塔里木盆地南缘发现的古印欧人头骨中所表现出的不同类型，则是其在体质人类学上的反映。事实上，吐火罗人对其他民族或种族在文化和体质上的吸收与融合，贯穿于他们迁徙过程的始终。从孔雀河古墓沟墓地[2]、洛浦山普拉古墓[3]、楼兰城郊古墓[4]和且末扎洪鲁克古墓[5]所出人骨（或遗体）在体质人类学上的研究成果分析，塔里木盆地南缘早期活动的人群可能是从西方迁来的印欧人，其中又以古墓沟人为最早。前已考订，古墓

---

[1] Adams 1984, p.401.
[2] 韩康信 1986a，第 361—383 页。
[3] 邵兴周等 1988，第 26—38 页。
[4] 韩康信 1986b，第 227—242 页。
[5] 邵兴周等 1989，第 72—78 页；又见穆、张编 1995，第 400—408 页。

沟人可能就是吐火罗人，而这里迄今尚未发现有与之同时期的蒙古人种的遗骨或文化，表明吐火罗人在塔里木盆地南缘东徙时，似乎并未与蒙古人种群体发生直接的接触。前已指出，这也是南支吐火罗人东向发展速度较快的主要原因。在大部分吐火罗人东徙中国北部以后，仍有部分吐火罗人在塔里木盆地南缘诸绿洲上留居下来，并与相继从东西方迁入的各民族发生了一定的关系。

继吐火罗人之后进入塔里木盆地南缘的西方人群，可能是东西方历史中著名的塞人。1966—1967 年在帕米尔高原上的塔什库尔干塔吉克自治县境内香宝宝古墓群发掘了 40 座墓葬，其年代为公元前 5 至前 4 世纪左右。考古学和体质人类学的研究成果表明，香宝宝古墓系塞人的活动遗存。① 洛浦县山普拉古墓所出人头骨的体质人类学特征亦与帕米尔塞人相一致，其时代大约在公元前 3 世纪以后。② 在楼兰城郊古墓所发现的人头骨中，也有与帕米尔塞人在体质上相同者，其时代大约在纪元前后。③ 上述三处塞人的遗存大致可以反映出他们在塔里木盆地向东发展的情况。塞人大约在公元前 5 世纪前后到达帕米尔，至少在公元前 3 世纪左右进入塔里木盆地南缘，并在纪元前后发展到罗布泊一带。如前所述，在塞人进入前，这里原是吐火罗人活动的地区。塞人的到来无疑会与当地的吐火罗人发生关系。由于材料缺乏，我们对其具体情况尚不清楚。不过，有迹象表明，塞人活动的中心地区主要在西部的于阗。据研究，古代于阗地区曾流行一种于阗塞语，其早期居民的主体应是塞人。④ 或许由于塞人的到来，使此后吐火罗人的活动主要集中于于阗以东地区。

王国维在《西胡考》中云："案于阗国姓实为尉迟。而画家之尉迟乙僧，张彦远《历代名画记》云于阗人，朱景元《唐朝名画录》云吐火罗人。二者皆唐人所记，是于阗与吐火罗本同族，亦吐火罗人曾居于阗之证。又今和阗以东大沙碛，《唐书》谓之图伦碛（《唐书·西域·吐谷浑传》，李靖等军且末之西，伏允走图伦碛，将托于阗。是图伦碛在且末、于阗间），今谓之塔

---

① 参见陈戈 1981，第 191—216；韩康信 1987a，第 32—36 页。
② 韩康信等 1987b，第 91—99 页。
③ 韩康信 1986b，第 227—242 页。
④ 张、荣 1993，第 191—211 页。

哈尔马干碛，皆覩货逻碛之讹变。"① 今之塔克拉玛干是否为覩货逻之讹变我们暂且不论，但于阗与吐火罗同族的论断却难以令人接受，盖唐人所记，多为吐火罗人活动的遗迹或影响，如玄奘"覩货逻故国"之谓。于阗人所操为塞语，吐火罗人所操为吐火罗语；在体质特征上，属塞人遗存的帕米尔塞人头骨和可能属吐火罗人遗存的古墓沟人头骨亦分属不同类型。帕米尔塞人与伊犁河上游塞人在体质上亦很不相同。两者恐属塞人中的不同部族。② 从时间先后来看，吐火罗人要早于塞人进入塔里木盆地，所以，尽管均为印欧人群，但他们明显分属不同的民族集团。我们更倾向于认为尉迟乙僧居住在于阗，属于阗国人，但其族属则为吐火罗人，二者并不矛盾。联系前引于阗文书 P.2790 所反映出的吐火罗人（Gara）同于阗的密切关系，则于阗国内有吐火罗人也就并不奇怪了。

从汉文文献的记载来看，最早进入塔里木盆地南缘的蒙古人种民族是中国历史上十分古老的羌族。据《后汉书·西羌传》的记载，秦献公时（前384—前362）伐西戎，导致一系列的民族迁徙。曾在青海河湟一带活动的一部分羌族部落，"出赐支河曲西数千里，与众羌绝远，不复交通"③。据研究，这支羌人后来就经阿尔金山进入塔里木盆地南缘，分布在东起若羌，西及帕米尔的广大地区。④ 1979—1980 年在楼兰城郊古墓中发现六个头骨，其中五个属印欧人种，一个则明显为蒙古人种，墓葬绝对年代距今约两千年。而这里的一座东汉墓中所出一具蒙古人种型头骨，则与青海湖北岸刚察附近卡约文化墓葬的头骨十分相似。⑤ 卡约文化已被认为是以羌人为主体的西戎诸部落的文化遗存。⑥ 这些羌人部落在进入塔里木盆地南缘以后，似乎与当地的吐火罗人、塞人等印欧人群有一定程度的融合，基恩（A.Keith）所谓的具有蒙古人种和高加索人种（白人）两大人种特征的"楼兰型"（Loulan type）人种的形

---

① 王国维 1959，第 613 页。
② 参见韩康信 1985，第 61—71 页；又见穆、张编 1995，第 409—429 页。
③ 《后汉书》，10/3875—3876。
④ 参见杨建新等 1990，第 47—48 页。
⑤ 参见韩康信 1985，第 63—64、69 页。
⑥ 赵丛苍等 1996，第 28 页。

成,或许与此有关。① 虽然这个问题学术界还有不同看法,尚无定论,但同时活动于这一地区的吐火罗人、塞人、羌人彼此之间有所接触和联系,应当没有什么问题。

《汉书·西域传》云:"又去胡来王唐兜,国比大种赤水羌,数相寇,不胜,告急都护。都护但钦不以时救助,唐兜困急,怨钦,东守玉门关。玉门关不内,即将妻子人民千余人亡降匈奴。"同传"婼羌"条云:"婼羌国王号去胡来王。"② 故此唐兜实即婼羌国王。"去胡来"经黄文弼考证,"当为种族之名。去胡来为吐呼罗之对音,疑皆大夏之异名也"。他还进一步指出,"去胡来"为匈奴人对大夏(吐火罗)的称呼,而婼羌即为大夏民族所建立。③ 如果上述考订不误的话,那么婼羌国实际上可视为吐火罗人居统治地位而建立的一个国家。王宗维先生认为去胡来部的方位在今若羌以东的阿尔金山一带。④ 周连宽先生则详细考订出婼羌去胡来王国的四至:北界与鄯善接;西界则同时与且末、小宛相接;南界偏西与发羌、唐旄等九种羌相邻,南界偏东则以今楚拉克阿干河南边的昆仑山东支为界;东界大约从哈那木丕、大柴沟、丁字口向南,经过台吉乃尔湖,以达阿勒克夏图一线。其王庭大约在今楚拉克阿干河上游地区,或即阿克楚克塞。⑤ 这一带当为婼羌人活动的中心地区,"去胡来王"的出现似乎表明吐火罗人的影响已深入羌人之中。

一般认为,婼羌为羌族的一支。婼羌国中的主体民族是羌人当属无疑。而其王号"去胡来",表明婼羌国中应有吐火罗人——至少其统治民族为吐火罗人。张澍所辑北魏阚骃的《十三州志》云:"婼羌国滨带南山,西有葱岭余种,或虏或羌,户口甚多也。在古不立君长,无分长幼。强则分种为酋豪,弱则为人附落。"⑥ 这或许可以解释何以婼羌人会为吐火罗人所统。有学者指出:"婼羌种分布的地域甚广,而传文'婼羌'条所记载的仅仅是'王号

---

① 参见韩康信 1985,第 61—62 页。
② 《汉书》,12/3925,12/3875。
③ 黄文弼 1981,第 127—129 页。
④ 王宗维 1987,第 68 页。
⑤ 参见周连宽 1983,第 81—90 页。
⑥ (北凉)阚骃纂、(清)张澍辑:《十三州志》,知服斋丛书本,第 4 页。

去胡来王'的一支。"①我们同意这一看法。汉平帝元始二年（公元2年）作为吐火罗人的去胡来王唐兜被杀②，婼羌王国灭亡，而这支婼羌人"可能仍然回到南山一带，依附其种人生活"③。从上引《十三州志》所记婼羌余种"或虏或羌"来看，"羌"和"虏"是有明显区别的。"羌"无疑指羌人，而"虏"或即指吐火罗人。要之，则婼羌去胡来王国灭亡后，部分吐火罗人融入婼羌之中亦未可知。塔里木盆地南缘的吐火罗人与羌人的密切关系由此可见一斑。

继羌人之后从东部进入塔里木盆地南缘的可能是小月氏人。《史记·大宛列传》云："始月氏居敦煌、祁连间，及为匈奴所败，乃远去，过宛，西击大夏而臣之，遂都妫水北，为王庭。其余小众不能去者，保南山羌，号小月氏。"④如前所述，月氏放弃河西，西迁伊犁河流域的时间大致在公元前177—前176年，小月氏"保南山羌"的时间也应该在此前后。这时羌人部落早已进入了塔里木盆地，所以我们同意《史记·大宛列传》所记"南山羌"之南山，"不仅包括祁连山东西各处，甚至还应指昆仑山（即南山）"⑤。事实上，在《魏略·西戎传》中已有"敦煌西域之南山"之称，并明确指出："从婼羌西至葱岭数千里，有月氏余种葱茈羌、白马、黄牛羌，各有酋豪，北与诸国接，不知其道里广狭。"⑥说明小月氏与这一带的羌人部落发生了一定程度的融合。羌人和小月氏迁入以后，塔里木盆地南缘一带吐火罗人的活动情况我们不得而知，但从玄奘有关"覩货逻故国"的记载及一些考古发现分析，我们推测，吐火罗人在此之前已经生活在当地的各个绿洲之上，主要从事定居的农业生产，并且已建立了自己的绿洲城邦国家。而据《魏略》的记载，这里的羌人、小月氏人主要分布在北接诸国的"敦煌、西域之南山"，也就是昆仑山中的河谷地带。其经济生活似乎应仍以传统的游牧业为主，直到9世纪仲云部族形成时，情况依然如此。所以我们很难想象这里的吐火罗人会融合他们或被他们所融合，但这也并不排除有少数羌人或小月氏人进入

---

① 余太山 1995，第 35 页。
② 《资治通鉴》，3/1137。
③ 周连宽 1983，第 84 页。
④ 《史记》，10/3162。
⑤ 荣新江 1990，第 54 页。
⑥ 《三国志》，3/859。

绿洲和少数吐火罗人流入南山之中的可能性。尽管如此，双方之间正常的经济文化交往应该是存在的。

二、覩货逻故国与吐火罗人

自玄奘在《大唐西域记》中提及所谓的"覩货逻故国"以后，汉文文献未见与此有关的任何记载。加之玄奘前的文献中也没有明确指称塔里木盆地南缘吐火罗人活动的材料，所以"覩货逻故国"的出现实显唐突，以致后人对玄奘的这一记载多持怀疑甚至否定的态度。然玄奘所记系亲身所见，言之凿凿，论及吐火罗者，自然无法回避这一问题。由于玄奘在述及"覩货逻故国"前，还曾详细地谈到了中亚吐火罗斯坦，亦即所谓的"覩货逻国故地"的情况，故研究者多试图将两者联系起来。他们一致认为，位于塔里木盆地南缘的"覩货逻故国"是吐火罗人的故乡，中亚巴克特里亚的吐火罗人是从这里迁去的。

提出这一观点的西方代表性人物，当首推德国著名地理学家李希霍芬（F.V.Richthofen），他在其巨著《中国》中首次提出吐火罗人（Tochari）原居于塔里木盆地南缘（亦即玄奘所记"覩货逻故国"），后来向东发展至河西走廊一带，成为中国历史上的"月氏"。[①] 李希霍芬这一观点在西方学界影响很大，余波至今。以金斯米尔（T.W.Kingsmill）[②]、马迦特（J.Marquart）[③]、赫尔曼（A.Herrmann）[④]、弗兰克（O.Franke）[⑤]、和柯诺（S.Konow）[⑥]等为代表的一批学者在坚持认为"覩货逻故国"为吐火罗人原居地的基础上，进一步指出汉文文献中的"大夏"系吐火罗（Tochari）的不同译称，而吐火罗和月氏则分属不同民族。前者先于月氏占据巴克特里亚，后又为其所统。然而对于"覩货逻故国"的吐火罗人如何到达巴克特里亚，他们均语焉不详。因为，

---

① Richthofen 1877,Vol. I , p.440.
② Kingsmill 1882, p.74.
③ Marquart 1903, p.204.
④ Herrmann, 1952. 但他后来又否定前说，见 Herrman1931, p.33.
⑤ Frank 1904, p.29.
⑥ Konow, P.XXII/P.XLII, 以上均请参阅章译 1958, 第 270—272 页。

第三章　河西走廊及塔里木盆地南缘的吐火罗 | 61

假设吐火罗人从塔里木盆地南缘直接西迁入巴克特里亚，那就无法解释希腊文献中有关吐火罗人先出现于锡尔河以北，后又南下灭亡希腊—巴克特里亚王国的记载了。至于吐火罗人何以会出现在河西走廊、伊犁河流域乃至锡尔河北岸，他们亦感困惑。

塔恩同意李希霍芬有关吐火罗人即月氏的论断，他甚至认为玄奘所记"覩货逻故国"系小月氏人所建。[1]哈隆（G.Haloun）和赫尔兹菲德（E.Herzfeld）则极力否认"大夏即吐火罗人"之说。前者错误地将"大夏"解释为"大的夏"；[2]后者认为吐火罗人和月氏人不可能在较短的时间里先后两次入侵巴克特里亚。[3]以上观点我们均觉不妥。其实，如果对吐火罗人的迁徙、分布的历史做全面考察，"覩货逻故国"与"覩货逻国故地"之间关系问题不难得到解决。如前所述，吐火罗人的故乡可能在东欧某地，而不是塔里木盆地南缘的所谓"覩货逻故国"，后者只是在吐火罗人东徙进入塔里木盆地以后才形成的。沿塔里木盆地南缘东徙的那支吐火罗人除部分在沿途的绿洲上留居下来以外，大部分又踏上了东徙中国北部地区的道路，两者从此失去了联系。在此后近一千多年的时间里，这支东徙吐火罗人的主体又由于种种原因，从河西走廊沿天山北麓一带西迁伊犁河流域，后又因月氏人的到来而迁到锡尔河流域，并进而南下占据巴克特里亚，逐渐形成了以此为中心的吐火罗斯坦，亦即玄奘所谓的"覩货逻国故地"。除了历史上可能存在的渊源关系外，我们尚未发现"覩货逻故国"的吐火罗人后裔和"覩货逻国故地"的吐火罗人后裔之间有什么联系的迹象，两者很可能早在一千年前相互脱离以后就走上了各自独立发展的道路。在回鹘文译本的《玄奘传》中，亦用"Toxri"一词对译"覩货逻故国"。[4]这一词还被用于指称焉耆和龟兹，即北支吐火罗人，亦证明两者均源于吐火罗的事实。

玄奘在天竺求法后，经中亚沿塔里木盆地南缘东归。经尼壤城（今尼雅，古精绝地）东入大流沙，"行四百余里，至覩货逻故国。国久空旷，城

---

[1] Tarn 1930, p.111; Tarn 1951, p.288.
[2] Haloun 1926, Pt.I.
[3] Herzfeld, p.25.
[4] 参见黄盛璋 1995，第 249—251 页。

皆荒芜。从此东行六百余里，至折摩驮那故国，即沮末地也。城郭岿然，人烟断绝"。故知覩货逻故国位于尼雅、且末间，此地经斯坦因考订当今安得悦（Endere）故城。① 可能在塞人占据于阗以后，这里逐渐形成为一个吐火罗人的聚居中心并进而建国。从《汉书·西域传》的记载来看，此地相当于小宛国的范围。小宛经岑仲勉考证，亦在今安得悦（安多罗），他还试图从对音的角度证明"小宛"与"Endere"之间的联系。② 从《汉书·西域传》和《魏略·西戎传》的记载来看，小宛正当民丰、且末间，与玄奘所记"覩货逻故国"在地理位置上正合。此外，有学者还推测小宛和大宛有某种渊源关系，可能系从帕米尔东进塔里木盆地的 Tochari（吐火罗）人。③ 如果以上推论不误的话，那么"覩货逻故国"很可能就是汉代的小宛国。

《汉书·西域传》云："小宛国，王治扜零城，去长安七千二百一十里。户百五十，口千五十，胜兵二百人。辅国侯、左右都尉各一人。西北至都护治所二千五百五十八里，东与婼羌接，辟南不当道。"④ 小宛既然系吐火罗人所建立的国家，其国内当主要为吐火罗人，所以至迟在西汉以前，已有一千多名吐火罗人聚居于此并建立了自己的国家，而且形成了一个较为完整的统治体系。至于小宛何以不见于《史记》，有学者认为："所谓'小宛国'人口不过千余人，位于婼羌之西，又'辟南不当道'，故张骞首次西使虽取南道归国，未必得闻其名。"⑤ 岑仲勉则认为："汉代大沙漠之南缘，远在现时通道之北方，可于精绝故址在今尼雅北七十五英里一节见之。故汉人西行，当系由车尔成（按即且末）取直向西南，不是先南行而后折西；到唐代则车尔成以西之漠缘，更向南展开，行旅不得取南折之一途，于是昔所谓辟南不当道乃变成通行之道。"⑥ 不管怎样，至少在汉代时，塔里木盆地南缘上的一部分吐火罗人已在这里定居下来并建立了自己的绿洲城邦国家——小宛，其经济生活

---

① 向译 1987，第 75—76 页。
② 岑仲勉 1981，第 40—43 页。他还将"渠勒"比定为 Thogara，即玄奘所云"覩货逻故国"，姑备一说，同书第 65 页。
③ 参见余太山 1992，第 70—72 页。
④ 《汉书》，12/3879。
⑤ 余太山 1992，第 71 页。
⑥ 岑仲勉 1981，第 41 页。他还有意将渠勒与覩货逻故国联系起来，并认为"按吐火罗，通常拼作 Tukhara，今作 -gara，则与渠勒之清浊相对，更为吻合"，同书第 65 页。

方式当以绿洲农业为主当属无疑。小宛东与婼羌相接,其国内的吐火罗人与前面讨论的婼羌"去胡来王"有什么关系,我们不得而知。但婼羌去胡来王国"随畜逐水草,不田作,仰鄯善、且末谷"①,显然以游牧为主,同小宛的吐火罗人在经济生活方式上截然不同。

  小宛国何时灭亡,史无明证。《魏略·西戎传》仅云,从建武(公元25—56年)以来,"且志(按当作'末')国、小宛国、精绝国、楼兰国皆并属鄯善也"②。由此可知小宛在东汉初期已为鄯善王国所吞并。另据《后汉书·西域传》:"会匈奴衰弱,莎车王贤诛灭诸国,贤死之后,遂更相攻伐。小宛、精绝、戎卢、且末为鄯善所并。"③同传"莎车"条则记有,东汉明帝永平四年(公元61年)于阗王广德擒贤,"岁余杀之"。④故知贤当死于公元62年左右。因此,小宛为鄯善所吞并实在公元62年以后。值得注意的是,《后汉书·西域传》中尽管有"后其国并复立"的记载,但从安帝末(125)班勇的记载来看,"出玉门关,经鄯善、且末、精绝三千余里至拘弥"⑤,则小宛似乎已从且末与精绝间消失。此后的各种文献中亦再不见有关小宛的记载。这表明小宛国被鄯善所并以后,不仅并未"复立",反而从此失国。其国内原有的那一千余名吐火罗人亦不知所终。他们或许流入鄯善王国之中亦未可知。因此,小宛国的灭亡实际上可视为"覩货逻故国"的终结,亦即玄奘所云之"国久空旷"。顺便说一句,作为"覩货逻故国"的小宛国只有一千余名吐火罗人,如果诚如西方学者所说的那样,这里是中亚吐火罗人的故乡,那么倾其国人似乎也难以创造灭亡希腊—巴克特里亚王国的"奇迹"。更何况小宛灭亡时,吐火罗人早已进入中亚。

三、鄯善王国与吐火罗人

  如前所述,罗布泊一带曾是东徙吐火罗人最早到达的地方之一,也是塔

---

① 《汉书》,12/3875。
② 《三国志》,3/859。
③ 《后汉书》,10/2909。
④ 《后汉书》,10/2925—2926。
⑤ 《后汉书》,10/2915。

里木盆地南缘的吐火罗人聚居的主要地区，在历史上他们被称为楼兰人。据研究，在以佉卢文（Kharosthī）字母书写的犍陀罗语（Gāndhārī）传入塔里木盆地以前，"楼兰人说的是一种吐火罗语。换言之，楼兰人是吐火罗人的一支"①。巴罗（T.Burrow）曾指出，楼兰尼雅所出佉卢文书主要是由印度西北俗语（Prakrit），即所谓的"犍陀罗语"构成，但其中也有大量的非印度语因素，这里面包括大约 1000 个专有名词和 150 个单词，如农作物的名称、服装之类等。前者是鄯善王国的官方语言，而后者则是当地土著所操的语言。他通过对大量的语言材料的分析和研究之后认为，鄯善和尼雅一带土著人所操的这种语言就是吐火罗语（包括 Tokharian A 和 Tokharian B 两种方言）。②所以，我们有理由认为汉文文献中最早提到的罗布泊地区的楼兰国，是以吐火罗人为主体建立的。联系前引体质人类学的研究成果，我们认为，楼兰人中可能还融有继吐火罗人之后进入这一地区的塞人，甚至羌人的某些因素。要之，则楼兰人实际上似乎可视为以吐火罗人为主体的多种族融合体。

"楼兰"之名一般认为最早见于西汉文帝四年（前 176）匈奴冒顿单于致西汉的一封信中，其文云："以天之福，吏卒良，马强力，以夷灭月氏，尽斩杀降下之。定楼兰、乌孙、呼揭及其旁国二十六国，皆以为匈奴。诸引弓之民，并为一家。"③元朔三年（前 126）张骞回到长安，他经塔里木盆地南缘归国时所看到的情况是："于阗之西，则水皆西流，注西海；其东水东流，注盐泽。盐泽潜行地下，其南则河源出焉。多玉石，河注中国。而楼兰、姑师邑有城郭，临盐泽。盐泽去长安可五千里。"④由此可知，至少在西汉初，罗布泊一带的吐火罗人已建立了一个被称为"楼兰"的城郭国家，他们似乎早已转入定居，经济生活亦应以绿洲农业为主，兼营畜牧、渔猎。西汉初期曾一度为匈奴所统治。也有学者认为此前楼兰可能役属于月氏。⑤

一般认为楼兰都城在今楼兰古城，亦即斯坦因所谓的 LA 遗址。它位于

---

① 材梅村 1995，第 3 页。
② Burrow 1935, p.667.
③ 《史记》，9/2896。
④ 《史记》，10/3160。
⑤ 余太山 1996a，第 47 页。

罗布泊西岸，约在北纬 40°29′55″，东经 89°55′22″ 处，北距孔雀河约 20 公里。[①] 这里紧邻可能属吐火罗人遗存的古墓沟墓地，也是吐火罗人在塔里木盆地南缘活动的中心地区。吐火罗人以此建都当非偶然。但也有人对楼兰古城是否为楼兰国都的问题表示怀疑。[②]

楼兰最初为一西域小国，其范围似乎也仅限于罗布泊西岸一带。但这里地扼丝路交通之咽喉，地理位置十分重要，是汉通西域必须首先经过的地方。在匈奴统治时期，"楼兰、姑师当道，苦之，攻劫汉使王恢等，又数为匈奴耳目，令其兵遮汉使"[③]。于是遂有元封三年（前108）赵破奴、王恢"虏楼兰王，遂破姑师"之役，楼兰始降服贡献于汉。此后，自称"小国"的楼兰处于匈奴、西汉两大政治势力之间，"不两属无以自安"，其间多有反复自属难免。汉昭帝元凤四年（前77），因楼兰又数次遮杀汉使，大将军霍光遣平乐监傅介子刺杀其王尝归（《昭帝纪》作安归）。西汉"乃立尉屠耆为王，更名其国为鄯善"[④]，国都亦可能从楼兰古城南迁至扜泥城（今若羌县治）。[⑤] 所以，《汉书·西域传》"鄯善"条所记实际上应分成吐火罗人在楼兰和鄯善两个历史时期的活动。明乎此，我们才能理解何以《史记》称楼兰"邑有城郭"，而《汉书》却记鄯善"地沙卤，少田，寄田仰谷旁国"，"民随畜牧逐水草"，同传"若羌"条却有"仰鄯善、且末谷"之语。显然，楼兰易名鄯善后，不仅国都迁往扜泥，其国内情况亦发生了某些相应的变化。

《汉书·西域传》云："鄯善国，本名楼兰。"这表明鄯善与楼兰之间具有直接的渊源关系，也就是说鄯善国民，至少统治阶层主要是由吐火罗人，亦即楼兰人所组成。同传续曰："王治扜泥城，去阳关千六百里，去长安六千一百里。户千五百七十，口万四千一百，胜兵二千九百十二人。辅国侯、却胡侯、鄯善都尉、击车师都尉、左右且渠、击车师君各一人，译长二人。"[⑥] 据此，则鄯善已不似以往的"小国"楼兰，而俨然成为一个西域大国。

---

① 参见穆、张编 1995，第 11 页。
② 参见穆、张编 1995，第 66—72 页。
③ 《汉书》，12/3876。
④ 《汉书》，12/3878。
⑤ 侯灿 1995，第 32 页，注 12。详见陈戈 1995，第 252—274 页。
⑥ 《汉书》，12/3875。

这一变化似同楼兰人迁都扜泥密切相关。

如前所述，婼羌以南的阿尔金山一带曾是羌人部落和小月氏活动的地区。鄯善建都扜泥，地近南山，这里的一些游牧民族很可能被纳入其统治之中，并因之国势大增。所以，《汉书》所记鄯善"民随畜牧逐水草"，有驴马、多橐它，"能作兵，与婼羌同"，实际所指更可能是羌、小月氏等游牧民族部落，而鄯善国内的吐火罗人似仍以从事绿洲农业为主，因此才有若羌"仰鄯善、且末谷"之语。考古发现了这里古代曾存在十分发达的绿洲灌溉农业遗址，具有代表性的是属汉唐时期的米兰灌溉渠道系统。该系统由一条总干渠、七条支渠和许多斗渠、毛渠组成，灌溉范围东西6公里，南北约5公里。据研究，"这个灌溉渠道的规模是非常宏大的，它绝非少数人在短期内所能完成，而必然是成百上千的人们经过世世代代的不断修理、加工和完善的产物"[1]。斯坦因在这里亦曾发现有属于3—4世纪的佉卢文及婆罗谜字母书写的梵文贝叶书[2]，表明鄯善国人似乎曾在此从事农业生产。所以，鄯善在迁都扜泥以后，吐火罗人可能仍从事农业生产为主，兼营畜牧、渔猎，而一些游牧部族的被征服，又使其国内游牧经济的成分大为增加，于是才有"民随畜牧逐水草"的记载。西汉屯田伊循城，则对鄯善国内农业经济的发展起到了极大的推动作用。

东汉明帝永平五年（公元62年），莎车王贤被杀，加之中原王朝和匈奴的势力相继退出，使得在此后一段历史时期内西域掀起了一股兼并浪潮。西汉末期五十五国中的塔里木盆地诸国[3]，分别被并入鄯善、于阗、焉耆、龟兹、疏勒等五大政权之内[4]。西域这一政治格局的形成固然是各地经济文化发展，彼此联系更加密切的结果，但它与塔里木盆地的民族分布也是紧密相关的。如于阗是塞人活动的主要地区，龟兹、焉耆以北支吐火罗人为主，鄯

---

[1] 陈戈1995，第256页。
[2] 向译1987，第83—84页。
[3] 师古曰："司马彪《续汉书》云至于哀、平，有五十五国也。"参见《汉书》，12/3871。
[4] 《三国志》，3/859—860。或认为鄯善对且末、精绝等地的兼并有两次，一次是在公元61—94年；一次是公元三四世纪，参见虞明英1983，第174—177页。但鱼豢所撰《魏略·西戎传》虽然属魏明帝时（226—239），但传中所记鄯善诸国的兼并活动明言为东汉光武帝刘秀建武（公元25—56年）以后事，同《后汉书》所记永平四年（公元61年）鄯善并且末等地实同。故似乎不当有鄯善两次兼并诸国之事。当然，个别小国或有反复的可能性也不能排除。

善所兼并的且末、小宛、精绝、楼兰等地则是南支吐火罗人的势力范围。要之，西域之五大政权的形成除了经济和地域的因素外，民族文化的同一性恐怕也是一个重要的原因。

鄯善兼并诸国以后，统一了从精绝到罗布泊一带的塔里木盆地南缘的吐火罗人，国内其他民族和部族可能亦逐渐为吐火罗人所融合。3—5世纪流行于这一地区的佉卢文已表明这里的土著均操吐火罗语的第三种方言，又称楼兰语。这说明吐火罗人对其他民族的融合在鄯善兼并诸国之后不久就完成了。据《汉书·西域传》的记载：鄯善户千五百七十，口万四千一百；且末户二百三十，口千六百一十；小宛，户百五十，口千五十；精绝户四百八十，口三千三百六十。合计2430户，共20590人，这应该是鄯善国内吐火罗后裔人口的基本情况。

3世纪前后，佉卢文字突然在鄯善国内出现，以犍陀罗语为代表的佉卢文成为鄯善国的官方语言，显示出外来文化的强烈影响。直至鄯善国灭亡以后，佉卢文才从这里消失。在此期间，鄯善佛教遗址中也表现出强烈的犍陀罗艺术的影响，表明这种外来文化影响的广泛性。

那么，这种以佉卢文为代表的外来文化是何时影响到这里，以至于成为鄯善国的官方语言呢？这需要从佉卢文及犍陀罗语的产生、使用、发展及流传过程谈起。一般认为佉卢文字母是由古代西亚阿拉美人发明的阿拉美文字演变而来，公元前7世纪时曾广泛流行于西亚地区，一度成为波斯帝国的正式文字之一，并随着波斯帝国的东向发展，影响及于古代印度西北部的犍陀罗地区。至少在公元前4世纪时，经过当地人的改造，佉卢文字被用于书写印度西北俗语（Prakrit），亦即所谓的"犍陀罗语"。公元前1世纪至公元3世纪中叶，佉卢文一度成为贵霜王国的主要官方文字之一，流行于今巴基斯坦和印度西北部地区。贵霜王国灭亡以后，这种文字遂在当地被废弃。但在3世纪上半期至4世纪上半期，佉卢文字突然流行于塔里木盆地南缘一带，并一度成为鄯善王国的官方文字。[①]

不过，语言学的研究成果已经证明，在鄯善王国内，佉卢文不仅被用于

---

① 参见马雍1984，第43页。

书写犍陀罗语,也被用于书写大量的鄯善俗语,亦即当地土著所操的"吐火罗语的第三种方言"。①佉卢文在鄯善王国的突然出现和流行,在时间上和空间上暗示着其与中亚贵霜王国的某种特殊的联系。正因此,国外的研究者曾推测,贵霜王朝在其兴盛时曾一度统治过鄯善,佉卢文在鄯善的流行系贵霜殖民者在此统治的结果。但中国学者对此观点多持否定的态度。②

佉卢文在鄯善流行的时代正是贵霜王国内乱及走向衰败的时期。在自顾不暇的情况下,很难想象贵霜会越过于阗塞人政权,将其统治扩展到鄯善王国境内。更何况同一时期的汉文文献对这一假设存在的重大事件无一言述及。马雍先生已列举大量事实证明,东汉后期有大量的支姓贵霜人为避本国战乱而迁徙中国。③他还进一步指出,2世纪末,在贵霜王"胡维什卡平定内乱重新统一贵霜王国时,从该国逃亡出一批内战中的失败者,这些人流亡到鄯善一带,成为西域城郭诸国的臣属。这就是出现月氏、康居胡侯及其部属的来由。他们可能人数颇多,同时由于他们具有较高的文化,故而对鄯善地区的语言和文字产生过重大的影响。鄯善国之一度使用佉卢文字或可从上述这一假说中得到解答"④。

我们认为,马雍先生的这一假说可能更接近事实。但佉卢文和犍陀罗语成为鄯善王国的官方文字和语言的这一事实,似乎应引起足够的重视。贵霜王国战乱中的失败者在流寓鄯善的过程中,因其人数众多、文化较高,他们中的一些贵族很可能成为鄯善王国统治集团中的一部分,其文化自然也对鄯善王国的吐火罗统治者产生强烈的影响。只有这样,这些贵霜人所使用的佉卢文和所操的犍陀罗语才会成为鄯善王国的官方文字和统治者的语言。如果考虑到贵霜王朝与中亚吐火罗人的密切关系(详见下章),那么流寓到鄯善的贵霜人中或许应有许多中亚吐火罗人后裔,两者在民族(或种族)上的某种同源性,可能是这支贵霜人流入鄯善国中却未造成较大社会波动的一个重要原因。这一假说也可以从佉卢文文化传入以后,鄯善王国仍然继续存在且

---

① 参见林梅村 1995,第 3 页。
② 参见马雍 1984,第 6—49 页;王治来 1986,第 131 页;孟凡人 1991,第 29—39 页。
③ 马雍 1990,第 46—59 页。
④ 马雍 1984,第 45 页。

变化不大中得到证明。此外，佉卢文文书中包含的土著语成分，即吐火罗的第三种方言，从一个侧面亦说明了鄯善王国中的土著居民是吐火罗人或吐火罗化的其他少数民族。如果说西汉在伊循屯田推动了当地农业经济的发展的话，那么贵霜人的流入则使塔里木盆地南缘吐火罗人的文化发展进入了一个新的阶段。

佉卢文大约在 4 世纪上半期，即 335 年前后，在鄯善地区不复使用。有学者认为："大概由于前凉张骏遣杨宣西征，又赶走了这批贵霜侨民，所以佉卢文字资料突然中断。至于土著的鄯善人则重新归属于河西地区汉族政权的统治之下。"[1]但使用近一个世纪的佉卢文何以会被鄯善所废弃，以及这些所谓的被赶走的贵霜侨民的下落如何，至今仍是个谜，如同佉卢文何以突然出现于此一样，难有定论。

姚秦弘始元年（399），法显西行经过鄯善时记道，这里"俗人衣服粗与汉地同，但以毡褐为异。其国王奉法。可有四千余僧，悉小乘学。诸国俗人及沙门尽行天竺法，但有精粗。从此西行，所经诸国类皆如是。惟国国胡语不同，然出家人皆习天竺书、天竺语"[2]。从法显所见到的情况来分析，鄯善有僧四千，其国内吐火罗人后裔亦不在少数。佉卢文此时似已被废弃，故法显只云"天竺书"、"天竺语"，且只限于僧界。《宋书·氐胡传》云：元嘉十九年（442）四月，"无讳自率万余家弃敦煌，西就安周。未至，而鄯善王比龙将四千余家走，因据鄯善"[3]。又据《北史·西域传》"且末"条，"真君三年（442），鄯善王比龙避沮渠安周之难，率国人之半奔且末。后役属鄯善"[4]。故知当时鄯善国内的吐火罗人后裔至少有八千家，其中还不包括且末及其以西的吐火罗人。此处的"家"相当于《汉书》中的"户"。同西汉时的 1570 户相比，仅鄯善地区的吐火罗人就增长了 5 倍多。这可能也是塔里木盆地南缘吐火罗人人口发展的最高峰。造成这里吐火罗人人口增长较大的原因，一方面固然在于当地社会经济的发展；另一方面，大量贵霜移民涌入

---

[1] 马雍 1984，第 45 页。
[2] 《法显传校注》，第 8 页。
[3] 《宋书》，8/2417。
[4] 《北史》，10/3208—3209。

并融入鄯善吐火罗人之中也是一个重要的因素。所以我们更倾向于认为，虽然佉卢文于 4 世纪以后在鄯善被废弃，许多贵霜移民却在佉卢文使用的一百多年的时间中同当地吐火罗人后裔相融合。易言之，即使杨宣西征可能赶走了部分贵霜后裔，那也只是少数贵族统治者，而大部分贵霜人早已汇入当地的土著居民，即吐火罗人之中了。

据佉卢文文书的记载，鄯善王国经常受到一个名为"Supiye"的游牧民族的袭扰。周伟洲先生已经指出，Supiye 就是汉文文献中的"苏毗"，藏文文献中的"孙波"，与后来的女国和东女国关系十分密切。[1] 至少在 3 世纪时，他们就已经活动于塔里木盆地南缘，经常袭击精绝、且末等地，劫掠人口和牲畜。在编号为 272 号的鄯善国王敕谕皮革文书中曾提道："去年，汝因来自苏毗人的严重威胁曾将州邦之百姓安置于城内，现在苏毗人已全部撤离，以前彼等居住在何处，现仍应住在何处。"[2] 据研究，原活动于藏北、青海南部一带的苏毗人，在这一历史时期可能通过所谓的"青海路"进入塔里木盆地。部分苏毗人甚至定居在今新疆和田、且末、若羌一带，敦煌所出《沙州地志》、《沙州伊州地志》、《寿昌县地境》等文书中所见"萨毗泽"、"萨毗城"，或即为这部分苏毗人活动的遗迹。[3] 他们可能后来融入塔里木盆地南缘的吐火罗人之中亦未可知。但在早期，两者则完全处于敌对状态。不过，对于鄯善王国来讲，苏毗人的入侵只属袭扰的性质，并未直接威胁到其存亡。

北魏太平真君三年（442），沮渠氏余裔的到来使鄯善国内的吐火罗人首次遭受了比较严重的打击。"鄯善王比龙西奔且末，其世子乃从安周，鄯善大乱。无讳遂渡流沙，士卒渴死者大半，仍据鄯善。"[4] 沮渠氏西据高昌以后，鄯善可能受到了与北魏对抗的柔然势力的唆使，经常剽劫魏使，"令不得通"。太平真君六年（445），太武帝拓跋焘遣散骑常侍、成周公万度归发凉州兵讨之，"其王真达面缚出降，度归释其缚，留军屯守，与真达诣京都"。太平真君九年（448）五月甲戌，北魏"拜交趾公韩拔为假节、征西将

---

[1] 周伟洲 1996，第 3—10 页。
[2] 林梅村 1988，第 81 页。
[3] 周伟洲 1996，第 3 页。
[4] 《魏书》，6/2210。

军、领护西戎校尉、鄯善王以镇之，赋役其人，比之郡县"①。是为北魏在鄯善设军镇之始。据研究，由于柔然势力在西域的扩展，迫使北魏至少在473年之前就已经放弃了鄯善镇，并将西域之鄯善镇移至西平郡（治今青海乐都）。孝昌二年（526），改西平之鄯善镇，立鄯州。②鄯善镇东移西平，当地的吐火罗人是否随迁，我们不得而知。但据《北史·西域传》"且末"条所记，鄯善王比龙为避沮渠安周之难，率国人之半共四千家西奔且末。西魏大统八年（542），"其兄鄯善米率众内附"③。西魏如何安置这些内徙的吐火罗人，史无明文，或许置于鄯州亦未可知。但降至唐代，地仍称鄯州，可见其影响之深远了。

继沮渠氏以后，鄯善的吐火罗人又受到了来自高车的更为沉重的打击。据《南齐书·芮芮虏传》："先是益州刺史刘悛遣使江景玄使丁零，宣国威德。道经鄯善、于阗，鄯善为丁零所破，人民散尽。"④冯承钧先生考订此事发生在北魏太和十七年（493）前，丁零实即西徙的高车部人。他还进一步指出，残留鄯善的四千家可能因此弃国北走伊吾，形成唐代文献中的纳职（今哈密西120里之拉布楚喀，Lapcuk，亦名四堡）。⑤《元和郡县图志》"伊州"条纳职县下云："贞观四年置。其城鄯善人所立，胡谓鄯善为纳职，因名县焉。"⑥S.367《沙州伊州地志》"纳职县"条下亦云："右唐初有土人鄯伏陀，属东突厥。以征税繁重，率城人入碛奔鄯善，至并吐浑居住。历焉耆，又投高昌，不安而归。胡人呼鄯善为纳职，既从鄯善而归，遂以为号耳。"⑦国人四散，流落到外地的吐火罗人多以"鄯善"或"鄯"之国名为姓。此外《南齐书》所记"人民散尽"盖仅指鄯善。如前所述，且末及其以西地区仍有很多吐火罗人，比龙所率四千家余众至大统八年才由其兄鄯善米带领从且末内徙。直到这时，鄯善的吐火罗人可能才流散殆尽。

① 《魏书》，6/2261—2262；《北史》，10/3208。有关年代依《魏书·世祖纪》。
② 参见苗普生1984，第44—47页。
③ 《北史》，10/3209。
④ 《南齐书》，3/1025。
⑤ 冯承钧1957，第45—47页。
⑥ 《元和郡县图志》，第1030页。
⑦ 参见王仲荦1993，第204页。

北魏神龟二年（518），宋云西行经过鄯善时发现，这里已为吐谷浑所占据。《宋云行纪》云："从土谷浑西行三千五百里，至鄯善城。其城自立王为土谷浑所吞。今城内主是土谷浑第二息宁西将军总部落三千以御西胡。"[①] 从这一记载中我们推测，在高车势力退出鄯善后，逃奔且末的吐火罗人似有一部分归国，并自立王。但至少在508年之前，他们和且末的吐火罗人又沦入吐谷浑的统治之下。[②] 宋云到时，鄯善以西的吐火罗人似已摆脱了吐谷浑的统治，所以才有"总部落三千以御西胡"之说。因此，在吐谷浑占据鄯善期间，塔里木盆地南缘的吐火罗人除一支北徙伊吾外，大部分可能仍活动在宋云所记的鄯善以西的左末（且末）、末城、捍䫋城一带，即于阗以东、鄯善以西的广大地区。然而宋云仅提到左末城中"居民可有百家"，比西汉时的230户还要少，可能只是城中人口数。或者包括比龙所率四千余众在内的大部分吐火罗人可能活动在且末、末城、捍䫋城及其周围地区亦未可知。据《宋云行纪》，且末"决水种麦"，末城"城傍花果似洛阳，惟土屋平头为异也"。[③] 故知当时这里的吐火罗人不仅从事农业，也有园艺业。降至西魏大统八年（542），鄯善米率众从且末内附。经过一系列的变故，鄯善一带的吐火罗人流散殆尽，塔里木盆地南缘的吐火罗人后裔只存且末[④]至于阗那一部分了。

四、隋唐以后塔里木盆地南缘的吐火罗人

隋大业四年（608），铁勒兵袭吐谷浑，炀帝乘机遣军掩击。结果，吐谷浑王伏允南走雪山（今青海阿尼玛卿山），"其故地皆空。自西平临羌城以西，且末以东，祁连以南，雪山以北，东西四千里，南北二千里，皆为隋有。置郡县镇戍，发天下轻罪徙居之"。[⑤] 次年置鄯善郡，辖显武、济远二

---

① 《洛阳伽蓝记校注》，第252页。周伟洲师认为，西胡很可能指的是紧邻鄯善西边的于阗国，以及当时控制了天山南路包括于阗在内的哒哒，参见周伟洲1994，第261页。
② 周伟洲1985，第40—41页。
③ 《洛阳伽蓝记校注》，第265页。
④ 《北史》，10/3189。
⑤ 《隋书》，6/1845。

县；且末郡，辖肃宁、伏戎二县。是为史乘所见鄯善、且末置郡县之始。但不久因隋末之乱，伏允复其故地，二郡遂废。唐初，鄯善又被迁自中亚康国（Sogdiana）的粟特人所占据。据敦煌所出 S.367《沙州伊州地志》①，石城镇，"隋置鄯善镇，隋乱，其城遂废。贞观中，康国大首领康艳典东来居此城，胡人随之，因成聚落，亦曰典合城。其城四面皆是沙碛"。新城，"东至石城镇二百四十里，康艳典之居鄯善，先修此城，因名新城，汉为弩（之）[支]城"。蒲桃城，"南去石城镇四里，康艳典所筑，种蒲桃于此城中，因号蒲桃城"。萨毗城，"西北去石城镇四百八十里，康艳典所筑。其城近萨毗泽，山险阻，恒有吐蕃及吐谷浑来往不绝"。②

法国学者伯希和（Pelliot）经过研究后认为，7世纪上半叶，有一康居首领率其国人至蒲昌海（按即罗布泊）南，并筑四城。直至7世纪末年时，此康居聚落尚保存其康居首领，即《沙州都督府图经》所记石城镇将康拂耽延。他还进一步指出，这些粟特人"居其地五十年，尚未为东土耳其斯坦之土著，及中国人民所化也"③。结合《沙州伊州地志》"鄯善城"条所记"周回一千六百四十步，西去石城镇廿步，汉鄯善城，见今摧坏"，我们认为由于国人流散，唐初鄯善地区已无吐火罗人，只有粟特人。塔里木盆地南缘残存的吐火罗人后裔显然仅活动于且末及其以西地区，他们同从中亚迁居鄯善的康国人是否有联系，我们不得而知。但中亚粟特人的到来无疑为当地民族关系的发展增添了新的因素。

事实上，早在康艳典之前，亦即鄯善王国统治时期，已有一些中亚粟特人流入罗布泊地区。斯坦因在古楼兰遗址中所发现的 L.A.I.iii.1 号汉文木简上记有"建兴十八年（330）三月十七日粟特胡楼兰一万石钱二百"④。同出的还有4件粟特语文书，年代当4世纪初年。据研究，"早在前凉时期，楼兰地区就有粟特胡人存在，而且从账目所记一万石的数量来看，这里的粟特

---

① 该文书系张大庆在唐僖宗光启元年（885）于沙州写得，参见王仲荦1993，第196页。伯希和（Pelliot）则以此本为中和三年（883）物，参见冯译1957b（七），第28页。
② 参见王仲荦1993，第197—199页。
③ 参见冯译1957b（七），第27—29页。
④ 录文见胡平生1991，第41—42页。

人当不在少数"①。这些粟特人可能是在3世纪前后同贵霜人一起流入鄯善的，他们最终似乎融入到当地的吐火罗人之中。贞观年间迁入的这支粟特人直到吐蕃统治时期仍在这一带活动。米兰吐蕃戍堡遗址所出73RMF26：19号木简中记有："粟特处军官良田一突。"②此粟特处或即为康艳典在此所建四座城中的某一处粟特人聚落点。但迄今为止，我们尚未发现有关这支粟特移民与且末以西吐火罗人发生联系的材料。

吐谷浑的势力在5世纪中最早影响到了且末的吐火罗人后裔，并于伏连筹在位的492至508年之间一度兼并了鄯善、且末。前引《宋云行纪》所记神龟元年（518）鄯善城内吐谷浑第二息宁西将军"总部落三千，以御西胡"被认为是"吐谷浑人以戍守的方式大量迁入西域之始"。③大业五年（609）隋灭吐谷浑，在鄯善、且末置郡县。10年后隋亡，吐谷浑势力复归此地。唐贞观九年（635）李世民遣李靖进攻吐谷浑，其可汗伏允西奔且末，于突伦碛为部下所杀，余众降唐。④在此历史背景下康艳典这支粟特移民才得以入居鄯善⑤，他们后来归服于唐朝，"康艳典为镇使以通西域者"⑥。在吐谷浑先后控制鄯善地区的140余年时间里，塔里木盆地南缘的吐火罗人有一部分很可能为其所役属。由于鄯善的吐火罗人流散殆尽，只有且末及其以西的吐火罗人尚存。

唐高宗龙朔三年（663），吐蕃灭吐谷浑，"尽有其地"⑦。吐蕃势力很快沿青海道进入塔里木盆地南缘，该道路"从柴达木沿今楚拉克阿干河谷入新疆界，越阿尔金山，顺今阿雅克库木湖（即唐代的"萨毗泽"）可到且末"⑧。由于鄯善此时已为属唐的粟特人所占据，吐蕃扩张的矛头便直指且末。敦煌所出 P.T.1288 号吐蕃文《大事记年》中分别有以下记载："及至龙年（高宗总章元年，戊辰，公元 668 年）赞普驻于'札'之鹿苑，且于且末国建造堡垒。是

---

① 荣新江 1994，第 162 页。
② 王尧、陈践 1986，第 28 页。
③ 周伟洲 1994，第 256—261 页。
④ 参见周伟洲 1985，第 86—91 页。
⑤ 周伟洲 1994，第 264 页。
⑥ 《新唐书》，4/1151。
⑦ 《新唐书》，19/6076。
⑧ 周伟洲 1994，第 257 页。

为一年。""及至马年（高宗咸亨元年，庚午，公元670年）赞普驻于'倭塘'。于且末国击唐军多人。是为一年。"[①]同年（670），另一支吐蕃军队从西部于阗一线向唐西域发动进攻，"入残羁縻十八州，率于阗取龟兹拨换城，于是安西四镇并废"[②]。但据推测，"吐蕃完全占领和统治西域鄯善、且末等地，大致是在公元8世纪之后，一直到公元9世纪中吐蕃政权瓦解时为止"[③]。在此期间，塔里木盆地南缘残余的吐火罗人则为吐蕃所役属。

吐蕃统治西域的过程中，塔里木盆地南缘的民族构成及民族关系情况发生了较大的变化。从这一带发现的吐蕃简牍文书来分析，于阗至鄯善一线除有吐火罗人（Phod-kar）、吐谷浑人（Va Zha）、粟特人（Sog Po）等民族外，大量的吐蕃贵族及氏族被作为军人派驻到这里，如没庐氏、属庐氏、那囊氏、昆氏、娘若以及原属羌人的白兰等。此外，还有一些北方游牧民族亦流入此地，如突厥（Dru-gu）、回纥（Hor）等，甚至还有于阗人（Li-yul 或 Vu-then）活动于鄯善地区，估计为吐蕃征遣所致[④]。这些民族或部落均处于吐蕃的统治之下。在这种情况下，塔里木盆地南缘残存的吐火罗人后裔不可避免地会与他们产生联系，因为他们仍是当地最基本的土著居民。

如前所述，Phod-kar 一词是吐蕃用以指称从敦煌至婼羌一带的吐火罗人的。上引斯坦因在麻扎塔格发现的 M.Tāgh.a,iii,0063 号吐蕃纸文书中还记有："第29天晚上，从婼羌（Skyaṅ-ro）运来了三袋（粮食？）和十一捆（布匹）。在我们的传令下，一个属于吐火罗人的信差在 Nag 平原同我们会合。我们的确不想让他出去做强盗。"[⑤]这一记载似乎表明吐蕃统治时期吐火罗人的活动范围可能又到达了罗布泊地区，这显然与吐蕃在这里的各种征遣活动密切相关。[⑥]所以，可以认为塔里木盆地南缘残余吐火罗人的分布范围在这一时期又恢复到了鄯善一带。当然他们是与这里的其他民族杂处的，彼此之间相互影响当在情理之中。

---

① 王尧、陈践1992，第146页。
② 《新唐书》，19/6076。
③ 周伟洲1994，第266页。
④ 均参见王尧、陈践1986。
⑤ Thomas 1951, pp.173-174.
⑥ 有关吐蕃征遣活动的情况请参阅周伟洲1993，第246页。

9世纪中叶，吐蕃王国崩溃，其在西域的统治亦告瓦解，治下的塔里木盆地南缘诸族似重获独立。9世纪后半叶的于阗文书中所出现的Gara人，经贝利考订可能指的是吐火罗人。[①] 如前所述，Gara人的活动地域主要在于阗以东、仲云以西，即楼兰至精绝的塔里木盆地南缘一线，相当于古鄯善王国的辖境。尽管鄯善的吐火罗人后裔流散殆尽，但且末及其以西地区的吐火罗人依然存在。吐蕃统治时期，他们的活动又扩展至鄯善一带。Gara人的分布范围大致与之相合，所以于阗文中以Gara指称吐火罗人的可能性是存在的。如果贝利的考订成立的话，那么于阗文书中有关Gara人的记载，可能是塔里木盆地南缘吐火罗人的活动最后见诸文字了。考虑到此前吐蕃统治时期这一地区民族构成的多样化，Gara所指称的就似乎不仅仅是当地土著的吐火罗人，还应当有部分在这里活动过的吐谷浑人、粟特人、于阗人、突厥人、回纥人，甚至吐蕃遗民的成分。或许这些民族的人们在当地已经土著化了，亦即吐火罗化了，所以于阗文统以Gara指称他们。如果以上推论不误的话，那么于阗文献中的吐火罗，即Gara，实际上可视为包括吐火罗人在内的多民族融合体。

Gara一词主要见于前引P.2741、ch.00269、P.2790等于阗文卷子中。据研究，前两件文书写于886年，而后者则要晚一两年。[②] 其主要内容是于阗使臣出使内地，因甘州动乱受阻于沙州时向王庭报告甘州的形势，以及一篇所谓的"七王子"奏稿。从P.2790的记载来看，塔里木盆地南缘的吐火罗人同于阗保持着良好的关系，贝利则径直指出Gara人是"于阗的盟友"。[③] P.2790文书中提到，"沙州这里仲云人数很多，沙州此时的Gara人也都全副武装"，表明他们已经参与到当地的战乱之中了。至于他们何时、何故来到沙州，我们前面曾做过推测，可能是此前吐蕃从西域征调至此驻防。但也不排除这支吐火罗人是大统八年（532）鄯善米内徙部众的可能性。这个问题尚需新材料的发现做进一步的研究。

10世纪以后的各种文献中均不见有用"吐火罗"一名指称在塔里木盆地

---

① Bailey 1970, pp.121-122.
② 黄盛璋 1989a, 第5—8、28—29、33页。
③ 参见黄盛璋 1989a, 第32页。

活动的人们。经过数百年的历史变迁和民族交往与融合，这里的吐火罗人遂以一个崭新的面容出现在世人面前。在此后的历史时期里，塔里木盆地南缘活动的吐火罗人后裔最终可能逐渐融入当地突厥化与伊斯兰化的大潮之中。

第四章 吐火罗在中亚的前期历史活动

第一节 吐火罗集团对巴克特里亚的征服与大夏国的建立

一、吐火罗进入前巴克特里亚地区的形势

通常认为，在古波斯阿契美尼（Achaemenid）王朝的建立者居鲁士大帝（Cyrus the Great，前559—前530年在位）征服中亚前，即公元前550年前[1]，有关巴克特里亚的历史并没有什么比较确实的资料。而根据波斯的传说，巴克特里亚人早已有国，定都巴尔克（Balkh）。[2] 其王维什塔斯帕（Vishtaspa）曾成为琐罗亚斯德教（Zoroastrianism，即祆教）的保护者。虽然对于这一传说的真实性，学术界直到现在仍然认识不一[3]，但学者们都公认阿契美尼王朝曾对包括巴克特里亚在内的中亚地区实施过有效统治，并促进了当地农业生产的发展。

公元前4世纪30年代，希腊马其顿帝国兴起。著名的亚历山大大帝（Alexander the Great）于公元前330年消灭了波斯阿契美尼王朝，并展开了一系列东征活动。亚历山大东征的一个直接后果就是大量希腊人流入中亚，并在巴克特里亚形成一个希腊人的聚居中心，从而导致古希腊罗马文化的东传及巴克特里亚的希腊化。

亚历山大在公元前323年死于巴比伦，年仅32岁。他死后，横跨欧

---

[1] 参见吴译1994，第26页。
[2] 即汉文文献中的缚喝、巴里黑、把力黑等。
[3] 章译1958，第253—254页；参见吴译1994，第27—28页。

亚的马其顿帝国遂告土崩瓦解。帝国亚洲部分的大部分疆域落入塞琉古王朝（Seleucid Dynasty）的统治之下，巴克特里亚成为其东部的一个省。公元前 250 年①，巴克特里亚的希腊人总督狄奥多德（Diodotus）宣布脱离塞琉古王朝，建立历史上的希腊—巴克特里亚王国（Graeco-Bactria Kingdom）。其都城为巴克特拉（Bactra），疆域包括索格底亚那（Sogdiana）和马尔吉亚那（Margiana）东部等地区。此后王国领地不断扩大，至欧西德莫斯（Euthydemus，前 230—前 190 年在位）统治时期达到极盛，南部到达印度次大陆，北部扩张到锡尔河，东至塔里木盆地西缘，西部与帕提亚（Parthian，即安息）相接。欧西德莫斯之子德米特里（Demetrius，前 190—前 160 年在位）即位后，趁西部的塞琉古王朝和南部的孔雀王朝相继衰落之际，进一步南侵印度，占领印度西北部大部分地区，并修筑了欧西德莫斯城（即后来的奢羯罗，今巴基斯坦锡亚耳科特城）作为政治中心长驻于此。也就在他统治时期，希腊—巴克特里亚王国发生了分裂。公元前 174 年前后，欧克拉提德斯（Eucratides）趁德米特里长驻印度之机自称巴克特里亚之王，并控制了兴都库什山以北希腊—巴克特里亚王国的土地。兴都库什山以南德米特里控制的地区则被称为印度—巴克特里亚王国（India-Bactria Kingdom），从而形成了两个希腊王国对峙的局面。②

此后，这两个希腊人统治的王国内部纷争不断，甚至形成了诸王并立的局面。内乱和分裂使得希腊—巴克特里亚王国势力大衰，领地锐减。帕提亚王国在密斯来代脱斯一世（Mithradates Ⅰ，前 173—前 138 年在位）统治时期从巴克特里亚王国手中夺走了其西部的马尔吉亚那（今 Merv）和亚利亚（Aria，今 Herat）③，而索格底亚那大约在公元前 160 年左右也脱离了希腊—巴克特里亚王国的统治。④这样，原希腊—巴克特里亚王国的疆域就仅限于阿姆河中上游一带，而其北部还始终面临着游牧民族的巨大压力。就在王国内外交困、风雨飘摇之际，已经到达锡尔河北岸的吐火罗等四部集团最终越过锡

---

① 麦高文（W.M.McGovern）将其系于公元前 256 年，参见章译 1958，第 76—77 页。
② 参见 Tarn 1951, Chapter Ⅲ-Ⅵ. 吴译 1994, 1、2 章；肖译 1985, 5 章；王治来 1986, 3 章 3 节。
③ 章译 1958，第 81 页。
④ 肖译 1985，第 65 页。

尔河和阿姆河，结束了希腊人在巴克特里亚的统治。巴克特里亚之名亦随着吐火罗人的到来，而为东西方文献中的大夏、吐火罗和吐火罗斯坦所取代。巴克特里亚的历史从此进入了一个新的阶段。

据推测，巴克特里亚较早的居民可能是操伊兰语方言的"白种人的混血"，"而且巴克特里（亚）人及其邻近的人民，因与非伊兰人接触较少，他们的语言，也许较那些富冒险性的塞西安人和萨尔马希安人，更为纯粹；因为塞西安人和萨尔马希安人是常常出而征略说不同语言的人民，并与之混合的"。[1] 不管怎样，在阿契美尼王朝统治的二百多年的时间里，巴克特里亚地区在民族、文化等方面深受波斯人的影响当在情理之中。随着马其顿亚力山大的东征，大量希腊殖民者也涌入这一地区。公元前326年，在亚历山大征服旁遮普的时候，巴克特里亚和索格底亚那就有三千希腊移民发动叛乱返回欧洲。[2] 在希腊人后裔所建的希腊—巴克特里亚王国时期，当地逐渐希腊化，尤其在艺术风格等方面呈现出浓厚的希腊文化的色彩。这一点已为后来所谓的"犍陀罗艺术风格"所证实。

巴克特里亚以北的广大草原地区，一直是诸游牧民族或部族活动的地方。他们之中包括著名的斯基泰人（Scythian）、马萨格泰人（Massagetae）、伊塞顿人（Issedones）、塞种人（Sacae）等。对于巴克特里亚的绿洲居民来讲，这些游牧集团的频繁袭掠始终是一个巨大的威胁。这种形势在吐火罗人入侵以后仍未改变。

二、吐火罗四部对巴克特里亚的征服

吐火罗等四部占领巴克特里亚的情况，在斯特拉波所撰的《地理志》中曾有较为详细的记载：

在左边和对面的这些人是Scythians或游牧部落，他们遍布整个北部地区。现在，Scythians人中较大的那一部分被称为Däae，但那些

---

[1] 参见章译1958，第69页。
[2] 吴译1994，第39页。

位于更东部的则被称作 Massagetae 和 Sacae，然而其余的人仍通称为 Scythians，尽管他们每一部分都有各自的名号。他们绝大多数是游牧者。但这些游牧部落中最著名的是那些从希腊人手中夺走巴克特里亚的人们，我指的就是 Asii、Pasiani、Tocharoi 和 Sacarauli，他们原来自锡尔河（Iaxartes River）彼岸与 Sacae 和 Sogdina 相邻的地区，那里已被 Sacae 人所占据。①

根据塔恩的考订，吐火罗等四部侵入巴克特里亚的时间大约在公元前141年前后。② 这一点已为考古发现所证实③，基本已成定论。从上引斯特拉波的记载中我们可以看到，吐火罗等四部越过锡尔河的直接原因恐在于他们的原驻地为 Sacae 人所占据。而 Sacae 通常被认为即是汉文文献中的"塞种"，其原居地在所谓的"塞地"，亦即今伊犁河、楚河流域。④ 虽然吐火罗（Tocharoi）等四部以及 Masagetae 和 Sacae 等游牧部落（族）均被称为 Scythians，但实际上 Scythian 一词是泛指中亚及南俄草原上诸游牧部落（族），其本身内涵要大得多。而吐火罗等四部同 Massagetae 和 Sacae 等游牧集团显然是有区别的。这一点在斯特拉波的上述记载中说得很清楚。所以，我们不同意将吐火罗四部集团同 Masagetae 人或 Sacae 人混为一谈的说法。

有关吐火罗四部集团的形成、各部之间的关系，以及与其他民族之间的联系等问题，迄今尚无一致的意见和可信的材料加以说明。我们这里只是列出前人的一些看法，并尝试着提出自己的假说。由于 Tocharoi 已被公认即后世的吐火罗人，故这里主要集中讨论 Asii、Pasiani、Sacarauli 等三部。

Asii（又作 Asiani），塔恩曾将之比定为汉文史籍中的"月氏"，他甚至认为月氏部落实际上是由 Asii 和 Tocharoi 两种人构成。⑤ 这一观点在西方学术界颇具代表性。缪勒则将 Asii 与甲种吐火罗语中的 Arsi 联系起来，后者已

---

① Strab, pp.259-261.
② Tarn 1951, pp.272-273.
③ 参见吴译 1994，pp.55-56。
④ 余太山认为塞种本允姓之戎，最早曾活动在中国北部和西北地区，参见余太山 1995。
⑤ Tarn 1951, pp.284-286.

公认是古焉耆人的自称，相当于佉卢文中的 Argiya，于阗塞语中的 Arginva，粟特文中的 Arkcyk，中古波斯语中的 Arkcik，波斯文中的 Ark，阿拉伯文中的 Ark，梵文中的 Agni，即玄奘所记之"阿耆尼"。① 对此，伯希和则以时代不合为由持怀疑态度。② 余太山认为，Asii 为希罗多德所记 Isse［dones］的异译。③ 他还进一步将 Asii 与汉文文献中的"允姓之戎"联系起来，径称允姓为"Isse［dones］或 Asii 的对译"。甚至焉支（耆）、乌孙、奄蔡、温宿、乌垒、乌秅、伊循等均为 Asii 的不同译写形式。④ 不管怎样，中外学者多倾向于将 Asii 与焉耆联系起来，表明两者在历史上可能存在的某种联系。

Pasiani（又作 Parsii），塔恩认为似源于古波斯语中的 Parsua，意为"波斯人"（Persians）。在他看来，Pasiani 是古波斯人的一支，在同胞进入伊朗东北和亚美尼亚南部时，他们却留在了故乡，即花剌子模（Kwarizm），后成为 Massagetae 集团中的一部分，入侵巴克特里亚。⑤ 对此，中国学者曾加辩驳。⑥ 马迦特则指出，Pasiani（Πασινι）应为 Gasiani（Γασιανι）之误。⑦ 余太山肯定了这一看法，并一步推测 Gasiani 乃《逸周书·王会解》中的"月氏"，休循（xiu-ziuen）、龟兹（Khiue-tzie）、姑师（ka-shei）、车师（Kia-shei）、贵霜等均为 Gasiani（Kushan）的对译。⑧

Sacarauli（又作 Saraucae），塔恩认为无疑指的是波斯大流士一世（Darius I，前 521—前 486 年在位）贝希斯登（Behistun）铭文中的 Sacaraucae（Saka Rawaka），意即"带尖帽子的 Sacae 人"。⑨ 在苏萨（Ssūša）铭文中又作 Sakātigraxaudā。针对西方学术界流行的将 Sacarauli 比定为汉文文献中的"塞王"（Sai-Wang）或"康居"（k'ang-kiu）的观点，塔恩一方面指出两说各自的某些合理性，另一方面又认为由于月氏（Yueh-Chi）的到来，Sacaraucae 南

---

① 参见黄盛璋 1985，第 248—252 页；王静如 1944，第 83—86 页。
② 参见冯译 1957a，第 73—74 页。
③ 余太山 1992，第 16—17 页。
④ 余太山 1996b，第 682—686 页。
⑤ Tarn 1951, pp.292-295.
⑥ 参见余太山 1992，第 45 页，注 21。
⑦ Marquart 1901, pp.206-207.
⑧ 余太山 1992，第 37—40 页。
⑨ Tarn 1951, p.291；参见余太山 1992，第 4 页。

走布哈拉（Bokhara）并进占谋夫（Merv），而康居人则占据了 Sacaraucae 的故地，即费尔干那（Ferghana）。[①] 在余太山看来，包括 Sacarauli 在内的四族都是 Sacae 人，他们应是希罗多德所说的 Issedones 人。[②] 赫尔曼则认为 Sacaraucae 相当于汉文文献中的"塞王"，与 Sacae 是有区别的。后者相当于"塞种"。麦高文肯定了赫尔曼观点中的某些真实性（如区分 Sacae 与 Sacaraucae），但也敏锐地发现他的比定与汉文文献的有关记载不合。[③] 看来，Sacarauli 为塞人的一支应该没有什么太大的问题。

至于吐火罗四部集团是何时、何地、如何形成的，学术界仍无一致的意见。余太山曾推测："很可能正是在塞地（按即伊犁河、楚河流域），这四者结成一个部落或部族联盟。这个联盟，被希罗多德记作 Issedones；而当它占有锡尔河北岸地区后，又被波斯人称为 Sakā（Sacae），即'塞'种。"[④] 周连宽则认为："月氏、吐火罗等民族侵入大夏（按即 Bactria）以后，诸族混合为一，故人们可以说大夏即月氏，月氏即吐火罗，或大夏即吐火罗，但在此以前，它们是各自为族。Asii 为大月氏，其发祥地在甘肃河西地区；Pasiani 为康居，其发祥地在锡尔河上游流域及咸海沿岸地区；Sacarauli 为塞种，其发祥地在天山溪谷及伊犁河流域。"[⑤]

考虑到吐火罗四部集团中的各个部族在塔里木盆地南北缘存在某些影响的遗迹，结合对吐火罗人迁徙历史的考察，我们更倾向于认为吐火罗四部集团可能在进入塔里木盆地时，亦即公元前二千纪末一千纪初时就已经形成了。其理由大致有以下几点：

第一，吐火罗四部集团中的各个部族均属印欧人种。吐火罗人的情况已如前述。Asii 无论被比定为焉耆或月氏，其原本亦属印欧人种。[⑥] Pasiani 如果系 Gasiani 之讹，可以被比定为龟兹或贵霜的对译的话，亦当属印欧人种。

[①] Tarn 1951, p.291.
[②] 余太山 1992，第 16 页。
[③] 参见章译 1958，第 268 页。
[④] 余太山 1992，第 27—28 页。
[⑤] 周连宽 1984，第 135—136 页。
[⑥] 月氏族属问题尚有争议，详情请参阅岑仲勉 1981，第 215—218 页。或以为属羌氐之类的汉藏语系的民族，参阅杨建新等 1990，第 48 页及其注 2。本文采余太山说，见余太山 1992，第 63—64 页。

Sacarauli 为古塞人部落的一支，属印欧人种无疑。需要指出的是，Sacarauli 和 Sacae 虽同为塞人，但两者的区别在前引斯特拉波的记载中已见端倪。我们更倾向于认为 Sacarauli 为帕米尔塞人，在吐火罗人东徙时其一部可能加入了吐火罗集团，在塔里木盆地南缘时与吐火罗人关系十分密切（详见前述）。Sacae 则为伊犁河流域的塞人，相当于汉文文献中的"塞种"。帕米尔塞人与伊犁河塞人的区别已为体质人类学的研究成果所证实。[1]这似乎亦表明，Sacarauli 可能早已加入吐火罗四部集团，而不是在西迁塞地以后。鉴于吐火罗人集团在进入塔里木盆地以后就可能分为南北两支东徙，从此失去联系，其北支在塔里木盆地北部活动的某些遗迹，如敦薨（Tochari）、焉耆（Asii）、龟兹（Gasiani）等，似乎亦从一个侧面表明吐火罗四部集团在进入塔里木盆地时已具雏形。更何况莎车被比定为 Sacarauli 的可能性也是存在的。[2]

第二，从语言上来看，吐火罗语曾流行于塔里木盆地南北部的情况已如前述。吐火罗语最终可能成为吐火罗四部的共同语言，Asii、Gasiani、Sacarauli 等三部对吐火罗语的接受只是在他们随吐火罗人迁入塔里木盆地，并形成几个聚居区以后才会变成现实。既然如此，吐火罗语在塔里木盆地中的北部，即龟兹、焉耆一带仍表现出甲种和乙种两种方言，而在塔里木盆地南缘则流行着第三种方言。这一方面可能与当地人文环境有关，但更可能还是吐火罗人集团内部构成的多样化所致。易言之，正是由于 Asii、Gasiani、Sacarauli 诸部加入吐火罗人集团，各部对吐火罗语接受的程度不同，才导致甲、乙两种方言在龟兹、焉耆、吐鲁番等地区的产生。结合吐火罗人的迁徙活动来看，Asii、Gasiani、Sacarauli 加入吐火罗人集团，亦即吐火罗人四部集团的形成，似乎应在吐火罗人公元前二千纪末一千纪初进入塔里木盆地后分南北二支东徙前就已完成。

吐火罗语，尤其是甲种吐火罗语（又称焉耆语）同吐火罗四部集团占据巴克特里亚以后当地语言之间的某种密切联系，已为语言学的研究成果所证实。[3]据对发现于库车、尼雅、吐鲁番等地，属 3 世纪到 6 世纪的所谓直

---

[1] 参见韩康信 1985，第 65 页。
[2] 参见岑仲勉 1981，第 332—333 页；又见余太山 1992，第 27 页及注 22。
[3] Winter 1984, pp.39-46.

体佉卢文（Formal Kharoṣṭhī）文书的研究，发现其中有一些来自巴克特里亚的借词（Bactrian Loan-words）。有学者认为，"这一事实再次表明，直体佉卢文文书中操吐火罗语方言的这些人，同统治巴克特里亚的吐火罗人具有相当密切的关系"①。我们更倾向于认为塔里木盆地的吐火罗人同中亚巴克特里亚吐火罗人的这种联系，似乎仅仅限于语言上，而且这种联系在吐火罗人公元前二千纪末一千纪初进入塔里木盆地分南北两支东徙前，就已形成。此后，留居塔里木盆地南北部的吐火罗人与西徙中亚的吐火罗人，虽然彼此早已失去联系，走上各自独立发展的道路，但他们语言中的某些基本因子却作为民族特征中最为稳定的因素，不同程度地保存了下来。同定居于塔里木盆地的吐火罗人集团相比，占领巴克特里亚的那支此前一直保持着游牧生活方式，四部之间的融合程度可能亦不及前者。或许正因如此，他们虽然一直作为一个整体在活动，但四部之间仍有区别，所以显然希腊人在他们入侵巴克特里亚时发现了这一游牧集团内部构成上的特点。此后，他们在很大程度上接受了当地先进的经济和文化，在语言上亦伊朗化了。

第三，据《山海经·海内东经》，"国在流沙外者，大夏、竖沙、居繇、月氏之国"。如果前引研究者有关大夏即 Tocharoi、月氏即 Asii 的看法成立的话，那么是否可以假定竖沙为 Sacarauli、居繇为 Gasiani 的对译呢？也就是说，《山海经》此处所记会不会是东徙的吐火罗四部集团呢？在此姑且存疑。如果吐火罗四部集团在进入塔里木盆地之前就已形成，那么我们就不能轻易地排除这种可能性。更何况《山海经》此段记载反映的可能是战国时期的情况，如前所述，这时吐火罗人已经活动在中国北部一带。

此外，《逸周书·王会解》中的《伊尹朝献篇》云："正北：空同、大夏、莎车、姑他、旦略、豹胡、代翟、匈奴、楼烦、月氏、孅犁、其龙、东胡，请令以橐驼、白玉、野马、駒騟、駃騠、良弓为献。"以上所列 13 种人曾被视为战国时北方游牧部族的总名单，大夏为 Tocharoi、月氏为 Gasiani、莎车为 Sacarauli 的对译。②但我们更倾向于认为月氏为 Asii 的对译，而姑他或即指 Gasiani。由于缺乏其他材料说明，故以上比定更大程度上还是假说。我

---

① 林梅村 1996，第 347 页。
② 参见余太山 1992，第 27 页。

们在这里提出的也仅仅是一种可能性。但种种迹象表明，吐火罗四部集团至少在进入塔里木盆地时就已经形成。在他们东徙中国北部，复又经河西、天山北麓西迁伊犁河流域，进而到达锡尔河沿岸，最终占据巴克特里亚的过程中，Asii、Tocharoi、Gasiani、Sacarauli 始终是作为一个整体存在的。

前已述及，大约在公元前 3 世纪后半叶，受乌孙、月氏战争的影响，河西一带的吐火罗四部集团大部分沿天山北麓西迁至伊犁河、楚河流域，亦即所谓的塞地。在那里他们可能同当地的塞种部落发生了联系。从希腊文献的记载来看，他们可能一度发展到伊塞克湖地区，被希腊文献称作 Tagouraioi。公元前 177—前 176 年前后，大月氏在匈奴的打击下被迫从河西西迁，占据了伊犁河、楚河流域，迫使当地大部分塞人离开故土。"塞王南君罽宾。塞种分散，往往为数国。"[1] 吐火罗四部集团受此影响，也从伊塞克湖迁至锡尔河北岸，并与一些塞种部落为邻。考古发现也表明，锡尔河北段（下游）曾是吐火罗人活动的一个重要地区。[2] 在希腊文献中他们被称为 Tacharoi。

公元前 141 年左右，吐火罗四部的驻地可能复为塞种人所侵占，从而迫使他们越过锡尔河、阿姆河，侵入摇摇欲坠的希腊—巴克特里亚王国，并最终取代希腊人的统治，建立了一个以吐火罗四部为统治集团的国家——大夏。尽管我们对于吐火罗四部占领巴克特里亚的具体过程不甚清楚，但据研究，直到公元前 135 年，希腊—巴克特里亚的末代君主赫里奥克里斯（Heliocles）及其家族才完全退出巴克特里亚。[3] 显然，吐火罗四部是经过数年征战才最终控制巴克特里亚全境的。吐火罗人的扩张似乎并没有到此为止。据记载，公元前 129 年，帕提亚王国曾受到游牧民族的侵扰，这可能与吐火罗人的西向发展有关。也许是因为大月氏的压力，在公元前 1 世纪早期，吐火罗人又向南发展，并到达了兴都库什山口。[4]

---

[1]《汉书》，12/3884。
[2] 参见肖译 1985，第 76 页。
[3] 参见王治来 1986，第 91 页。
[4] 参见吴译 1994，第 56、60 页。

三、大夏之建国

在吐火罗四部进入巴克特里亚之前，这里相继经过了波斯人和希腊人长达 400 多年的统治和建设，当地的农业、手工业和商业十分发达，居民点和城市的数量大幅度增加，查士丁曾称巴克特里亚为"千城之国"。[1]吐火罗四部到来时，这里早已成为一个以城市为中心的定居为主的绿洲经济地区。[2]

巴克特里亚地区土地肥沃，灌溉系统完善，有许多设施完备的城市，农产品和手工业产品十分丰富，商业贸易相当发达。这些对于以游牧者身份进入巴克特里亚的吐火罗四部集团的统治者而言，无疑具有极大的诱惑力。而且当地的自然条件更适于从事定居的农业生产而非游牧业，吐火罗四部集团要想确立自己在当地的统治，亦必须顺应这里已存在的高度发达的生产力与生产关系。所有的这些使得吐火罗在进入巴克特里亚以后，自觉或不自觉地很快就完成了统治集团由游牧转入定居的过程。从某种意义上来讲，这也是吐火罗四部适应和接受一个新的环境的过程。至少在公元前 128 年张骞到达时，已有很多吐火罗人在巴克特里亚定居了下来。这与他们同时兼营畜牧业也是不矛盾的。我们不排除部分四部人在巴克特里亚东部山区继续经营畜牧业的可能性，但其统治集团无疑进入了城市，成为当地的统治者。

由于不同意大夏即吐火罗的这一可能性，塔恩极力否认吐火罗四部集团由游牧转向定居的事实。他甚至把希腊—巴克特里亚王国灭亡的时间由开始认定的公元前 141 年推后至前 130 年，并认为在张骞到来之前的两三年中，一个游牧民族不可能转变为一个"畏战"的定居者。[3]我们认为吐火罗四部的定居化过程，恰恰是在公元前 141 年至前 128 年这十几年中完成的，而不是塔恩所说的两三年间。而且，更重要的还在于吐火罗四部统治者进入巴克特里亚后面临的当地已十分发达的农业和城市经济的环境。显然，他们原来所从事的游牧经济生活在这里失去了存在的基础和条件。对吐火罗统治者而

---

[1] 转引自王治来 1986，第 80 页。
[2] 参见肖译 1985，第 65—69 页。
[3] Tarn 1951, p.296.

言，放弃游牧生活转向定居已是大势所趋。内田吟风亦指出，游牧民族在短时期内完成定居是可能的。①从这种意义上来讲，时间的长短则是次要的。不管吐火罗人转入定居的具体过程怎样、时间长短，当张骞到来之时，这里的吐火罗（大夏）人绝大多数已过上了"其俗土著，有城屋"的定居生活。

张骞看到的吐火罗人在巴克特里亚所建大夏国的情况，见于《史记·大宛列传》之中。其文云：

> 大夏在大宛西南二千余里妫水南。其俗土著，有城屋，与大宛同俗。无大君长，往往城邑置小长。其兵弱，畏战。善贾市。及大月氏西徙，攻败之，皆臣畜大夏。大夏民多，可百余万。其都曰蓝市城，有市贩贾诸物。其东南有身毒国。②

以上记载表明，至少在公元前129年前，进入巴克特里亚的Asii、Tocharoi、Gasiani及Sacarauli四部的统治集团已分布到了当地原有的大小城市之中，转入城居生活。各部落中原来的大小首领可能成为各个城邑的所谓"小长"。张骞以"大夏"（Tochari）指称其国，表明吐火罗人在四部进入巴克特里亚以后，遂确立了自己对四部及当地居民的统治地位。这可能是因为吐火罗人人数较多，分布较广之故。托勒密亦曾指出，吐火罗为巴克特里亚的一个"大族（部落）"。③诸城邑的"小长"可能亦以吐火罗人居多，至少蓝市城可能是因吐火罗人为主体而成为大夏的国都。巴克特里亚地区在此后的阿拉伯—波斯文献中被称为吐火罗斯坦，也说明吐火罗人在这里曾起到过的特殊作用。在大夏建国伊始，吐火罗人无疑是国王或大君长。

然而，在张骞看来，公元前128年前后的大夏却"小长"林立而无"大君长"，有国都蓝市城却无国王。造成这种奇怪局面的原因，我们认为主要在于大月氏对大夏的征服和"臣畜"所致。大月氏在被乌孙从伊犁河、楚河

---

① 内田吟风1972，第106页，注3。
② 《史记》，10/3164。
③ 参见余太山1995，第15页；余太山1992，第46页，注29；吴译1994，第60页等。

流域的所谓塞地驱逐以后征服大夏,"都妫水北,为王庭"。① 并进占索格底亚那等适于游牧的地区。大月氏虽然开始并没有直接进占巴克特里亚,而仅仅满足于大夏对其臣属的地位,但显然不会容忍大夏仍然保持自己的"大君长"与其并立。所以,大月氏可能在征服大夏以后遂迫使其"大君长"放弃自己的名号,而令各城邑的"小长"直接臣属于大月氏王庭,从而造成大夏有都却无王,只有互不统属的各城邑"小长"并立的现象。从张骞所看到的情况来看,大夏的国号和都城依然存在,表明大月氏对大夏征服的时间似乎并不太长,或许就在公元前 128 年左右。据研究,大月氏大约是在公元前 130 年受乌孙攻击而西迁妫水(阿姆河)流域的②,与此基本相合。要之,从公元前 141 年进占巴克特里亚到公元前 128 年左右为大月氏所征服,以吐火罗人为主体所建立的大夏国可能存在了 12 年左右的时间。

希腊文献的有关记载似乎也印证了张骞所看到的情况,在庞培·特罗古斯的残存著作中(即所谓的 Trogus'Source)曾提到:"Saraucae(读作 Sacaraucae)和阿色尼(Asiani)的斯基泰部落占领了巴克特里亚和索格底亚那",以后"阿色尼人成了吐火罗的君主,Saraucae 则被击溃"。③ 这里的 Saraucae 和 Asiani 应相当于斯特拉波著作中的 Sacarauli 和 Asii。塔恩则指出,Asiani 是伊朗语(Iranian)中 Asii 一词的形容词形式。④ 如前所述,Asii(Asiani)可以比定为汉文文献中的月氏,那么特罗古斯的这两段记载实际上所反映的似乎分别是大月氏征服大夏前后的情况。前者指的是吐火罗四部集团(他只提及 Saraucae 和 Asiani,可能这两部是首先越过阿姆河的)在公元前 141 年前后占领巴克特里亚和索格底亚那,后者指的则可能是大月氏(Asii)公元前 128 年左右臣畜大夏的情况,所以才有 Asiani 成为吐火罗(大夏)的君主之语。大月氏征服大夏时,吐火罗四部集团中的 Asii 与大月氏原本关系密切,接受大月氏的统治当在情理之中。人数众多且为大夏统治者的吐火罗人则被迫放弃"大君长"的名号,臣属于大月氏。Sacarauli 则被大月氏击溃而消亡。

---

① 《史记》,10/3162。
② 余太山 1992,第 29 页。
③ 参见吴译 1994,第 55 页。
④ Tarn 1951, p.284.

特罗古斯没有提到四部中的 Gasiani，可能因为此部势小而已被吐火罗人所吞并。如果以上推论成立的话，那么东西方文献中有关大夏建国前后巴克特里亚地区民族活动情况的记载则基本上是一致的。

《史记·大宛列传》云："大夏民多，可百余万。"显然，大夏这百余万人口中除了那些转入定居的吐火罗四部外，其中有相当一部分应是希腊—巴克特里亚王国的遗民。"善贾市"及"有市贩贾诸物"应主要是这些遗民的经济活动。由于吐火罗四部进入巴克特里亚以后很快转入定居，故对当地原有的社会经济的发展影响不大。这些原来的游牧者很可能不久也参与到这里的各种经济生活之中。张骞在大夏时曾发现有原产自中国的邛竹杖、蜀布等物。问及原因时，"大夏国人曰'吾贾人往市之身毒'"①。赫里奥克里斯从巴克特里亚被逐出以后，他的钱币在当地继续被铸造和使用。"也许还允许私商这样做，但他们造币的知识并不多。他们仿造攸提德谟斯（Euthydemus）、攸克拉提德斯（Eucratides）和赫里奥克里斯等希腊—巴克特里亚人的钱币，但是粗制滥造的仿造品。此外还有一些夹杂着形状拙劣的希腊文和索格底亚那文字母的钱币以及一些只有索格底亚那文字母的钱币，这些钱币可能是按年代或地域铸造的。某些根据攸提德谟斯钱币仿造的、发现于索格底亚那的钱币，其铭文中有 Twhr 一词，亨宁正确指出，这个词可能是指吐火罗人（Tochari）。"②鉴于吐火罗人所建大夏国存在时间较短，所以大夏的社会经济的发展实际上在更大程度上应视为希腊—巴克特里亚王国时期的继续。转入定居的吐火罗人参与其中当是历史发展的必然趋势。

大夏都城蓝市城的位置众说不一，据研究很可能就是位于阿姆河南岸的原希腊—巴克特里亚王国的都城 Bactra。蓝市亦被认为是 Bactra 之别称 Alexandria 的略译形式。③大夏疆域的四至已无从得知，但大致不会超过希腊—巴克特里亚王国灭亡之前的版图。有学者据大月氏国臣服大夏以后的情况推论，大夏国的四至大致为：北与康居、东北与大宛、西与安息、南与罽宾、

---

① 《史记》，10/3166。
② 杨译1984，第40页。
③ 参见余太山1992，第30页及注32。沙畹尽管赞同马迦特关于蓝市为大夏都城、大夏即吐火罗人的观点，却错误地将蓝市城比定为今之巴达赫尚（Badakhshān），见冯承译1957b（七），第36—40页。

东与无雷和难兜邻接。①这虽然是大月氏征服大夏以后的情况,但从大夏有国的十几年间周边地区的形势来看,其疆域大致也不会出此范围。

需要指出的是,大夏的东南部已到达了兴都库什山一线,故《史记·大宛列传》谓"其东南有身毒国"。由于大夏国存在时间较短,国内又有诸城邑小长互不相属的现象(这实际上可视为四部集团中各自独立传统的一种延续),其国力相对分散,故其向外发展不大。此后,吐火罗人在中亚的分布与活动亦大致就在此范围之内。

第二节 大月氏统治下的吐火罗与贵霜王国的建立

一、大月氏征服大夏与五翕侯的形成

公元前130年左右,大月氏为乌孙所破,被迫从塞地西徙,占据了阿姆河以北的广大地区,并征服了吐火罗人所建立的大夏王国。公元前128年张骞到达大夏时,这一事件似乎刚发生不久。这样,吐火罗人在中亚所建立的第一个国家仅存在了十几年遂宣告灭亡。大月氏在臣服大夏以后,仍然"居妫水(阿姆河)北",保持着"随畜移徙"的游牧生活方式,故被称为"行国"。②显然,大月氏在征服大夏以后,并未进入巴克特里亚,实施对吐火罗人的直接统治,而仅仅满足于大夏诸城邑"小长"对其臣属的地位。这种统治方式也是历史上各游牧政权在被征服的农业地区所惯用的。

在臣属大月氏期间,大夏东部的吐火罗诸城邑的小长逐渐形成了以五翕侯为主的几个中心地区。《后汉书·西域传》云:"初,月氏为匈奴所灭,遂迁于大夏,分其国为休密、双靡、贵霜、肸顿、都密,凡五部翕侯。后百余岁,贵霜翕侯丘就却攻灭四翕侯,自立为王,国号贵霜。"③一般认为,丘就却

---

① 余太山1992,第63页。
② 《史记》,10/3166。
③ 《后汉书》,10/2921。

所建立的贵霜王国（又称第一贵霜王朝）始于公元纪年初期[①]，或公元后20年[②]。据此，我们推测这五翕侯大概形成于公元前2世纪末1世纪初。有学者则将五翕侯出现的时间上限定在公元前129年。[③]

《汉书·西域传》首次记载了五翕侯的名称及各自的驻地与方位，其文云：

> 大夏本无大君长，城邑往往置小长，民弱畏战，故月氏徙来，皆臣畜之，共禀汉使者。有五翕侯：一曰休密翕侯，治和墨城，去都护二千八百四十一里，去阳关七千八百二里；二曰双靡翕侯，治双靡城，去都护三千七百四十一里，去阳关七千七百八十二里；三曰贵霜翕侯，治护澡城，去都护五千九百四十里，去阳关七千九百八十二里；四曰肸顿翕侯，治薄茅城，去都护五千九百六十二里，去阳关八千二百二里；五曰高附翕侯，治高附城，去都护六千四十一里，去阳关九千二百八十三里。凡五翕侯，皆属大月氏。[④]

关于五翕侯的族属问题，有大月氏说和大夏（吐火罗）说两种主要观点。鉴于五翕侯形成时大月氏的统治中心尚在妫水北，我们更倾向于认为后者，即五翕侯主要是以在大夏的吐火罗人为基础建立的，是由以前的诸城邑小长逐渐发展形成的。[⑤]五翕侯的统治主要是以地域来划分的，其出现似乎表明，吐火罗四部集团在进入巴克特里亚转入定居以后，已逐渐摆脱了原来游牧时期的部落联盟，那种以种族或血缘为纽带所结成的关系，转而形成了以地域关系为特征的民族共同体。这一民族共同体的中心应该就是人数占优势或占统治地位的吐火罗人。如果说这种地域关系在吐火罗四部进入巴克特里亚建立大夏国的十几年间还显得十分松散的话，那么五翕侯的出现则无疑是这种关系日益走向成熟的结果。

---

① 参见吴译1994，第62页。
② 杨建新1986，第24页。
③ 余太山1995，第75页。
④ 《汉书》，12/3891。
⑤ 余太山1992，第32—37页。

此外，在五翖侯的背后，我们都可以看到大月氏的影响。首先，五翖侯是在大月氏统治时期形成的。对大月氏而言，将大夏原来的诸城邑"小长"林立的局面加以改变，而集中于五翖侯管理，更有利于其对大夏原国民的有效统治。有学者还认为，这五翖侯就是由大月氏扶植的傀儡政权。[①]但从五翖侯"共禀汉使"的情况来看，他们也具有一定的独立性。所谓"皆属大月氏"，大概就是指他们共尊大月氏为宗主国，并向其缴纳贡赋。其次，据《汉书·西域传》记载，大月氏在张骞离开以后，其都城又迁至监氏城。监氏城据研究就是原大夏都城"蓝市城"，亦即前希腊—巴克特里亚王国的都城Bactra。[②]这说明大月氏的统治中心此时已由妫水北转移至妫水南的大夏地，表明大月氏对大夏的统治有所加强。其统治方式亦由先前的"臣畜"遥领转变为直接管理。这样，大夏的五翖侯遂处于大月氏的直接统治之下。至于大月氏越过阿姆河的时间，有人推测大约在武帝以后的西汉后期[③]，更有人认为是公元前91年至公元前80年间的事情[④]。所以，大夏五翖侯的形成一方面是吐火罗四部转入定居以后逐渐发展的结果，另一方面又与大月氏的统治方式的转变密切相关。

关于五翖侯的具体名称，《汉书》和《后汉书》的记载有所不同。《汉书》说五翖侯为"休密"、"双靡"、"贵霜"、"肸顿"、"高附"，《后汉书》则以"都密"代"高附"，并称高附为一"大国"，"未尝属月氏"。[⑤]对于这一差异学术界亦有不同看法，但多倾向于认为《后汉书》的记载为是。[⑥]我们认为，《汉书》和《后汉书》前后记载不同的情况似乎说明，大夏五翖侯的构成在其发展过程中发生了一些变化。原属大月氏的高附可能一度摆脱了大月氏的统治而独立建国，时间大概在大月氏越过阿姆河进占蓝市城以后。大月氏进入大夏无疑会对当地原来的统治格局产生一定的影响，而高附很可能趁大月氏立足未稳、忙于确立直接统治之机而获独立。大月氏可能遂以都密

---

① 余太山 1992，第 33 页。
② 参见余太山 1992，第 62 页。也有人认为蓝氏城在今巴里黑或昆都士，参见王治来 1986，第 101 页。
③ 杨建新 1986，第 24 页。
④ 贺译 1956，第 64 页。
⑤ 《后汉书》，10/2921。
⑥ 参见王治来 1986，第 125 页。杨译 1984，第 32 页。

代之，所以才会出现前后五翕侯之间的差异。《后汉书》亦云高附"所属无常，天竺、罽宾、安息三国，强则得之，弱则失之"，"后属安息。及月氏破安息，始得高附"。① 可见高附始终是五翕侯中一个不稳定因素。

五翕侯统治的具体地域目前亦众说不一，难有定论，岑仲勉甚至说："大月氏当日疆域，大约最广处南北不过三度，东西不过五度，但五翕侯去都护之里距，最短与最长者间竟相差三千三百里，数字必错误甚多，未易一一反其本也。"② 但玄奘明言覩货逻国故地，"南北千余里，东西三千余里"，与《汉书》所记正合。故《汉书》所记有关翕侯的驻地与方位之地里无误。

据印度学者 A.K. 纳拉因的研究，都密翕侯控制着今天的捷尔梅兹（Termez）一带，休密、贵霜和肸顿三翕侯在今法扎巴德（Faizabad）、卡拉查延（Khalachayan）等地的周围地区，双靡翕侯的驻地则可能在瓦罕（Wakhan）的门户伊斯卡什米（Iskashim）的周围。③ 余太山则认为，休密翕侯在今瓦罕（Wakhan）谷地之菲里克—高盘（Sarik-Caupan）一带；双靡翕侯在今奇特拉尔（Chitral）和马斯图季（Mastuj）之间；贵霜翕侯在瓦罕（Wakhan）西部喷奇（Ab-i Panja）河左岸；肸顿翕侯在今巴达赫尚（Badakhshān）；高附翕侯在今古克查（Kokcha）河流域。④ 以上二说尽管有些差异，但大致说明五翕侯所控制的地区大都集中在巴克特里亚东部，并未包括吐火罗人比较集中的 Bactra 及其以西地区，因为此时大月氏王庭已移至此地。故"不妨认为大月氏人入侵 Bactria 后，将西部特别是 Bactra 周围地区置于自己直接控制之下，而通过五翕侯对东部山区实行间接统治"⑤。但从五翕侯之间东西相差三千二百里的情况来分析，我们估计五翕侯实际控制或管理的地区可能要远远超出东部山区的范围。由于五翕侯驻地尚未最后确定，这个问题以后还有重新考察的必要。

大月氏进占 Bactria 以后，虽然有可能借助于五翕侯统治原大夏国的东部地区，并直接管理巴克特里亚中心地区的吐火罗人，但有迹象表明，进入

---

① 《后汉书》，10/2921。
② 岑仲勉 1981，第 225—226 页。
③ 杨译 1984，第 37—38 页。
④ 余太山 1992，第 30—32 页。
⑤ 余太山 1992，第 32 页。

巴克特里亚的大月氏人只是其统治集团的一部分，大部分大月氏人可能仍活动于阿姆河以北地区。《北史·西域传》尝云："康国者，康居之后也，迁徙无常，不恒故地，自汉以来，相承不绝。其王本姓温，月氏人也，旧居祁连山昭武城，因被匈奴所破，西逾葱岭，遂有国。枝庶各分王，故康国左右诸国并以昭武为姓，示不忘本也。"并谓："米国、史国、曹国、何国、安国、小安国、那色波国、乌那曷国、穆国皆归附之。"① 后世称之为昭武九姓，其分布范围大致在 Samarkard（康国）、Bokhara（安国）、Tashkend（石国）、Kabudhan（曹国）、Kushaniyah（何国）、Maymurgh（米国）、Kish（史国）等地。② 这里曾是大月氏人活动的主要地区，故所谓昭武九姓恐多系大月氏之后裔，但至少在隋唐以前这些大月氏人已融入当地的粟特人之中。③ 从后来的这些记载分析，我们更倾向于认为大月氏人的主体仍然留在了阿姆河以北，"迁徙无常，不恒故地"地从事游牧生活，进入巴克特里亚的只是其统治集团的一部分，人数不会太多。易言之，即使大月氏将王庭移至 Bactra（监氏城），巴克特里亚的主体居民仍然是大夏国之遗民，亦即吐火罗人。

据研究，这些进入巴克特里亚的少数大月氏统治者，不久亦应当同早期进入这里的吐火罗人一样，开始由游牧转向定居。④ 考虑到吐火罗四部中的 Asii 可能就是月氏人，以及吐火罗人和月氏人在西迁前曾共同活动于河西地区的事实，我们认为两者在历史上的关系应是相当密切的。大月氏统治者进入巴克特里亚转入定居以后，为了确立和巩固其统治地位，很可能要寻求当地吐火罗人的支持并逐渐与他们联合起来。要之，则五翕侯的出现似亦可视为双方结合的一种产物。在五翕侯并立的 100 多年的时间里，大月氏虽然名义上仍是大夏的统治者，但有迹象表明吐火罗人的地位正逐渐上升，从而出现了历史上大月氏人与吐火罗人共同建立的贵霜王国，史称第一贵霜和第二贵霜。

---

① 《北史》，10/3233—3234。
② 辛译 1993，第 154 页。
③ 参见张广达 1995，第 249—279 页。
④ 贺译 1956，第 63—64 页。

二、第一贵霜王朝的建立

《后汉书·西域传》云："后百余岁，贵霜翕侯丘就却攻灭四翕侯，自立为王，国号贵霜。侵安息，取高附地。又灭濮达、罽宾，悉有其国。"[1] 于是，在中亚文明史中曾起到重要作用的贵霜王朝遂宣布建立。

丘就却（Kujula Kadphises）统一吐火罗五部翕侯的时间，一般认为在公元1世纪初期，或以为就在公元24—25年之间。[2]他在建立贵霜王朝以后，将所控制的地区由原五翕侯所属的大夏东部扩展到兴都库什山以南，并从安息人手中夺取了原属于五翕侯之一的高附（今喀布尔地区）。

以丘就却为代表的贵霜势力在大夏东部的兴起和扩张活动，无疑会引起在 Bactria 的大月氏统治者的不安。而对于丘就却来讲，前者显然是他统一大夏全境、重建吐火罗人王国的最大障碍，于是遂有"灭濮达"的军事行动。据认为，濮达乃 Bactria 的对译，所指当是大月氏统治集团直接控制的以 Bactria 为中心的原大夏西部地区。要之，则丘就却"灭濮达"实际上是针对进入巴克特里亚的那一部分大月氏统治者的。鉴于吐火罗五翕侯一直臣属于大月氏，以及 Bactria 的大月氏统治集团曾一度控制着大夏全境的事实及其在历史上形成的与吐火罗人的密切关系，我们更倾向于认为，贵霜王朝"灭濮达"，即进占大夏中心地区，似可视为吐火罗人取代大月氏统治原大夏全境的一种行动。"事实上，贵霜翕侯在'攻灭四翕侯'时，很可能一直是打着'大月氏'的旗号进行的。"[3] 国外有学者亦认为："到基督纪元开始的头几十年时，吐火罗已经在贵霜部落的领导下，最终实现了统一，并且据有了喀布尔谷地。在贵霜国王丘就却统治时期，他们冲出山区，进入了旁遮普平原。"[4] 但他们忽视了 Bactria 的大月氏人及其治下已经土著化了的吐火罗人，

---

[1]《后汉书》，10/2921。
[2] 参见余太山1992，第35页。也有人认为濮达系兴都库什山以南的帕洛帕米萨代，见肖译1985，第77页；又见王治来1986，第128页。加文·汉布里主编《中亚史纲要》汉译本在引《后汉书》此段记载时，无"又灭濮达、罽宾"之语，恐脱漏，见吴译1994，第60页。
[3] 余太山1992，第35页。
[4] 吴译1994，第60页。

以及两者可能存在的密切关系。

在我们看来，贵霜取代大月氏以后，很可能与他们结合在一起，并打着大月氏的旗号四处扩张。因之，在外人看来，贵霜王朝兴起后的一系列活动，实际上也就是原大月氏王国的继续，遂有《魏略·西戎传》中"罽宾国、大夏国、高附国、天竺国皆并属大月氏"①之说。这里的"大月氏"实际上就是已取代原大月氏统治者但仍以其名活动的贵霜王朝。从这种承继关系来考虑，我们也可以称丘就却所建立的第一贵霜为吐火罗—大月氏王国。东汉和帝永元九年（公元97年），班超所遣甘英西使归来后不久，"于是远国蒙奇、兜勒皆来归服，遣使贡献"②。此兜勒如果如前述系"吐火罗"之异写，那么指的应当就是贵霜所建的吐火罗—大月氏王国。这从一个侧面似乎也能说明贵霜王朝统治者对其族属的确认。

第一贵霜王朝既然为吐火罗五翕侯之一的丘就却所建，其统治集团当以吐火罗人为主，其民众亦主要为原五翕侯所领的吐火罗人后裔，他们构成了贵霜王朝的统治基础。巴尔托里德曾认为，西方史料中的 Kush 或 Kushān，即汉文文献中的贵霜一词主要含有政治意义，而吐火罗一词主要含有民族的意义。③加富罗夫则进一步明确地指出："显然，'吐火罗'这一名称具有民族方面的意义，而'贵霜'一名却具有国家和王朝的性质，可以认为这是吐火罗部落中当权氏族的名称。"④从贵霜王朝的形成过程来看，我们认为上述论断是符合事实的。

日本学者羽田亨曾提出："此吐火罗族建立的贵霜王朝即西方纪录中的 Kushan 王朝，著名的迦腻色伽王即此王朝之人。中国也称此王朝为大月氏，这是基于大月氏臣畜了大夏的原因，遂也就习惯上用此称大夏人之王朝，实际上汉人也知道不应称为大月氏。"⑤也有学者认为："在贵霜游牧统治集团的等级中，吐火罗的地位仅次于贵霜。"⑥这显然混淆了贵霜与吐火罗两个概念，而将贵霜一词视为某个民族的称谓。我们更倾向于认为，第一贵霜王朝是以

---

① 《三国志》，3/859。
② 《后汉书》，10/2910。
③ 参见耿世民译1981a，第5页。但巴尔托里德却将吐火罗与大月氏、小月氏混为一谈。
④ 肖译1985，第76页。
⑤ 耿世民译1981b，第26页；同说亦见余太山1992，第34页。
⑥ 吴译1994，第63页。

吐火罗人为主、结合部分大月氏上层而建立的,其国民应是前大夏国遗民,亦即已经土著化了的吐火罗人和已吐火罗化了的巴克特里亚人。

据《后汉书·西域传》记载,丘就却活了八十多岁才去世,或以为他死于公元 75 年前后。[1] 而余太山则推测丘就却生于公元前 5 年左右,公元 15 年左右即贵霜翕侯之位,公元 19 年以后攻灭四翕侯,自号贵霜王。公元 50 年左右夺取高附地并推翻旧日的宗主大月氏,一统吐火罗斯坦,并在公元 60 年左右占领罽宾(即犍陀罗)和呾叉始罗(Taxila)。丘就却最后去世于公元 80 年左右。[2] 一般认为丘就却死后,其子阎膏珍继位,即贵霜钱币铭文中的 Wema Kadphises。[3] 但钱币学的研究结果却表明,在阎膏珍之前有一位具有"伟大的救世主"(Soter Megas)称号的"不知名的国王"。[4] 对于他的具体情况我们不甚清楚,但他发行的铜币据认为是仿效中国汉朝的。[5] 这或许是一个僭立者亦未可知。

据推测,阎膏珍即位年代上限可能在公元 78 年,而去位年代上限是公元 126 或 129 年,也就是说在位约 50 年。[6] 他继位以后,巩固和发展了其父丘就却所取得的成果。史称其"复灭天竺,置将一人监领之"[7]。一般认为,在阎膏珍统治期间,贵霜王朝的势力曾盛极一时,影响及于塔里木盆地南北部。同期汉文文献中有关月氏在西域活动的记录,多被认为是贵霜王阎膏珍在位时所为。[8] 他利用同罗马贸易获得的铸币条金,铸造了一种质地优良的金币,所发行的货币(包括铜币)遍及苏联的中亚地区、喀布尔、旁遮普,以及中印度的阿拉哈巴德与贾耳巴普尔。[9] 以上情况表明阎膏珍在位时,东西贸易仍在顺利发展,而贵霜王朝的势力范围已超出原大夏国的领地。在这一历史时期,吐火罗人可能开始从巴克特里亚全面地向外发展。

---

[1] 王治来 1986,第 128 页。
[2] 参见余太山 1995,第 81 页。
[3] Marquart 1901, p.208.
[4] 吴译 1994,第 65 页。
[5] 黄靖 1987,第 28 页。
[6] 余太山 1995,第 85—89 页。
[7] 《后汉书》,10/2921。
[8] 黄靖 1987,第 28 页。
[9] 参见王治来 1986,第 129 页。

钱币学的研究结果表明，丘就却和阎膏珍均属贵霜王朝历史上的 Kadphises 王系。丘就却原为大夏五翕侯之一，当为吐大罗人；阎膏珍为其子，亦应是吐火罗人。所以古印度文献仍称第一贵霜为吐火罗，即 tukhāra 或 Tusara。[1] 阎膏珍死后，贵霜统治者上层似发生了一些变化。继 Kadphises 王系而起的是 Kaniska 王系，其创立者乃是佛教史上著名的迦腻色伽，又称第二贵霜王朝。

迦腻色伽（Kaniska）王系的贵霜统治者同卡德菲塞斯（Kadphises）王系有明显的区别。首先，它有明显区别于 Kadphises 王系的纪年，大概始于 140 年，终于 237 年。[2] 也有人认为其始于 128 年，止于 227 年。[3] 其次，迦腻色伽即位以后便停止使用佉卢文，代之以希腊文用在钱币铭文上，以与前代相区别。而且迦腻色伽王系的钱币"铭文多用婆罗谜文体刻写，并逐渐发展起一种迄今尚不能完全译读的巴克特里亚文，其绝大多数字母借用希腊文，表达的是一种在巴克特里亚及其周围地区使用的中期伊朗语"[4]。同吐火罗人所操的属原始印欧语系 Centum 语支的吐火罗语有明显区别。第三，此时的汉文文献多明确地以大月氏指称 Kaniska 王系的贵霜统治者，如此王系末王波调就被曹魏封为"亲魏大月氏王"（明帝太和三年，229）。[5] 以上区别表明，Kaniska 王系上台后，贵霜统治者上层似乎发生了一些微妙的变化。

有学者指出，此两王系转换期间曾有一短暂的间隔[6]，说明阎膏珍死后贵霜统治阶层可能发生了动荡。甚至"有迹象表明，阎膏珍死后，贵霜王朝的统治几近瓦解"[7]。我们认为，贵霜王朝的这一重大变故不能简单地理解为王系的更替，可能与大月氏人争夺贵霜的统治权有关。迦腻色伽本人很可能就是大月氏统治集团余裔的代表。他在阎膏珍去世以后，拥兵自立，取代了吐火罗人的 Kadphises 王系的统治而成为贵霜新主。在秣菟罗（Mathurā）发

---

[1] 参见冯译 1957a，第 77 页；《法显传校注》，第 42 页。
[2] 参见黄靖 1987，第 37—38 页。
[3] 吴译 1994，第 65—66 页。本文采用黄靖上引文说。
[4] 黄靖 1987，第 32 页。
[5] 《三国志》，1/97。
[6] 参见王治来 1986，第 130 页。
[7] 余太山 1995，第 89 页。

现的刻有迦腻色伽本人名字的雕像显示，他穿着带扣的大氅、长衣、宽松下垂的裤子，属典型的草原伊朗人的装束。① 考虑到吐火罗人在大夏已经土著化了，故迦腻色伽属原大月氏统治集团后裔的可能性较大。而且大月氏统治者在进入巴克特里亚以后相当长的一段时间里，似乎仍保持着游牧民族的某些传统习俗。此外，迦腻色伽称王后很快就将王国的都城从吐火罗人聚居中心的 Bactra 迁往犍陀罗，从一个侧面似乎反映出他本人也希望摆脱吐火罗 Kadphises 王系的影响。当然，同期东西丝路贸易通道因帕提亚帝国 (Parthia，即安息) 的阻挠而南移②，可能也是促使迦腻色伽将统治中心南移的一个重要原因。

然而，无论是 Kadphises 王系还是 Kaniska 王系③，贵霜王朝的统治集团始终是由吐火罗人和大月氏人上层构成的。两个王系的更替似可视为统治者内部不同族属集团斗争的结果，其统治境内的居民仍以土著化了的吐火罗人为主。迦腻色伽称王以后仍以贵霜作国号似乎也说明了这一点。

《史记·大宛列传》记"大夏民多，可百余万"，而在妫水（阿姆河）以北的大月氏则"控弦者一二十万"。大月氏王庭南移 Bactra 以后，《汉书·西域传》则云大月氏国"户十万，口四十万，胜兵十万人"。或以为大月氏王庭南迁以后，"虽有混入吐火罗人之间的，但其大部分则留居妫水之北的索格底亚那"④。但大月氏国征服大夏以后的"户十万，口四十万"同大夏民"可百余万"相比，无论如何也相差甚大。造成这一现象的原因可能在于大月氏国的人口并未包括五翕侯所辖属民。即使在大月氏国的四十万人口中，也应包括其直接管理的 Bactra 一带的吐火罗人。基于此，我们推测，大月氏虽然统治中心南移，但进入巴克特里亚的大月氏人可能并不是太多，只是一部分统治集团的上层。大月氏人的主体显然仍在阿姆河以北游牧，并形成了后来所谓的昭武九姓。所以，在大月氏统治的阿姆河以南地区，已逐渐土著化的吐火罗人（大夏人）在人数上是占多数的。贵霜王朝建立以后，原五

---

① 参见吴译 1994，第 62 页。
② 参见吴译 1994，第 66 页。
③ 吕澂先生认为："原来月氏族的大部分所谓'大月氏'迁走了，有小部分所谓'小月氏'仍留居于阗。伽腻色迦王即属留下的小月氏族，与贵霜王朝前二代不是一个系统。"参见吕澂 1979，第 33 页。
④ 耿世民译 1981b，第 27 页。

翕侯所属的吐火罗人同 Bactra 一带的吐火罗人再度合并，其总人口当仍在百万以上。无论是属吐火罗人的 Kadphises 王系还是属大月氏的 Kaniska 王系统治时期，贵霜王朝境内的人民仍以土著化了的吐火罗为主。当然，流入巴克特里亚的大月氏人汇入吐火罗人中的可能性自然亦较大。正因为有此作基础，后世所谓的吐火罗地方即吐火罗斯坦才得以成立。

吐火罗人的土著化可以从以下几个方面得到说明。首先，从经济生活上来讲，吐火罗人进入巴克特里亚以后，很快由游牧转向定居，从事农业生产，兼营畜牧业。他们还承继了希腊—巴克特里亚王国时期以发达的手工业和商业贸易为特征的城市经济生活。前引《史记·大宛列传》的有关记载已证明了这一点。需要指出的是，吐火罗人进入巴克特里亚以后，与希腊—巴克特里亚遗民在共同的经济生活基础上，相互影响进而融合当在情理之中。对于吐火罗而言是土著化，对于希腊化的遗民而言则是接受了吐火罗人的统治乃至族称，遂号吐火罗。所以，"可百余万"的大夏民实即两者的融合体。其次，从语言文字上来看，考古发现业已证明，属吐火罗人建立的贵霜 Kadphises 王系的官方文字采取的是当地的佉卢文。"迄今发现的第一贵霜的铭文几乎全用这种文体（或变体）写成。"[1] 由于 Kaniska 王系统治中心南移，贵霜王朝又表现出印度化的倾向。其末王波调具有纯粹的印度式的名字，他的钱币上则表现出单一的湿婆崇拜。[2] 其用希腊字母拼写的巴克特里亚文表达的却是巴克特拉及其周围地区使用的中期伊朗语。所以，吐火罗人在语言上无疑也受到了当地居民的影响，在接受当地经济生活方式、文化艺术的同时，进而采用他们的语言、文字的可能性也是存在的。第三，在文化艺术上，传入中亚的佛教显然已被当地的吐火罗人所接受，祆教传统的影响亦不容忽视。融古希腊罗马艺术与印度佛教文化为一体的犍陀罗艺术的产生，则无疑与这里已土著化的吐火罗人有关。贵霜统治时期犍陀罗艺术长足发展的情况早已为研究者所证实。[3]

---

[1]　黄靖 1987，第 32 页。
[2]　黄靖 1987，第 41 页。
[3]　参见李译 1991，第 20—25 页。

第三节　第二贵霜王朝的衰亡与吐火罗诸部的独立

一、萨珊波斯的兴起与第二贵霜王朝的衰亡

大月氏 Kaniska 王系的第二贵霜王朝前后延续了近一百年。以迦腻色伽纪年为准，结合钱币学的材料来推算，其历代统治者在位年代的情况大致如下：

1. 伽腻色迦一世（2—23 年）
2. 伐尸色迦（24—28 年）
3. 护毗色迦（28—60 年）
4. 波调（74—88 年）
5. 姓名不详者（99 年）[①]

有人将迦腻色伽纪元中的 60—74 年间的统治者归于迦腻色伽二世[②]，但在钱币铭文中他却出现于迦腻色伽纪元中的 41 年，在其前后却又见护毗色迦的名号。故有学者重拟第二贵霜 Kaniska 王系的序列如下：

1. 伽腻色迦一世（2—23 年）
2. 婆什（伐尸）色迦（24—28 年）
3. 胡毗（护毗）色迦一世（28—40 年）
4. 伽腻色迦二世（41—45 年？）
5. 胡毗（护毗）色迦二世（51—60 年）
6. 波调（74—98 年）[③]

[①] 参见吴译 1994，第 66 页。
[②] 王治来 1986，第 130 页。
[③] 黄靖 1987，第 41 页。

在上述诸王统治时期，第二贵霜王朝的统治中心从迦腻色伽开始南移至白沙瓦附近的犍陀罗，至护毗色迦在位时又进一步南移至秣菟罗。这样，第二贵霜的大月氏统治者对巴克特里亚的吐火罗人的控制似乎有所削弱。

第二贵霜王朝王统的混乱情况也表明大月氏统治者内部的矛盾和斗争不断，其统治也不是很稳固的。护毗色迦在钱币铭文中见于迦腻色伽纪年的28、33、40、44、48、51、60 诸年中，而迦腻色伽二世却出现于 41 年中，似乎表明第二贵霜王朝在 41 年前后有护毗色迦与迦腻色伽二世二王并立的情况，其中是否有吐火罗人的影响未敢遽断。据《诸王流派》记载，古代克什米尔地区曾被 Juska、Huska 和迦腻色伽三王共治。一般认为 Juska 即伐尸色迦，Huska 乃护毗色迦，而此处迦腻色伽当系迦腻色伽二世。故有人提出，伐尸色迦死后，二子迦腻色伽二世和护毗色迦分据贵霜王国西、东部而争立，贵霜王国遂出现了暂时的分裂局面。迦腻色伽纪元 51 年（公元 190 年），护毗色迦灭迦腻色伽二世而重新统一贵霜。有学者提出前后两个护毗色迦的理论，而对此加以否认。[①]

考虑到公元 2 世纪末 3 世纪初，原流行于第二贵霜王朝统治的印度西北地区并曾一度成为吐火罗人的第一贵霜王朝官方文字之一的佉卢文，忽然出现于塔里木盆地南缘的精绝至楼兰一带，并成为鄯善王国的官方文字的事实，其时代又恰与护毗色迦与迦腻色伽二世争立相接，我们更倾向于第二贵霜曾出现短暂分裂，复又归于统一的看法。在第二贵霜二王争立的斗争中，迦腻色伽二世战败，其支持者可能携部分贵霜人（其中有大月氏人，也应有很多土著化的吐火罗人）流亡至塔里木盆地南缘，同分布于精绝至楼兰一带的吐火罗遗民相汇聚。除佉卢文外，佛教及犍陀罗艺术风格在鄯善王国的出现可能亦是这些贵霜人流入的结果。据研究，更有许多支姓贵霜人（大月氏人）甚至流入中原内地，可能就是为避国内战乱。[②] 果然如此，那么贵霜流民中的大部分中亚吐火罗人留在鄯善国内，或许与两者在历史上同源有关亦未可知。但从严格意义上来讲，他们已发展成为两个不同民族了。中亚吐火罗

---

① 以上均参见黄靖 1987，第 38—40 页。
② 马雍 1990，第 46—59 页。

人后裔以"罗"或"吐火罗"为姓，鄯善吐火罗人则以"鄯"为姓似乎也说明了这一点。易言之，双方已由原来的以共同部落联盟为基础的游牧民族，各自发展成为以地域关系为特征的不同民族，即土著化的中亚吐火罗人和土著化的鄯善人。

据研究，在第二贵霜末王波调统治时间，波斯萨珊王朝（Sasanian Dynasty）的创立者阿尔达西尔一世（Ardashir I）兴起。他在224年杀死了帕提亚（安息）王阿尔达汪五世（Ardavan V），并于226年攻占了帕提亚的都城泰西封，建立了历史上的波斯萨珊王朝，进而将其统治扩展到中亚地区。237年波调臣服于萨珊波斯，贵霜Kaniska王系的统治遂告终结。[①]巴克特里亚和索格底亚那地区相继为萨珊波斯所有，贵霜残余势力的领地仅局限于犍陀罗地区。萨珊波斯皇帝沙布尔一世（Shapur I，240—272年在位）的铭文中所列萨珊帝国的诸省就包括"远在白沙瓦的贵霜帝国"。这样，巴克特里亚的吐火罗遂处于萨珊波斯的统治之下。

一般认为，第二贵霜王朝灭亡以后，其原有属地和国民被萨珊波斯设总督统治长达百年。历代萨珊君主亦大多拥有"贵霜王"（Kushanshah）的头衔，其王系顺序大致如下：

沙布尔（Shapur I）—阿尔达西尔一世贵霜王（Ardashir I Kushanshah）—阿尔达西尔二世贵霜王（Ardashir II Kushanshah）—卑路斯一世贵霜王（Piruz I Kushanshah）—忽鲁密斯一世贵霜王（Hormizd I Kushanshah）—卑路斯二世贵霜王（Piruz II Kushanshah）—忽鲁密斯二世贵霜王（Hormizd II Kushanshah）—婆罗兰一世贵霜王—婆罗兰二世贵霜王

萨珊波斯取代第二贵霜王朝统治中亚吐火罗人的情况因史料缺乏，我们不甚清楚。据推测，萨珊朝贵霜总督的治所应该位于喀布尔或者坎培

[①] 参见黄靖1987，第37页。也有人认为萨珊波斯征服第二贵霜王朝在227年，参见吴译1994，第72页。

萨。①所以，同第二贵霜王朝时相比，这期间巴克特里亚吐火罗人的情况可能不会有太大的变化。但有迹象表明，在360年左右，即婆罗兰二世贵霜王以后，萨珊王朝似乎失去了对兴都库什山以北的吐火罗斯坦的控制。大概在4世纪末，以大月氏寄多罗（Kidara）为首的贵霜王朝复兴。他以巴克特里亚为中心，越过兴都库什山夺取了犍陀罗地区。在他的钱币上出现了"贵霜王"（Kushanshah）的称号。②寄多罗复兴的基础也应当是当地的吐火罗人。

北魏太延年间（435—440），董宛、高明奉命西使，他们在中亚所看到的情况见于《魏书·西域传》，其文云：

> 大月氏国，都卢监氏城，在弗敌沙西，古代一万四千五百里。北与蠕蠕接，数为所侵，遂西徙都薄罗城，去弗敌沙二千一百里。其王寄多罗勇武，遂兴师越大山，南侵北天竺，自乾陀罗以北五国尽役属之。③

关于寄多罗是否迁都和为蠕蠕（柔然）侵略的问题，目前还有不同的意见。我们更倾向于认为薄罗城和卢监氏城所指的均为Bactra，即今之巴尔赫（Balkh），故所谓迁都一说的可能性不大。④这里作为贵霜王朝的复兴之地和统治中心，也不会因几次侵扰而轻易被放弃的。有迹象表明，寄多罗被迫放弃巴克特里亚而南徙，是在嚈哒侵入以后的事情。此外，《魏书·西域传》所云"自乾陀罗以北五国尽役属之"，实际上所指的当是同传所记之伽倍国、折薛莫孙国、钳敦国、弗敌沙国、阎浮谒国五个国家，也就是原大夏五翕侯故地。要之，则寄多罗贵霜曾一度控制了巴克特里亚全境，当地的吐火罗人复为其所统。但寄多罗在巴克特里亚的统治时间似乎不太长，其势力不久就为侵入这里的嚈哒人所驱逐。

据《魏书·西域传》"小月氏"条记载："小月氏国，都富楼沙城。其王

---

① 吴译1994，第75页。
② 参见吴译1994，第78页。但该书作者认为寄多罗是匈人（Huns）而不是贵霜人，其说与下文所引董宛、高明所见情况不符，故不取。
③ 《魏书》，6/2275。
④ 参见余太山1986，第141页。

本大月氏王寄多罗子也。寄多罗为匈奴所逐，西徙后令其子守此城，因号小月氏焉。"①这里的"匈奴"经研究即是哌哒②，它在5世纪30年代末左右进占巴克特里亚，驱逐了寄多罗。同传"哌哒"条遂有"其王都拔底延城，盖王舍城也"之语。拔底延即Bactra。所以，只是在此地被哌哒占据以后，寄多罗才被迫西徙，不知所终；其子则局促于犍陀罗一带苟延残喘。

哌哒兴起并进入吐火罗斯坦以后，中亚的形势发生变化，形成了哌哒、波斯两大势力对峙的局面。在这一历史背景下，中亚各地的吐火罗人纷纷乘机走上了短暂的复国之路。

二、哌哒侵入巴克特里亚与各地吐火罗人的短暂复国

366—367年，哌哒从阿尔泰山南迁索格底亚那，并于437年左右进占吐火罗斯坦。③大月氏寄多罗贵霜的统治者被逐而西徙，可能与萨珊波斯发生了冲突。④哌哒进入巴克特里亚以后，当地的吐火罗遂复为其所统治。哌哒则借此势力大增，继续西进，抵达萨珊波斯东境，从而开始了波斯与哌哒长达100多年的对峙。与此同时，哌哒还曾发动入侵笈多印度的战争，并于5世纪70年代末消灭了犍陀罗地区的寄多罗贵霜王朝的残余势力。这样，诸贵霜王朝所统治的地区及人民基本上均被纳入了哌哒游牧帝国的势力范围。

哌哒征服吐火罗斯坦以后，依然保持着游牧生活方式，即所谓的"居无城郭"，"以毡为屋，随逐水草"。其统治方式则为"游军而治"，"受诸国贡献"。⑤据研究，"哌哒自塞北西迁，征服了中亚诸国，但并没把这些国家一一消灭，仅仅是强迫它们纳贡称臣。在哌哒治下或势力范围内的小国，依然有自己的国君，有自己的领土，有外交的权利，有信仰的自由，只是必须向哌哒统治者进贡，把它们本土的特产和通商所得源源不断地送到哌

---

① 《魏书》，6/2277。
② 参见余太山1986，第73页。
③ 余太山1986，第62页。
④ 参见吴译1994，第79页。
⑤ 《洛阳伽蓝记校注》，第288页。

哒统治的中心地区"①。在这种统治方式下，必然造成哒势力范围内诸小国并立的局面。吐火罗斯坦的主要居民吐火罗人后裔，在大月氏寄多罗贵霜势力被驱逐，哒的统治又比较松散的情况下，纷纷乘机独立建国。与第二贵霜时期的情况不同，他们这一次建立的国家具有强烈的民族国家的性质，国名径称为"吐呼（火）罗国"。同时，"吐火罗"一词在中亚亦具有了地域的性质和含义。

有关此次吐火罗人独立建国的情况，首见于《魏书·西域传》，其文云：

> 吐呼罗国，去代一万二千里。东至范阳国，西至悉万斤国，中间相去二千里；南至连山，不知名；北至波斯国，中间相去一万里。国中有薄提城，周币六十里。城南有西流大水，名汉楼河。土宜五谷，有好马、驼、骡。其王曾遣使朝贡。②

《魏书·西域传》虽然原本早佚，今本系北宋嘉祐六年（1061）刘恕等在残本的基础上取《北史·西域传》补齐，但上述记载已被证明系魏收原文，其在四至方位中的错误业已被人指出。如文中东当作南，西当为北，南当系东，西应为北等。③范阳国即今巴米扬（Bamiyan），悉万斤国在今撒马尔罕（Samarkand）。从其四至来看，此吐火罗国是以 Bactra 为中心建立起来的。如前所述，这里一直是中亚吐火罗人聚居的一个中心地区，历史上就是吐火罗人所建大夏国和第一贵霜王朝的都城所在地。大月氏寄多罗势力被驱逐以后，吐火罗人在此建立自己的民族国家当在情理之中。《魏书·高宗纪》记有，和平五年（464）"吐呼罗国遣使朝献"④，也证明了吐火罗人建国的事实。

《魏书》虽记吐火罗人称王有国，却未明言其都为何，仅云"国中有薄提城"。有人认为薄提即中古波斯语中的 Padiyan 之音译，意为"王都"，位

---

① 余太山 1986，第 131 页。
② 《魏书》，6/2277。
③ 内田吟风 1972，第 96 页。
④ 《魏书》，1/122。

于今昆都士（Kunduz）河之北，即后来唐代的阿缓城（War-Waliz）。①但薄提城更可能是原大夏之都蓝市城，即 Bactra，今之巴尔赫（Balkh）。②《魏书》不明确指称薄提为吐火罗国之都城，可能是因为当时该城正处于嚈哒王的直接控制下。在嚈哒进入巴克特里亚初期，这里曾一度是其统治整个吐火罗斯坦的中心。后来嚈哒统治者也以此建都，称拔底延城，它和薄提城一样均系 Bactra 的音译。据推测，嚈哒定都拔底延的时间可能在 520 年以后。③在《周书》的有关记载中已不见有吐火罗国之名，似乎说明那时嚈哒已直接统治了 Bactra。所以，寄多罗贵霜灭亡以后吐火罗人所建立的吐呼罗国，可能在嚈哒建都拔底延城以后遂暂告终结。但嚈哒人借助吐火罗上层统治其民的可能性也是存在的，故有学者亦称其为嚈哒—吐火罗王国。④

除了 Bactra 一带的吐火罗人趁寄多罗贵霜灭亡之际建国之外，巴克特里亚东部山区原大夏五翕侯故地的吐火罗人也纷获独立。《魏书·西域传》云：

伽倍国，故休密翕侯。都和墨城，在莎车西，去代一万三千里。人居山谷间。

折薛莫孙国，故双靡翕侯。都双靡城，在伽倍西，去代一万三千五百里。人居山谷间。

钳敦国，故贵霜翕侯，都护澡城，在折薛莫孙西，去代一万三千五百六十里。人居山谷间。

弗敌沙国，故肸顿翕侯。都薄茅城，在钳敦西，去代一万三千六百六十里。居山谷间。

阎浮谒国，故高附翕侯。都高附城，在弗敌沙南，去代一万三千七百六十里。居山谷间。⑤

---

① 内田吟风 1972，第 97 页。
② 参见余太山 1986，第 139—141 页。
③ 详见余太山 1986，第 138、141 页。
④ 杨建新 1986，第 28 页。
⑤ 《魏书》，6/2274—2275。

如前所述，第一贵霜王朝建立以后，其统治中心西移经济、交通发达的 Bactra 一带。而五翕侯之地虽然曾为贵霜王朝的兴起之地，但此后由于社会和地理因素，其地位和作用似有下降。寄多罗贵霜兴起时，他们还曾一度为其所役属。与五翕侯兴起之时相比，这里的政治、经济生活情况似未发生太大的变化。在这一历史时期，他们虽然再度独立建国，但仍处于诸王自立、互不统属的局面。这里的吐火罗人同 Bactra 一带的吐火罗人相比，无论在政治、经济、文化上，还是在体质特征上，恐怕已不可同日而语了。

当嚈哒征服吐火罗斯坦，忙于在西部同萨珊波斯作战的时候，强大的突厥人已经在东方崛起。当他们的势力伸入中亚，嚈哒人的统治随即土崩瓦解。中亚吐火罗人的历史遂进入了突厥化时代。

第五章 西突厥统治下的吐火罗与吐火罗叶护政权

第一节 突厥在中亚的扩张与西突厥统治下的吐火罗

一、突厥在中亚的扩张与征服吐火罗斯坦

552年，突厥首领土门破柔然自立为伊利可汗，突厥汗国正式建立。土门死后，其子科罗继立。"科罗死，弟俟斤立，号木汗可汗。"① 史称"木杆勇而多智，遂击茹茹，灭之，西破挹怛，东走契丹，北方戎狄悉归之，抗衡中夏"②。据《旧唐书·突厥传》云："室点密，从单于统领十大首领，有兵十万众，往平西域诸胡国，自为可汗，号十姓部落，世统其众。"③所以，征服中亚实即西突厥始祖室点密所为。

大约在558年前后④，室点密（Istämi，又作 Silziboulos、Dilzaboulus、Singibu 或 Sindjibou）与波斯王库萨和一世（Khosrau Ⅰ Anoshirvan）联兵夹击挹怛（嚈哒），灭之。双方以阿姆河为界中分挹怛领地。据阿拉伯作家 Dinawari、Mirkhond 等的记载，当时波斯主要占据了吐火罗（Tokharistan）、谢飓（Zaboulistan）、迦布逻（Kaboulistan）、石汗那等地，而突厥则取得了阿姆河以东的赭时（Schasch，即 Tachkend）、拔汗那（Ferghanah）、康国（Samarkand）、安国（Boukhara）、史国（Kesch）、小史国（Nasaf）等地。铁

---

① 《周书》，3/909。
② 《隋书》，6/1864。
③ 《旧唐书》，16/5188。
④ 参见余太山1886，第104—107页。

门是两国的分界地。① 至此，挹怛所属吐火罗斯坦之地悉入波斯之版图，这里的吐火罗人复又沦为萨珊王朝的附庸。

正如吉布（H.A.R.Gibb）所指出的那样，阿姆河（Oxus Darya）从未能阻挡住游牧民族西进的步伐。② 由于波斯与突厥在东西丝路贸易利益上的矛盾日趋激化，双方的阿姆河边界就显得愈加脆弱。事实上，在突厥入侵波斯境内之前，他们就曾支持过下吐火罗斯坦（Lower Tukhāristān）、报蚤希思（Bādhaghīs，按或为拔底延，今 Balkh）、赫拉特（Herāt）等地的挹怛余众袭扰波斯的东北边境。③ 由此我们也可以看出，尽管波斯分得了吐火罗斯坦，但其在当地的统治却显得十分薄弱。伴随着6世纪后半叶与东罗马之间的持续战争和北部游牧民族（可萨人）的入侵，波斯势力日渐衰落。在这种情况下，波斯失去对吐火罗斯坦的控制也就在所难免。

突厥人越过阿姆河占据吐火罗斯坦的具体时间史无明载。内田吟风据弥南（Menander）的记载，推测在568年前，即西突厥始祖室点密统治时，突厥人已从波斯手中夺取了挹怛旧土。④ 杨建新先生则认为西突厥越过阿姆河的时间大约在隋开皇二年（582）。⑤ 尽管学术界对此认识不甚一致，但均说明波斯在吐火罗斯坦的统治是比较短暂的。

据《隋书·西域传》"挹怛国"条云："挹怛国，都乌浒水南二百余里，大月氏之种类也。胜兵者五六千人，俗善战。先时国乱，突厥遣通设字诘强领其国。都城方十余里。……大业中遣使贡方物。"⑥ 张星烺对《隋书》的此条记载持怀疑的态度，认为："挹怛即嚈哒之异译。挹怛已于周武帝天和五年（570）为突厥所灭，而《隋书》此处谓其于大业中尚遣使贡方物，岂其国商人冒充欤？"⑦ 查《隋书·炀帝本纪》"大业十一年"条，遣使来朝的西域诸国中亦不见有此挹怛国，但它却出现在裴矩所撰之《西域图记》之序中。⑧ 一般

---

① 冯译1935，第162—163页。
② Gibb 1923, p.1.
③ Gibb 1923, p.3.
④ 内田吟风1972，第100页。
⑤ 杨建新1986，第28页。
⑥ 《隋书》，6/1854。
⑦ 张星烺1930（五），第94页。
⑧ 《隋书》，6/1578。

认为，裴矩所记，多据各国胡商所言，应有一定的可靠性，《隋书·挹怛传》或依此而撰亦未可知。我们认为，《隋书》所记之挹怛国很可能是嚈哒灭亡以后的余众所据之地，自然不能视为曾经盛极一时的嚈哒王国。此时他们显然已臣属于突厥。《隋书》称其为"大月氏之种类也"，当指的是贵霜遗民，其中应有许多吐火罗人。据此知，嚈哒和吐火罗人在吐火罗斯坦可能已有融合的趋势。

《隋书·突厥传》云：开皇三年（583）"达头前攻酒泉，其后于阗、波斯、挹怛三国一时即叛"[①]。内田吟风将这一事件归之于《隋书·挹怛传》中的所谓"先时国乱"，并认为突厥于598年平定了这次叛乱。[②]我们认为这实际上似可视为突厥对嚈哒余众的征服，突厥更可能在583年前已从波斯手中夺取了吐火罗斯坦，故内田吟风提出的568年说可能更接近事实。

突厥征服吐火罗斯坦以后，继续向西扩张。[③]据塔巴里《年代记》载，588—589年，突厥最高可汗名Schaba者领兵三十万进攻波斯，在报蚤希思（Bādhaghīs）和赫拉特（Herat）一带为波斯大将巴赫兰·处宾（Bahram Tschoubin）击败，Schaba被杀，其子也被擒。据岑仲勉先生考订，Schaba即突厥处罗侯可汗。[④]这样，突厥对波斯的入侵遂以失败告终。此后，突厥还试图与东罗马连兵对付波斯。但据说在595—598年间，即突厥达头可汗在位时，波斯王库萨和（Khosrou Parwiz）遣大将Smbat Bagratouni进攻挹怛和贵霜人。后者向突厥求援，突厥派援兵三十万击退了波斯的入侵。其后波斯对吐火罗斯坦虽时有抄掠，但突厥仍然控制着这一地区，双方的边界线大致维持在谋夫（Merw）和梅尔维鲁德（Merw-er-roud）一带。[⑤]从此，吐火罗斯坦的吐火罗人后裔及嚈哒余部便被置于西突厥的统治之下，直至吐火罗叶护政权建立以后开始突厥化。

---

① 《隋书》，6/1866—1867。
② 内田吟风1972，第102页。
③ 参见冯译1934，第173页。
④ 岑仲勉1958，第130—138页。
⑤ 参见冯译1934，第180页；王治来1986，第188页。

二、西突厥在吐火罗斯坦的早期统治与吐火罗国的建立

突厥人初期主要忙于东方事务，甚至在征服中亚早期，情况依然如此。当时进驻吐火罗斯坦的突厥人可能也不多，所以当波斯侵掠时还需从外地抽调援兵。此外，突厥在征服吐火罗斯坦初期所采取的统治方式应和嚈哒同，即在各地扶植亲突厥的傀儡政权，遥领其民，所以才会在这一历史时期重新出现了所谓的吐火罗国、挹怛国等。前引隋大业十一年（615）吐火罗等国遣使朝贡的记录似乎也证明了这一点。可能在568年左右，亦即突厥从波斯手中夺取吐火罗斯坦以后，出现了一个臣属于西突厥的吐火罗国，由于历史的原因，它在阿拉伯文献中被称为"贵霜"。

《隋书·西域传》"吐火罗国"条云：

> 吐火罗国，都葱岭西五百里，与挹怛杂居。都城方二里，胜兵者十万人，皆习战。其俗奉佛，兄弟同一妻，迭寝焉。每一人入房，户外挂其衣以为志。生子，属其长兄。其山穴中有神马。每岁牧牝马于穴所，必产名驹。南去漕国千七百里，东去瓜州五千八百里。大业中遣使朝贡。[①]

上载吐火罗国"方二里"的都城，据认为"很可能也在巴克特里亚，是突厥人为'胜兵者十万'的吐火罗人特辟的一个自治中心"[②]。Aboulféda 的《地理志》云："Warwāliz，为吐火罗国（Tokhāristān）的都城，过去是嚈哒国（Hayâtilah）。"[③] 一般认为，Warwāliz 即唐之阿缓城。该城位于阿姆河之支流昆都士（Kunduz）河上，如前所述，这里一直是吐火罗五翕侯余部的驻地，处于巴克特里亚之东部山区。嚈哒灭大月氏寄多罗贵霜之际，他们曾各自建国。嚈哒王国灭亡以后，应有一些嚈哒人从 Bactra 退居于此，于是遂有"与嚈哒杂居"的现象。所以此时的五翕侯原驻地不仅有土著化的吐火罗人，

---

① 《隋书》，6/1853—1854。
② 余太山 1986，第 140 页。
③ Reinaud 1848, p.207.

还有很多的哒哒人。"其俗奉佛"显指这里的吐火罗人；而传中所云"兄弟同一妻"等习俗多见于《魏书》、《周书》、《隋书》之《嚈哒挹怛传》中，而不见于《魏书》之《吐呼罗国传》，故当系嚈哒之俗，至多也只能说是嚈哒影响之结果。从这种意义上来讲，此吐火罗国亦可视为由吐火罗人和嚈哒人共同组成的国家，吐火罗人则居统治地位。

众所周知，吐火罗五翕侯诸部在历史上一直处于互不统属的分立状态。此吐火罗国如果确为原五翕侯所属吐火罗人所建的话，那么意味着至少在突厥征服吐火罗斯坦时期，这里原本分立的吐火罗人可能首次归于统一。这种统一应该与突厥扶植当地傀儡政权的统治方式有关。

西突厥从波斯手中夺取吐火罗斯坦以后，将领地向西推进到波斯东境的谋夫一带。统叶护可汗时（619—628），又南侵北天竺，并占据罽宾等地。《新唐书·突厥传》云："统叶护可汗勇而有谋，战辄胜，因并铁勒，下波斯，罽宾，控弦数十万，徙廷石国北之千泉，遂霸西域诸国，悉授以颉利发，而命一吐屯监统，以督赋入。"① 这种统治方式可能在西域各地普遍采取，但在吐火罗斯坦却是一个例外。贞观初年，亦即统叶护可汗在位时，玄奘西行求法途经此地，发现此地已为统叶护之子呾度设直接统治。《大慈恩寺三藏法师传》云：活国"即叶护可汗长子呾度设所居之地"②。《大唐西域记》"活国"条记有：

> 活国，觊货逻国故地也，周二千余里。国大都城周二十余里。无别君长，役属突厥。土地平坦，谷稼时播，草木荣茂，花果具繁。气序和畅，风俗淳质，人性躁烈。衣服毡褐。多信三宝，少事诸神。伽蓝十余所，僧徒数百人，大小二乘兼功综习。其王突厥也，管铁门已南诸小国，迁徙鸟居，不常其邑。③

据考证，活国即 Warwāliz，《旧唐书·地理志》作遏换城，《新唐书》

---

① 《新唐书》，19/6056。
② 《大慈恩寺三藏法师传》，第 31 页。
③ 《大唐西域记校注》，第 963 页。

作阿缓城，其地在多希（Doshī）河与塔洛坎（Tālaqān）河汇合处。①《大慈恩寺三藏法师传》卷五复云：活国"居缚刍河侧，即睹货罗东界，都城在河南岸"②。以地望观之，活国当即前西突厥扶植的吐火罗国。"活"或即"吐火罗"之略译。活国"无别君长"不仅是因为"役属突厥"，而在于"其王突厥也"，这个突厥王就应是统叶护之长子呾度设。显然，至少在统叶护可汗时，西突厥已直接统治了这一地区，他们所扶植的吐火罗国遂告终结。这里成为呾度设"管铁门已南诸小国"，亦即整个吐火罗斯坦的驻地。但从其"迁徙鸟居，不常其邑"的情况来看，呾度设早期的统治方式依然是游牧民族统治农耕地区所惯用的"游军而治"。活国"土地平坦，谷稼时播，草木荣茂，花果具繁"，以及"多信三宝"等情况表明这里的居民仍以吐火罗人后裔为主，流入这里的嚈哒人不见踪迹，可能已与当地的居民相融合。

三、睹货逻国故地

有关西突厥在吐火罗斯坦统治初期的情况，唐初玄奘与其弟子辩机所撰的《大唐西域记》中有翔实的记载，这也是我们研究唐初中亚吐火罗人活动的第一手资料。在这部著作中，他首次提到了"睹货逻国故地"的概念，其文云：

> 出铁门至睹货逻国（原注：旧曰吐火罗国，讹也）故地，南北千余里，东西三千余里，东扼葱岭，西接波剌斯，南大雪山，北据铁门，缚刍大河中境西流。自数百年王族绝嗣，酋豪力竞，各擅君长，依川据险，分为二十七国。虽画野区分，总役属突厥。③

如前所述，"睹货逻"系梵语 Tukhāra 的译写形式，玄奘以"故地"名之，表明原吐火罗国早已灭亡。有人认为玄奘所言之"睹货逻国"为原嚈哒

---

① 《大唐西域记校注》，第 63—64 页。
② 《大慈恩寺三藏法师传》，第 116 页。
③ 《大唐西域记校注》，第 100 页。

王国，然而在历史上却不见有称哒王国为吐火罗国者。哒统治吐火罗斯坦之时的"吐呼罗"国系吐火罗余裔所建，或为哒扶植的傀儡政权，其境仅限于 Bactria 一带。同时，巴克特里亚东部的原五翕侯驻地上的吐火罗人还建有伽倍国、折薛莫孙国、钳敦国、弗敌沙国、阎浮谒国。①此五国虽皆臣属于哒，但显然各自独立，互不统属，亦不属 Bactria 一带的吐呼罗国。而玄奘所云"覩货逻国故地""东扼葱岭"，其境内自然包括上述五国。故此"覩货逻国"不应为臣属于哒的吐呼罗国。

覩货逻国故地"东扼葱岭，西接波剌斯，南大雪山，北据铁门"，其境亦与原哒王国不符。因为在哒全盛时期，统治范围的南部已越过了大雪山（兴都库什山），并占有了犍陀罗，"西域康居、于阗、沙勒（疏勒）、安息及诸小国三十许，皆役属之，号为大国"②。故此"覩货逻国"亦不当指哒王国。突厥征服吐火罗斯坦以后出现的"吐火罗国"，亦只是在巴克特里亚东部原五翕侯故地的基础上建立起来的一个都城仅"方二里"的小国，故覩货逻国亦不可能指此。从覩货逻国故地的范围来看，只与吐火罗人在中亚所建立的第一个国家——大夏国相合，所以玄奘所谓的"覩货逻国"实际应指大夏。同时，玄奘还以"覩货逻故国"指称吐火罗人在塔里木盆地南缘最早建立的国家，可能相当于西汉时的小宛国。吐火罗人在这两个地区所建国家的历史几乎同样悠久，最早建立而又最早灭亡，故玄奘均以"覩货逻"指称之。大夏在公元前 2 世纪末为大月氏所征服，后又有五翕侯之分立。在此后的 700 余年里，Bactria 一带和原五翕侯驻地的吐火罗人虽曾各自多次建国，然均多属强主，从未统一到一起。故玄奘云："自数百年王族绝嗣，酋豪力竞，各擅君长，依川据险。"内田吟风却说"数百年"为"数十年之误"③，此说没有根据。

玄奘在《大唐西域记》中首次详细记载了吐火罗斯坦内诸小国，可能相当于原大夏诸城邑的分布情况。同大夏时相比会有些变化，但大致也能反映出历史上中亚吐火罗人活动与分布的具体范围。玄奘虽然说覩货逻国故地在

---

① 《北史》，10/3225—3226。
② 《北史》，10/3231。
③ 内田吟风 1972，第 102 页。

唐初分为二十七国，但在同书中明确指称为覩货逻国故地的只有卷十二中所列出的十三国。学者们多认为同书卷一之呾蜜国至揭职国等十六国，虽未明言系覩货逻国故地，却多在其境内，故谓覩货逻国故地实有二十九国，不止玄奘所称的二十七国。兹在前人研究的基础上，对这二十九国的情况略加解说。[①]

1. 呾蜜国：此地可能相当于吐火罗五翖侯之一的都密翖侯驻地。《新唐书·西域传》作怛满、怛没等。阿拉伯—波斯文献中作 Tirmidh，今捷尔梅兹。古呾蜜位于阿姆河河岸，苏尔汉河（Surkhan）注入阿姆河河口不远处。考古发现这里有公元前 2 世纪希腊人的砦堡，以及贵霜王朝时期的佛寺、佛塔等。出土的陶器上有许多与巴里黑（Balkh）、苏尔汉—科塔（Surkh-Kotal）等地出土文物上相同的婆罗谜字体和佉卢字体铭文，恐系吐火罗人的文化遗存。呾蜜古城在成吉思汗时毁于战火。

2. 赤鄂衍那国：可能原为都密翖侯属地。《新唐书》作石汗那，《册府元龟》作支汗那，相当于波斯—阿拉伯语的 Čaγāniyān/Ṣaγāniyan。其地在今苏尔汉河上游，今名 Dih-i nau，即杰瑙（Denau），意为"新村"。

3. 忽露摩国：可能亦为都密翖侯属地。相当于穆斯林史料中的 Kharūn。"其王奚素突厥也。"雅忽比（Yaqūbī）《诸国志》中称此地（又作 'Akharūn）与愉漫（Shūmān）曾共为一国，受突厥统治。其地在今卡菲尔尼甘河（Kāfirnihān）上游的杜尚别附近。

4. 愉漫国：可能系都密翖侯属地。《新唐书·地理志》中作数瞒城，相当于穆斯林文献中的 Shūmān。"其王奚素突厥也。"《新唐书》称之为解苏国，奚素与解苏当为同名异译。其故址亦在今杜尚别附近。

5. 鞠和衍那国：应为都密翖侯属地。《新唐书·地理志》作久越得健，《酉阳杂俎》卷十作俱德健，相当于梵语的 *Kuvāyāna，波斯—阿拉伯语的 Quwādhiyān 或 Qabādhiyān。故址在今卡菲尔尼甘河下游之 Qobadian 或 Qawadīan。1877 年著名的"阿姆河宝藏"在此面世。当地考古发现有属于希腊—巴克特里亚王国以及贵霜、哌哒统治时期的文化遗存，墓葬亦明显分为

[①] 以下地名考释及沿革均据《大唐西域记校注》季羡林等注文，参考周连宽《大唐西域记史地研究丛稿》（1984）、沙畹《西突厥史料》（冯译 1935）、余太山《塞种史研究》（1992）等，不另出注。

属嚈哒的游牧部落墓葬和贵霜时期的定居人口墓葬。后者很可能属土著化了的吐火罗人。

6. 镬沙国：《新唐书·地理志》作沃沙，相当于穆林文献中的 Wakhsh。其地在瓦罕（Wakhsh）水或苏尔霍勃（Surkhāb）河东的拉瓦坎（Lāwakand），今库尔干—提尤别（Kurgan-Tübe）以西十公里处的考思—提别（Kaun-Tepe）。《新唐书·地理志》云："高附（Kabul）都督府，以骨咄（Khottal）施（Shah）沃沙城置。"但《后汉书·西域传》明言"高附国在大月氏（居蓝氏城，今 Balkh）西南"，与沃沙城地望不合。

7. 珂咄罗国：《隋书》作珂咄，《新唐书》作骨咄，《册府元龟》卷九九九作骨咄。波斯史料中作 Khuttalān。其地在瓦罕（Wakhsh）、苏尔霍勃（Surkhāb）河以东至喷赤（Panj）河之地，主城在今杜尚别市东南 125 公里之库利亚布（Kulāb）。

8. 拘谜陀国：《魏书》作居密、久末陀，《悟空行记》作拘密支，《新唐书·西域传》作俱密。相当于希腊文献中的 Komidai，穆斯林文献中的 Kumiji～*Kumējī。据托勒密《地理志》云，塞种部落中有 Komidai，穆斯林文献中提及 Kumiji、Kamicij 等部时均指明其与嚈哒人、突厥人有关。我们推测，拘谜陀国之得名可能因此地原为塞种 Komidai 部驻地之故。玄奘云其国"据大葱岭中"。所以，拘谜陀似乎不是吐火罗人活动的地区，不属大夏之境，也就不包括在玄奘所云覩货逻国故地的范围之内。

9. 缚伽浪国：其地位于阿姆河以南之多失（Doshi）河中游，今昆都士（Kunduz）西南约 60 公里的巴格兰（Baghlan），由苏尔霍勃（Surkhāb）及安呾罗缚组成。古大夏属地。

10. 纥露悉泯健国：相当于穆斯林文献中的 Rūb 与 Simingān 两地。有人比定为库尔姆（Khulm）河流域之海巴克（Haibak）。鲁依（Rub），今名 Rui。古大夏属地。

11. 忽懔国：今 Khulm，其遗址在今阿富汗境内的塔什库尔干（Tāsh-Qurghān）北郊。地接缚喝国，古大夏属地。

12. 缚喝国：今 Balkh。希腊—巴克特里亚王国、吐火罗人（大夏）、大月氏、贵霜、嚈哒曾先后在此建都，故址在今阿富汗境内马扎里沙里夫

（Mazār-i-Sharif）以西 23 公里处，主要废墟名巴拉—黑萨尔（Bala-Hissar）。该地在东西方各种文献中多见记载，写法众多，兹不一一列举。吐火罗人建大夏国，这里作为都城也是他们活动的中心地区之一。玄奘称"其城虽固，居人甚少"，表明至唐初时，经过数百年战乱的纷扰，这里的吐火罗人可能大部分已徙居他处。西突厥征服吐火罗斯坦以后，以阿缓城为中心曾出现了一个吐火罗国，亦表明吐火罗人活动中心的某些变化。

13. 锐秣陀国：今地不可考。或以为锐秣陀为 Zumathā 之对音，位于乌浒水以南，兴都库什山山麓。古大夏属地。

14. 胡寔健国：相当于波斯语的 Gūzgānān，阿拉伯语的 Jūzjan，为地区名而非城市名。位于木鹿/马里（Muru/Merv）与缚喝/巴里黑之间，凯萨尔（Āb-i Qayşār）与萨菲（Āb-i Safīd）两河流经其境。古大夏属地。

15. 呾剌健国：《新唐书》作多勒健，相当于波斯语中的塔洛坎（Tālaqān），位于昆都士以东 65 公里处。玄奘谓其"西接波剌斯国界"。古大夏属地。

16. 揭职国：为 Gachi 或 Gaz 的音译，或云在今阿富汗之达拉哈斯（Darrah Gaz）。其今地尚无定论。玄奘谓其在"缚喝国南百余里"，当属古大夏地。又云：从揭职国"东南入大雪山，……行六百余里，出覩货逻国境，至梵衍那国（今 Bāmīyān）"。所以揭职位于兴都库什山以北，当视为玄奘所谓的覩货逻国，亦即古大夏之南境地。

17. 安呾罗缚国：覩货逻国故地。在今 Khāwak 山口以西的多希（Doshī）河一带，伊朗语中作 Andarāb。玄奘自弗栗恃萨傥那国东北行，越迦毕试国边城数十座小邑，翻过大雪山婆罗犀那大岭（可能为今卡瓦克［Khāwak］山口）至此覩货逻国故地。我们认为，这里可能是古大夏国之西南边境，其地和揭职一样，均在兴都库什山之北，与历史上大夏南境合。

18. 阔悉多国：覩货逻国故地。安呾罗缚国西北，今阿富汗东北部阿姆河上游支流考斯特（Khost）河流域。

19. 活国：覩货逻国故地。《旧唐书·地理志》作遏换城，《新唐书》作阿缓城。相当于波斯文献中的 Valvālij，即今 Warwāliz。其地在今多失（Doshī）河与塔洛坎（Tālaqān）河汇合处，今昆都士（Qunduz）附近。吐火罗、呎哒、突厥先后统治这里。《隋书》所记吐火罗国或即指此。后成为西突厥吐火罗叶护政权的治所。唐以其地置月氏都督府。这里东接葱岭诸国，可能原均属吐火罗五翕侯之领地。

20. 䒽健国：觊货逻国故地。相当于今之 Mundzān/Munjān/Mungān。马迦特认为在今哈巴纳德（Khānābād）或塔洛坎（Talaqān）一带。可能为五翕侯之属地。

21. 阿利尼国：觊货逻国故地。位于䒽健国之北。相当于 Arhan 或 Arhang 之对音，为阿姆河的著名渡口。其地可能在今赫拉特—伊曼（Hazrät-Imām）附近。可能为五翕侯之属地。

22. 曷逻胡国：觊货逻国故地。位于阿利尼国以东，阿姆河以南。马迦特将曷逻胡拟音为 Rāhula，并将之比定为阿姆河以北之拉万（Rāwan），与玄奘所说地望不合，恐有不妥。这里可能亦原为五翕侯之属地。

23. 讫栗瑟摩国：觊货逻国故地。位于䒽健国以东。相当于基什姆（Kishm），包括法扎巴德（Fayzābād）与塔洛坎（Talaqān）之间，沿库克查（Kokcha）河流域之城镇。亦应为五翕侯之属地。

24. 钵利曷国：觊货逻国故地。位于讫栗瑟摩国之北。相当于波斯文献中的 Pārhgar/Pārkhar，其地在今阿姆河北岸刻赤—苏尔霍勃（Kchi-Surkhāb）河注入阿姆河处的帕尔哈尔（Pārghar）。可能为五翕侯属地。

25. 呬摩呾罗国：觊货逻国故地。当为梵文 Himatala 的音译。马迦特认为是 Hēmatāla，即梵文 Hephthal（𠯙哒）一词的转写。玄奘云："其先强国，王，释种也，葱岭之西，多见臣伏。境邻突厥，遂染其俗，又为侵掠，自守其境。故此国人流离异域，数十坚城，各别立主。穹庐毳帐，迁徙往来。"此地亦当为五翕侯属地，至少在唐初时已为𠯙哒所占据，当地的吐火罗人早已不知所终。

26. 钵铎创那国：觊货逻国故地。位于呬摩呾罗国以东。《高僧传》作波多叉拏，今巴达赫尚（Badakhshān）地方，相当于阿姆河上游喷赤（Panj）河及库克查（Kokcha）河流布的地区。此地为原胢顿翕侯之驻地。

27. 淫薄健国：觊货逻国故地。位于钵铎创那国东南。《魏书·西域传》作阎浮谒，《大慈寺恩三藏法师传》作淫薄健。相当于 Yamgān 或 Hamakān 之对译。今库克查河自贾尔姆（Jarm）以上之上游流域。此地为原高附翕侯之驻地。

28. 屈浪拏国：觇货逻国故地。位于淫薄健国东南。《新唐书》作俱兰、俱罗弩、俱烂那，相当于穆斯林文献中的库兰（Kurān）。今库克查河上游之 Kurān。亦为五翕侯之属地。

29. 达摩悉铁帝国：觇货逻国故地。位于屈浪拏国之东北。《后汉书》作休密，《洛阳伽蓝记》作钵和，《魏书》作和墨、钵和或胡密，《梁书》作胡蜜丹，《续高僧传》卷二作达摩悉须多，《往五天竺国传》作故密，玄奘原注作镇侃、护蜜，《新唐书》作护密、镬侃。达摩悉铁帝国相当于梵文之 Dharmasthiti，马迦特则认为此名可能出自伊朗语中的 *Dar-i Mastit，意为"Mastit/Mastuj 门"。此地在今瓦罕谷地。或以为休密、伽倍、胡密、胡蜜丹、护蜜等均为 Kumidae 之对译，其地在今瓦罕谷地之萨里克—高盘（Sarik-Čaupan）一带，当系休密翕侯驻地。《新唐书·西域传》亦云："护蜜者，或曰达摩悉铁帝，曰镬侃，元魏所谓钵和者，亦吐火罗故地。"其国都曰昏驮多城，相当于《魏书·西域传》中的钳敦，均系 Kand-ūd 之对译，地在瓦罕西部潘扎水（Āb-i Panja）左岸，此地为原贵霜翕侯之驻地。据此可知，至少到唐初时，休密翕侯与贵霜翕侯的属地已合而为一，成为玄奘所称的达摩悉铁帝国。

此外，玄奘还曾提到过达摩悉铁帝国北之尸弃尼国（今石难，Shighnān）和南部的商弥国（今马斯图季［Mastuj］与奇特拉尔［Citral］之间），并谓两国"文字同觇货逻国，语言有异（别）"。人们一般均未将它们置于玄奘所云的二十七国，或以上的二十九国之觇货逻国故地之中。但有学者指出，商弥即《汉书·西域传》中的双靡。《魏书·西域传》称："折薛莫孙国，故双靡翕侯，都双靡城。"同书本纪作舍弥，《洛阳伽蓝记》作赊弥，《新唐书·西域传》作俱位，均系 Syāmāka 或 Sad-i Mastuj 之对译，其地在今奇特拉尔（Chitral）和马斯图季（Mastuj）之间。[①] 所以，商弥国当为原双靡翕侯的驻地。其北则钵和，即《魏书》之伽倍，原护密翕侯驻地。玄奘不谓商弥国为觇货逻国故地的情况或如前十六国；加之玄奘并未亲历商弥，仅据传闻记

---

① 参见余太山 1992，第 31 页。

之[①]，故未遽断其属"覩货逻国故地"。尸弃尼国的情况可能大致如此，其地似亦在原大夏境内。据《大唐西域记》，商弥国、尸弃尼国以东当波谜罗川（即葱岭，今帕米尔），同大夏之东境基本相合。要之，加上前列二十九国，玄奘所谓的"覩货逻国"可能应有三十一国。

如前所述，玄奘所列举的这些国家中并不包括贵霜、嚈哒及突厥曾占据的犍陀罗国等地，故"覩货逻国"所指当为大夏，亦即吐火罗人在巴克特里亚所建立的第一个国家。覩货逻国故地的范围亦基本与后者一致。玄奘所云诸国则大部分应为原大夏诸城邑"小长"驻地。故《新唐书·西域传》明确指出："吐火罗或曰土豁罗、曰覩货逻，元魏谓吐呼罗者。居葱岭西，乌浒河之南，古大夏地。"复云："大夏即吐火罗也。"但据玄奘所记，覩货逻国故地的范围已越过了阿姆河北。

玄奘的上述记载中不见有《隋书·西域传》所提到的吐火罗国。或以为"由吐火罗民族所建自主的吐火罗国在唐初已经灭亡"[②]。此后出现于文献中的吐火罗实指"突厥阿史那氏所统治的嚈哒·吐火罗复合国家"[③]。结合唐初西突厥在吐火罗斯坦的活动情况来看，我们认为其中应有一个具体演变的过程。《新唐书·西域传》"吐火罗"条云：

> 吐火罗，或曰土豁罗，曰覩货逻，元魏谓吐呼罗者。居葱岭西，乌浒河之南，古大夏地。与挹怛杂处。胜兵十万。国土著，少女多男。北有颇黎山，其阳穴中有神马，国人游牧牝于侧，生驹辄汗血。[④]

"古大夏地"之前所述，是《新唐书》对吐火罗历史沿革的大致回顾。而"与挹怛杂处"以下则显然袭自《隋书》，所反映的是西突厥征服吐火罗斯坦时的情况。唐初以后，随着西突厥在当地统治的加强，以及统治方式的改变，这种情况发生了较大的变化。

---

① 周连宽 1984，第 184 页。
② 内田吟风 1972，第 103—104 页。
③ 杨建新 1986，第 28—31 页。
④ 《新唐书》，20/6252。

第五章　西突厥统治下的吐火罗与吐火罗叶护政权 | 123

《新唐书·西域传》"吐火罗"条接着说：

> 其王号叶护。武德（618—626）、贞观（627—649）时再入献。永徽元年（650）献大鸟，高七尺，色黑，足类橐驼，翅而行，日三百里，能啖铁，俗谓驼鸟。显庆中（656—661），以其阿缓城为月氏都督府，析小城为二十四州，授王阿史那都督。后二年，遣子来朝。俄又献玛瑙、镫树，高三尺。神龙元年（705），王那都泥利遣弟仆罗入朝，留宿卫。开元、天宝间，数献马驴、异药、乾陀婆罗二百品、红碧玻璃。乃册其君骨吐禄顿达度为吐火罗叶护、挹怛王。其后邻胡羯师谋引吐蕃攻吐火罗，于是叶护失里忙伽罗丐安西助讨。帝为出师破之。乾元初，与西域九国发兵为天子讨贼，肃宗诏隶朔方行营。①

《新唐书》以上所记才为唐代西突厥治下的吐火罗斯坦的情况，大致反映了唐太宗后期至安史之乱时，吐火罗叶护政权与中原王朝的关系。故称此政权为"突厥—吐火罗国"亦未尝不可。②

关于吐火罗叶护的驻地，《新唐书·西域传》未加记载。据同书《地理志》，唐龙朔元年（661），以陇州南由令王名远为吐火罗道置州县使，设月氏都督府，治吐火罗叶护阿缓城。故知西突厥于吐火罗斯坦的统治中心当在阿缓城，即穆斯林文献中的 Warwāliz。如前所述，这里应为突厥征服吐火罗斯坦初期，亦即《隋书·西域传》所指的吐火罗国之都。玄奘称这里为活国，亦"觏货逻国故地也，周二千余里。国大都城周二十余里。无别君长，役属突厥。……其王突厥也，管铁门已南诸小国，迁徙鸟居，不常其邑"。所以至少在唐初，西突厥叶护已取代了原扶植的吐火罗人傀儡政权，直接统治这一地区。有隋一代的吐火罗国遂告灭亡。

从玄奘的记载来看，这些"觏货逻国故地"诸国大多"无大君长，役属突厥"。除活国外，只有忽露摩国，愉漫国，"其王奚素突厥"；此外还有呬摩呾罗国，"王，释种也"，似为嚈哒余裔。其他诸国虽"无大君长"，但应有

---

① 《新唐书》，20/6252。
② 杨建新 1986，第 30—31 页。

西突厥的代理人管理。玄奘虽未明言其族属，但他们显然应属本地的民族，亦即已土著化了的吐火罗人、月氏人甚至哒哒人的后裔。据推测，这些民族此时很可能已融为一体了。不管怎样，西突厥统治者自称吐火罗叶护，一方面表明其对吐火罗之地统治的确立；另一方面也说明吐火罗民族在当地曾起到过重大作用以及吐火罗之名对先后迁入的其他民族的吸引力与号召力。尽管吐火罗一名此后更多的是作为一个地理概念在使用，但吐火罗后裔的活动却并未因此而消失。

大夏灭亡至唐初这七百余年的时间里，覩货逻国故地先后被大月氏、哒哒、波斯、突厥所征服，使这一地区历史上形成民族纷杂、战乱不已的局面。但进入这里的各个民族相继融入原众"可百余万"的大夏民中当是一个基本的事实。正因如此，虽然在数百年的时间里，吐火罗斯坦上的吐火罗人在不同的时期以不同的面貌出现，其民族内涵亦不断地变化和丰富，但其主体地位则从未改变。无论是汉文文献中的覩货逻国故地或西方文献中的吐火罗斯坦（Tukhāristān），均反映出吐火罗人历史上在这一地区活动的基本范围及其所产生的深远影响。正是由于民族融合的不断深入，吐火罗（Tochari）作为民族称谓的意义日益下降，而逐渐更多地被后人作为地理概念所使用。伴随着唐以后中亚地区突厥化过程的全面展开，以及中亚吐火罗人后裔不可避免地走向突厥化，吐火罗一词则成了一个纯地理学上的名词为人们所广泛使用。

第二节　唐经营中亚与吐火罗叶护政权在吐火罗斯坦的统治

一、西突厥内乱与唐置月氏都督府

唐贞观二年（628），西突厥发生内乱，统叶护可汗为莫贺咄所弑。此后西突厥诸部争战，大可汗之位多次易主。咥利失可汗时（634—638）分西突厥属地为左厢五咄陆部、右厢五弩失毕部，合十部，通称十姓，又谓十箭。贞观十二年（638）弩失毕部反叛，拥戴欲谷设为乙毗咄陆可汗，并与咥利失争战。两败俱伤后，双方以伊列河（今伊犁河）为界，中分其国。东属乙毗咄陆，西属咥利失。①

　　咥利失死后，其弟伽那之子薄布特勤继立，是为乙毗沙钵罗叶护可汗。他建南庭于虽合水（碎叶川）之北，统辖鄯善、且末、焉耆、龟兹、石国、史国、何国、穆国、康国及吐火罗等地区。641年乙毗咄陆擒杀沙钵罗叶护，并于次年征服吐火罗叶护政权，遂"自恃其强，专擅西域"②，与唐对抗。随着乙毗咄陆对唐战争的失败，加之其虏获"赀口"的分配不公，导致众叛亲离。前莫贺咄侯屈利俟毗可汗之子被拥立，是为乙毗射匮可汗。虽然乙毗咄陆曾于白水胡城之役击败乙毗射匮的进攻，然其旧部却皆不从其指挥。他在走投无路之际"乃走吐火罗"③，即吐火罗叶护所统之吐火罗斯坦。贞观二十一年（647），乙毗咄陆复为乙毗射匮所遣之郭葛吐邸俟利发所败，逃往波斯④，永徽四年（653）卒于吐火罗。显庆四年（659），其子真珠叶护颉苾达度于双河被阿史那弥射所斩。⑤此前乙毗射匮可汗亦于永徽二年（651）前后为阿史那贺鲁所败，其众尽归贺鲁所有。

　　阿史那贺鲁建牙于双河（今新疆博乐西博尔塔拉河）与千泉（今塔什干北），自称沙钵罗可汗。西突厥全境亦为其所统。永徽二年（651）九月贺鲁侵唐之庭州。显庆二年（657），唐遣苏定方于曳咥河（今伊犁河东）大破阿史那贺鲁，贺鲁逃至石国西北之苏咄城，为城主伊涅达干所擒，交付唐将萧嗣业。次年被押送长安，唐高宗李治赦免之。西突厥汗国从此覆亡。唐以其十姓之地分设昆陵、濛池两个都护府，册命阿史那弥射为左卫大将军、昆陵都护、兴昔亡可汗，领五咄陆部；阿史那步真为右卫大将军、濛池都护、继往绝可汗，领五弩失毕部。西突厥属地尽入唐之势力范围。

　　正当西突厥内乱不已、纷争不断之际，占据阿缓城的吐火罗叶护政权似乎始终没有参与各方的争战，其领地内部也比较稳定，而且还与唐保持着良好的关系。贞观九年（635）、二十二年（648）、永徽元年（650）均有其遣

---

① 《旧唐书》，16/5184。两汉属地方位依沙畹之考订，参见冯译1934，第26页。亦有以《旧唐书》所记为是者，参见薛宗正1992，第302—303页。
② 《旧唐书》，16/5185。
③ 《新唐书》，19/6060。
④ 《册府元龟》，12/11686下。
⑤ 《新唐书》，19/6064。

使朝贡的记载。① 表明吐火罗叶护政权尽管名义上为西突厥的一部分，实际上具有较大的独立性和自主性。

唐征服西突厥以后，尝以吐火罗叶护治地设月氏（支）都督府，授其王阿史那乌湿波为都督。"以其王都为都督府，以其属部为州县。"② 从此，吐火罗斯坦，即古大夏地，正式纳入唐之版图。有关月氏都督府设置的时间，史籍中有三种不同的说法。

1. 永徽三年（652）说。《册府元龟》卷九六六云："吐火罗国，唐永徽三年，列其地为月氏（都督）府，以其叶护阿史那乌湿波为都督。"贞观十六年（642）乙毗咄陆可汗击灭吐火罗，将其置于自己的控制之下。乙毗射匮可汗继立后，他逃往吐火罗，后复国不成，于永徽四年卒。在此之前吐火罗叶护政权似一直为其所属。唐在657年平定阿史那贺鲁之前，势力尚未及于吐火罗斯坦，故不大可能在永徽三年于此设月氏都督府。

2. 显庆年中（656—661）说。《新唐书·西域传》"吐火罗"条云："显庆中，以其阿缓城为月氏都督府，析小城为二十四州，授王阿史那都督。"乙毗咄陆死后，其子颉苾达度袭其残部，号真珠可汗，继续其父未竟的复国之业。他曾联合五弩失毕部夹击沙钵罗，并数次遣使请唐连兵。③ 永徽六年（655）高宗遣元礼臣册封颉苾达度为可汗，但在碎叶为沙钵罗所阻，册封未果。其后颉苾达度势力日衰，终于显庆四年（659）为阿史那弥射所杀。④ 同年九月，"诏以石、米、史、大安、小安、曹、拔汗那、悒怛、疏勒、朱驹半等国置州县府百二十七"⑤。其中并不包括吐火罗。显庆五年唐置州府亦仅限于庭州。⑥ 所以在显庆年中，吐火罗基本上一直是真珠叶护颉苾达度的势力范围，唐在此设月氏都督府的可能性也不是很大。

3. 龙朔元年（661）说。《新唐书·地理志》云：龙朔元年，以陇州南由

---

① 《册府元龟》，12/11398—11401。
② 《新唐书》，4/1135。也有学者认为唐所册命的是吐火罗叶护而非都督，参见薛宗正1992，第608—609页。
③ 《资治通鉴》，13/6283。有学者认为颉苾达度为乙毗射匮之子，然无直接证据，参见薛宗正1992，第364—365页。
④ 《新唐书》，19/6064。
⑤ 《资治通鉴》，14/6317。
⑥ 《元和郡县图志》，第1033页。

令王名远为吐火罗道置州县使,"自于阗以西,波斯以东,凡十六国"。659年阿史那弥射斩颉苾达度于双河后,吐火罗叶护始摆脱其控制。此后,唐在此设府州才能成为现实。在排除前二说的前提下,我们认为月氏都督府设置的时间应从《新唐书·地理志》说,当在龙朔元年(661)。因亦属羁縻性质,故唐设府州对吐火罗叶护在当地的统治影响不大。

据《新唐书·地理志》记载,月支(氏)都督府的治所在吐火罗叶护阿史那乌湿波驻地阿缓城(Warwāliz),下领州二十五。同书《西域传》云"析小城为二十四州",不确。这二十五州多系大夏故地,与玄奘所云覩货逻国故地略有变化,其具体情况如下(参见《大唐西域记校注》之注文):

1. 蓝氏州,以钵勃城置。按蓝氏即《史记·大宛列传》中的蓝市,《汉书·西域传》作监氏,均系原希腊—巴克特里亚王国之都 Bactra 的别称 Alexandria 之略译。[①] 钵勃城,今地不明。《魏书·西域传》云:"大月氏国,都卢监氏城,在弗敌沙西,去代一万四千五百里。北与蠕蠕接,数为所侵,遂西徙都薄罗城,去弗敌沙二千二百里。"[②] 薄罗城,内田吟风以为当系 Balaam 之音译,今克拉斯诺伍德斯克(Krasnowodsdk)之巴尔昌(Balchan)市。[③] 此地曾为波斯卑路斯所占据。钵勃或即薄罗,可能亦为 Balaam 之音译。岑仲勉考订钵勃城为 Barābid。[④]

2. 大夏州,以缚叱城置。大夏即吐火罗之音译。《新唐书·西域传》"挹怛国"条云:"大夏即吐火罗也。"缚叱一般认为当系缚吒之讹,即玄奘所谓"缚喝",均系希腊—巴克特里亚王国之都 Bactra 之音译,今巴尔赫(Balkh)。吐火罗人曾在此建都,历史上这里也是吐火罗人活动的中心地区之一。故唐于此设大夏州。

3. 汉楼州,以俱禄犍城置。今地不可考。玄奘《大唐西域记》中记有"呾剌健国",《新唐书》作"多勒健",均为塔洛坎(Tālaqān)之音译。俱禄犍或即今 Tālaqān。岑仲勉认为相当于 Xūrlūgh。

---

① 余太山 1992,第 30 页。
② 《魏书》,6/2275。
③ 内田吟风 1972,第 97 页。
④ 岑仲勉 1958,第 143 页。岑仲勉以下考订均据此,不另注。

4. 弗敌州，以乌逻毡城置。今地不可考。岑仲勉拟证为 Urgenč，即 Gurgānj。

5. 沙律州，以呲城置。今地不可考。岑仲勉认为呲城乃 Tūs 之对音。

6. 妫水州，以羯城置。今地不可考。妫水即阿姆河，以之为州名表明其地临妫水。《大唐西域记》记有揭职国，当为覩货逻国故地。"揭职"可能是 Gachi 或 Gaz 之音译，或以为当作 Karcik/Kacik。[1]但其今地仍无法确定。"羯城"或即指"揭职"。岑仲勉疑为 Kath 之音写，即货利习弥（Xorezmia）。

7. 盘越州，以忽婆城置。今地不可考。岑仲勉认为忽婆相当于 Harwāz，亦作 Harāwaz。

8. 忸密州，以乌罗浑城置。《魏书·西域传》云："忸密国，都忸密城。"《大唐西域记》作捕喝，《新唐书·西域传》"安国"条下作布豁，并谓"元魏谓忸密者"。捕喝、布豁均系今 Bukhāra（布哈拉）之音译，初城名曰 Numijkath 或 Bumickath，Kath 意即"城"。忸密则为 Numij/Bumič 之音译。Bukhāra 在铁门以北。故吐火罗叶护的统治范围在北部已超过了覩货逻国故地的范围。岑仲勉以为乌罗浑城似即 Uljākant，一作 Unjākant。

9. 伽倍州，以摩彦城置。按《魏书·西域传》云："从莎车西行一百里至葱岭，葱岭西一千三百里至伽倍国。"伽倍国，故休密翕侯，"都和墨城"。此地原为吐火罗五翕侯之休密翕侯驻地，《大唐西域记》作达摩悉铁帝国，亦覩货逻国故地也。慧超《往五天竺国传》作胡蜜国。其地如前所述，在今瓦罕（Wakhan）谷地之萨里克—高盘（Sarik-Čaupan）一带。岑仲勉认为，摩彦之原语无疑为 Mājan。

10. 粟特州，以阿捺腊城置。粟特即 Sogdiana，唐时阿姆河、锡尔河之间的昭武九姓之地。《新唐书·地理志》"姑墨州都督府"下复有"粟弋州"，以弩羯城置。粟弋即粟特。此州两见，恐与唐分治有关。该地不属覩货逻国故地范围。但在吐火罗四部进占巴克特里亚之前，他们已进入 Sogdiana。阿捺腊城今地不可考。岑仲勉认为应即 Andarāb 或 Andarāba。

11. 钵罗州，以兰城置。《洛阳伽蓝记》作钵卢勒，《魏书》作波路，《高

---

[1] 《大唐西域记校注》，第 128 页。

僧传》作波仑,《新唐书》作钵露、大勃律,《大唐西域记》作钵露罗,相当于 Balūra 或 Balora 的对音,今巴尔蒂斯坦（Baltistan）。《新唐书·地理志》"修鲜都督府"下亦有"波路州",以和蓝城置。和蓝城当即兰城,此州分属两府,未知何故。沙畹以为兰城为今之巴格兰城,在活国（Kunduz）之南。①与钵罗州地望不合。岑仲勉疑兰城为 Rang 的音译。此地位于兴都库什山以南,不属古大夏地,亦非靓货逻国故地。

12. 双泉州,以悉计蜜悉帝城置。沙畹认为该城相当于阿拉伯文献中的 Skimicht,今伊施卡米失（Ischkamysch）,城在巴格兰（Baghlan）之东。沙氏考订如确,则此地亦为古大夏地。

13. 祁惟州,以昏磨城置。沙畹以为昏磨即 Khoulm（Khulm）,相当于《大唐西域记》中的忽懔国,其遗址在今阿富汗境内 Tāsh-Qurghān 北郊。此地系靓货逻国故地。

14. 迟散州,以悉密言城置。沙畹认为此城相当于阿拉伯文献中的 Simindjān,今库尔姆（Khoulm）水之海巴克（Haibak）。此地应为靓货逻国故地。

15. 富楼州,以乞施嶬城置。岑仲勉以此城为 Kāyiškan 或 Kaškan 之对音。今地不可考。

16. 丁零州,以泥射城置。岑仲勉认为泥射可能相当于 Nasaf。今地不可考。

17. 薄知州,以析面城置。岑仲勉认为析面相当于 Samand,又作 Asmand 或 Usmand,今撒马尔罕（Samarkand）,《魏书》作悉万斤。

18. 桃槐州,以阿腊城置。此城岑仲勉认为相当于今昆都士南之阿里亚巴德（Aliabad）。可能为靓货逻国故地。

19. 大檀州,以頺厥伊城具阙达官部落置。今地不可考。达官即达干（Tarqan）,此地可能为西突厥某部驻地。

20. 伏卢州,以播萨城置。岑仲勉认为此城相当于 Bāsār,又作 Bāsara 或 Bāsarān 之对译,今地不可考。

---

① 冯译 1934,第 198 页。以下沙畹考订均据此,不另注。

21. 身毒州，以乞涩职城置。岑仲勉以为乞涩职或可为 Xuršab（今之库沙布［Kuršab］之音写）。沙畹则强调说此身毒不同于汉之身毒，其说甚是。

22. 西戎州，以突厥施怛駃城置。今地不可考。岑仲勉认为突厥施为突骑施之讹。这里当为西突厥某部之驻所。

23. 篾颉州，以骑失帝城置。今地不可考。岑仲勉认为骑失帝应即 Xišt。

24. 叠伏州，以发部落城置。今地不可考。

25. 苑汤州，以拔特山城置。据伯希和考证，苑汤系范阳之讹，当今巴米扬（Bamiyan）。拔特山，学界均认为为今巴达赫尚（Badakhshān）之对音。沙畹认为其地昔日似在今法扎巴德（Faizabad）之东。这里似为古大夏地，亦即覩货逻故国地。

除月支都督府外，唐自于阗以西、波斯以东还设有十五个都督府，其中亦多有属覩货逻国故地者。这些都督府的具体情况大致如下：

1. 大汗都督府，以嚈哒部落活路城置，领州十五。沙畹以为其府治似在今巴尔赫（Balkh）。其地当在覩货逻国故地之中，恐为嚈哒余部活动的中心地区。

2. 条支都督府，以诃达罗支国（Arokhanadj，即谢䫻国 Zabulistan）伏宝瑟颠城置，领州九。《新唐书·西域传》"谢䫻"条云："谢䫻居吐火罗西南，本名漕矩吒（Zabulistan），或曰漕矩（Zabul）。"马迦特等以为在今喀布尔（Kabul）。其地在大雪山（兴都库什山）以南，不属古大夏地。沙畹云此条支不能比定为汉代之条支。

3. 天马（《旧唐书》作"大马"）都督府，以解苏国（即愉漫国）数瞒城置，领州二。如前所述，其地属覩货逻国故地。

4. 高附都督府，以骨咄施（即珂咄罗，Khuttalān）沃沙城置（《旧唐书》作妖沙），领州二。亦为覩货逻国故地。

5. 修鲜都督府，以罽宾国遏纥城置，领州十。其地不属古大夏境。

6. 写凤都督府，以帆延国（《旧唐书》作失苑延国，即梵衍那国，今巴米扬）罗烂城置（《旧唐书》作伏宝城），领州四。玄奘明言"出覩货逻境，至梵衍那国"。

第五章　西突厥统治下的吐火罗与吐火罗叶护政权 | 131

7. 悦般州都督府，以石汗那国艳城置，领州一。沙畹认为石汗那似即Djaghanyan，此地虽在乌浒河北，然隶属吐火罗。府治在库科查（Kokcha）河上游之库兰（Kouran），即俱兰城之对音。

8. 奇沙州都督府，以护时犍国（《旧唐书》作护特犍国，即胡寔健国，Gūzgānān 或 Jūzjān）遏密城置，领州二。为睹货逻国故地。

9. 姑墨（《旧唐书》作和默）州都督府，以怛没国（即呾蜜国，Tirmidh）怛没城置（《旧唐书》作怛城），领州一。亦为睹货逻国故地。

10. 旅獒（《旧唐书》作依捺）州都督府，以乌拉喝国摩竭城置。沙畹以为乌拉喝即《隋书》之乌那曷国，"都乌浒水西，旧安息之地也。王姓昭武，亦康国种类，字佛食"。其地似不属古大夏地。

11. 崑墟州都督府，以多勒建国（《旧唐书》作护密多国，即呾剌健国）低（《旧唐书》作抵）宝那城置。沙畹以为即今昆都士之东的塔利甘（Talekan）。亦为睹货逻国故地也。

12. 至拔（《旧唐书》作拔）州都督府，以俱密国（即拘谜陀国）褚（《旧唐书》作措）瑟城置。可能亦属睹货逻国故地的范围。

13. 鸟飞州都督府，以护蜜多国（即达摩悉铁帝国）摸逯（《旧唐书》作摸廷）城置，领州一。为吐火罗休密翕侯驻地，亦为睹货逻国故地。

14. 王庭州都督府，以久越得犍国（即鞫和衍那国）步师城置。亦为睹货逻国故地。

15. 波斯都督府，以波斯国疾陵城（《旧唐书》作陵城）置。沙畹以为此城为今锡斯坦（Sedjestan）之首府泽棱（Zereng）。岑仲勉谓："按府治设于波斯之东偏，正示大食势力之日益东渐也。"历史上吐火罗人的势力似未及此。

从名义上来讲，上述十六个都督府均隶属于安西都护府，它们彼此之间并无从属关系。吐火罗叶护所属的月支（氏）都督府只是其中最大的都督府（领25州），并不包括吐火罗斯坦全境，当然也有个别超出其境者，如粟特州等。表面上看来，唐置府州在一定程度上似乎削弱了吐火罗叶护政权的势力，但我们看到的实际情况与此正相反。

《旧唐书·地理志》"安西大都护府"条下云："龙朔元年西域吐火罗款

塞,乃于于阗以西、波斯以东十六国,皆置都督,督州八十,县一百一十,军府一百二十六,仍立碑于吐火罗以志之。"①沙畹正确地指出:"诸国之中,吐火罗以占优势,似为全区之行政中心,故立碑于吐火罗国以纪之。"②说明吐火罗叶护的势力范围实际上要远远大于吐火罗斯坦之境。

开元六年（718）十一月丁未,吐火罗叶护阿史那支汗那之弟阿史(那)仆罗特勒（勤）在长安所写的一封告状书中称:"仆罗克（兄）吐火罗叶护部下管诸国王、都督、刺史总二百一十二人。谢䫻（颷）国王统领兵马二十万众;罽宾国王统领兵马二十万众。骨吐国王、石汗那国王、解苏国王、石匿国王、悒达国王、护密国王、护时健国王、范延国王、久越德建国王、勃特山国王,各领五万众。仆罗祖父已来,并是上件诸国之王,蕃望尊重。"③仆罗之祖父恐即咀度设之子阿史那乌湿波（详见下文）,唐置府州时（661）在位。仆罗所言虽有夸大之嫌,但大致反映出龙朔元年王名远受命所置各府州虽属羁縻性质,却仍然有名无实。吐火罗叶护政权的实际领地及势力范围不仅没有缩小,反而有扩大的趋势。更重要的是,唐对于吐火罗叶护势力的膨胀显然是认可的,仆罗以此要求提高自己品秩的愿望很快得到满足就是明证。如果考虑到当时中亚的形势,以及吐火罗叶护政权所处的地位和所起的作用的话,唐朝的这一态度就不难理解了。这一点我们下面将会谈到。

二、吐火罗叶护世系

觇货逻国故地,即古大夏地 568 年为西突厥所征服。至统叶护可汗时,西突厥"北并铁勒,西拒波斯,南接罽宾,悉归之,控弦数十万,霸有西域,据旧乌孙之地。又移庭于石国北之千泉。……西戎之盛,未之有也"④。正是在他统治时期（619—628）,西突厥开始进驻吐火罗斯坦,实施对当地的直接统治,中心在阿缓城（Warwāliz）附近。觇货逻国故地进入了西突厥

---

① 《旧唐书》,5/1647。
② 冯译 1934,第 197 页。
③ 冯译 1934,第 197 页。
④ 《旧唐书》,16/5181。

吐火罗叶护政权的统治时期。

　　史乘可考统治吐火罗的第一个西突厥君主，是统叶护可汗长子呾度设。玄奘西行经过活国时指出："叶护可汗长子呾度设（原注：设者官名）所居之地，又是高昌王妹婿。"[1]《大唐西域记》明言："其王突厥也，管铁门已南诸小国。"[2]玄奘初至此地时高昌王麹文泰之妹公主可贺敦已死，呾度设又病。"其后娶可贺敦，年少，受前儿嘱，因药以杀其夫。设既死，高昌公主男小，遂被前儿特勤篡立为设，仍妻后母。为逢丧故，淹留月余。"[3]玄奘到达活国的时间大概在贞观四年（630）[4]，故知呾度设卒于是年，新设继立。由此亦可见西突厥在吐火罗斯坦的统治者早期并未自称仅次于可汗的叶护（Yabqu），而是次一级的"设"（Xad）。

　　玄奘于贞观十六年（642）四月从钵逻耶伽国起程回国。经过活国时统叶护可汗已死，"因见叶护可汗孙王覩货罗，自称叶护"[5]。此叶护既为统叶护可汗之孙，当为呾度设之子，也就是630年继立的新设。据记载，唐永徽三年（652）吐火罗叶护是阿史那乌湿波[6]，他应该就是呾度设之子。正是在他统治时期去设号自称叶护，标志着吐火罗叶护政权脱离西突厥汗庭，独立建国。此后诸吐火罗叶护皆出此系。乙毗咄陆可汗于632年垮台，逃奔吐火罗，阿史那乌湿波称叶护可能就在此年。据研究，乙毗咄陆曾于651年前后参与援助波斯王、对抗大食入侵的战争。[7]但作为亡国之君，他自顾不暇，已无力援波斯。实际上出兵援助波斯的应该是吐火罗叶护阿史那乌湿波。[8]据塔巴里（al-Tabari）《年代记》（Tārīkh al-Rusul wa-l-Mulūk）记载，乙毗咄陆的驻地并不像人们通常认为的那样在吐火罗，而是在拔汗那（Fārghānah）。[9]653年他死于该地。其子颉苾达度复又盘踞于此，至显

---

[1]　《大慈恩寺三藏法师传》，第31页。
[2]　《大唐西域记校注》，第963页。
[3]　《大慈恩寺三藏法师传》，第31页。
[4]　周连宽1984，第132—133页。
[5]　《大慈恩寺三藏法师传》，第116页。
[6]　《册府元龟》，12/11365下。
[7]　王小甫1992，第91—92页。
[8]　参见薛宗正1992，第330—331页。
[9]　转引自王小甫1992，第92页。

庆四年（659）为阿史那弥射所杀。故他们均不可能参与援助波斯的行动。在此期间，吐火罗叶护政权仍保持独立，所以我们在贞观十九年（645）、二十二年（648）、永徽元年（650）、五年（654）、显庆二年（657）都可见其遣使朝贡的记载。①

705年前后的吐火罗叶护为阿史那都泥利。②他曾于神龙元年（705）遣其弟阿史那特勤仆罗入唐，"留宿卫"。③前引仆罗上书称："仆罗祖父已来，并是上件诸国之王，蕃望尊重。仆罗兄般都泥利承嫡继袭。"从仆罗所云我们推测，阿史那都泥利之祖当为咀度设，其父为阿史那乌湿波，至他时适经三世。阿史那都泥利在穆斯林文献中被称为"设"（al-Shadhdh），708—709年先为挹怛王捺塞（Nizak）软禁，后又于次年被屈底波（Qutaybah.b.Muslim）送往白衣大食之都大马士革。④

开元七年（719）前后的吐火罗叶护为阿史那支汗那。⑤汉文文献又称他为帝赊。是年六月，他曾上表于唐，"献解天文人大慕阇"⑥。可能在阿史那都泥利被解往大食以后（710），他继立叶护之位。支汗那，吉布曾将之比定为穆斯林文献中的 Chaghāniān（Chāghān Khudāh），并认为吐火罗于719年的出使实际上应为 Chaghāniān 王所遣。⑦我们更倾向于认为 Chaghāniān 相当于玄奘《大唐西域记》中的赤鄂衍那国。以之比定支汗那在对音上是否妥当姑且不论，《册府元龟》卷九六六明言其叶护曰支汗那。显然，支汗那当系人名而非地名。但同书卷九七一"其吐火罗国支汗那王帝赊"之语亦令人困惑，帝赊或为阿史那支汗那之别称亦未可知。我们拟阿史那支汗那在位大致有19年，即景龙四年至开元十七年（710—729）。

开元十七年（729），阿史那骨咄禄颉达度继立吐火罗叶护之位。是年正

---

① 《册府元龟》，12/11399—11402。12/11365。
② 《册府元龟》卷九九九作"般都泥利"，《新唐书·西域传》作"那都泥利"。故知"般"当为"邲"之讹，即"那"字，系阿史那之略称。
③ 《新唐书》，20/6252。
④ 参见王小甫1992，第140—142页。
⑤ 《册府元龟》，12/11365 下。
⑥ 《册府元龟》，12/11406 上。
⑦ Gibb 1923, p.9.

月，唐册其为吐火罗叶护、挹怛王。[1]据穆斯林文献记载，736年，大食呼罗珊总督阿萨德入侵吐叶护领地，而汉文文献则称开元二十四年（736）吐火罗叶护被杀。[2]此吐火罗叶护当即阿史那骨咄禄颉达度。我们拟其在位7年，即开元十七年至开元二十四年（729—736）。

天宝八载（749）前后的吐火罗叶护为阿史那失里忙伽罗，他本人曾于是年遣使入唐。[3]他可能在骨咄陆颉达度被大食所杀后继立，因为阿萨德很快就从吐火罗叶护驻地退回缚喝。[4]我们拟其在位22年，即开元二十四年至乾元元年（736—758）。

乾元元年（758）前后的吐火罗叶护为阿史那乌那多，他曾于是年七月并西域九国首领入朝，请助唐平定安史之乱。[5]其后，吐火罗叶护之名遂从文献的记载中消失，吐火罗末代叶护情况不明。

综上所述，我们推测西突厥咀度设系的吐火罗叶护世系情况大致如下：

咀度设（619?—630年在位）—阿史那乌湿波（630—?）—阿史那都泥利（705?—709年在位）—阿史那支汗那（710—729年在位）—阿史那骨咄禄颉达度（729—736年在位）—阿史那失里忙伽罗（736?—758?年在位）—阿史那乌那多（758—?）

第三节　吐火罗叶护统治时期的中亚形势与吐火罗斯坦的突厥化

一、大食入侵吐火罗斯坦与吐火罗国的昙花一现

7世纪中叶以降，亚洲东部的唐帝国、西部的大食帝国、北部的突骑施

---

[1]　《册府元龟》，12/11344。《新唐书·西域传》作"骨咄陆顿达度"。
[2]　参见王小甫1992，第173页。
[3]　《册府元龟》，12/11365。《唐会要》卷九九、《册府元龟》卷九九九作"夫里尝伽罗"。
[4]　王小甫1992，第173页。
[5]　《册府元龟》，12/11414。

汗国、南部的吐蕃王国陆续崛起以后，均展开了扩张活动。这四大政治势力从不同的方向汇聚、碰撞于整个中亚地区，从而使这一地区原有的各民族、国家不可避免地卷入各大政治势力的纷争之中，并促使他们不断地分化、组合。正因如此，这一时期整个中亚地区的历史就显得尤为错综纷杂。

令人惊异的是，处于四大政治势力交汇中心的吐火罗叶护政权虽然是诸势力对抗中的焦点，却也是平衡点，并在以阿缓城为中心的阿姆河上游地区存在了长达一个多世纪。尽管它曾一度失去对缚喝（Balkh）等地的控制，却在相当长一段时间里成功地抵御了大食和吐蕃在吐火罗斯坦的扩张活动。这在当时的历史情况下不能不说是一个奇迹。

我们先看一下大食入侵中亚的情况。"大食"是唐时对阿拉伯帝国的称谓，原译自波斯人对阿拉伯塔伊（Ṭayyi）部落的称呼"Tachik"。[①] 大食第二任哈里发欧麦尔统治时期（634—644），即开始了向中亚的扩张。据说伊斯兰教的创始人穆罕默德曾宣称，征服阿姆河、锡尔河之间的河中地区是其教徒神圣而又光荣的职责。[②] 可见阿拉伯帝国对中亚是垂涎已久的了。大食向中亚扩张的第一个目标自然就是业已走向衰落的萨珊波斯王朝。638年大食攻占波斯首都泰西封。回历21年（公元642年）尼哈温（Nehavend，今哈马丹南）之战，波斯军队大部被歼。其末王伊嗣俟三世（Yazidjird III）逃往东境的木鹿（Marw），四处求援，以图复国。《新唐书·波斯传》云："伊嗣俟不君，为大酋所逐，奔吐火罗，半道，大食击杀之。子卑路斯入吐火罗以免。"萨珊波斯王朝从此灭亡。一般认为此事发生在651年。[③] 大食人因之将触角伸入到吐火罗斯坦附近。

针对大食人的入侵，吐火罗叶护政权显然持一种抵制的态度。虽然还没有证据表明他们是否派兵直接参加了援助伊嗣俟抵抗大食人的战斗，但伊嗣俟逃奔吐火罗的举动及其子卑路斯被吐火罗叶护所收留而幸免于难，均说明二者存在良好关系。唐永徽五年（654），"吐火罗发兵立卑路斯为

---

① 参见王小甫1992，第88页。
② 肖译1985，第128—129页。
③ 王小甫1992，第89—90页。

波斯王而还"①，更证明了这一点。如前所述，此时的吐火罗叶护是阿史那乌湿波。他的上述行动又无疑与唐王朝的支持有关。《旧唐书·波斯传》云："卑路斯龙朔元年（661）奏言频被大食侵扰，请兵救援。诏遣陇州南由令王名远充使西域，分置州县，因列其地疾陵城（Zaranj）为波斯都督府，授卑路斯为都督。"然而据研究，就在661—662年间，卑路斯已被大食击溃，其本人亦逃往吐火罗。②故而唐朝的这次册封并无多少实际的意义。

塔巴里《年代记》在伊嗣俟死后曾提到突厥可汗（据认为他就是西突厥的乙毗咄陆可汗）从缚喝退兵，并越过缚刍河回到拔汗那。尽管还没有证据表明当时大食人已占据了吐火罗叶护政权之北境，但至少在回历51年（公元671年）缚喝已为大食所控制。③此后，吐火罗叶护政权显然失去了对这一地区的统治权，其在吐火罗斯坦的势力范围亦缩小到了以阿缓城为中心的阿姆河上游一带，即在穆斯林文献中被称为下吐火罗斯坦（Lower Tukhāristān）的地区。正如研究者一致指出的那样，大食在入侵中亚的早期并未实现对这一地区的彻底征服，缚喝一带的情况亦并不例外。事实上，缚喝是大食以和平方式取得的，此后这里的居民便重新闭关自守了。④这便为缚喝（Balkh）的吐火罗人余裔重新建国创造了条件。于是有726年左右新罗人慧超经过该地时所提到的吐火罗国。其所著的《往五天竺国传》云：

> 又从此犯引国。北行廿日。至吐火罗国。王住城名为缚底耶。见今大寔兵马。在彼镇押。其王被逼。走向东一月程。在蒲特山住。属大寔所管。⑤

此吐火罗国显然不同于西突厥吐火罗叶护政权。首先，两者的都城不同。慧超明言前者王住城名为"缚底耶"，即Bactra，今Balkh。如前所述，这里自大夏建国以来一直是中亚吐火罗人活动的中心地区之一，历史上他们

---

① 《资治通鉴》，13/6285。
② 王小甫1992，第94—95页。
③ 参见王小甫1992，第91—94页。
④ 王小甫1992，第96页。
⑤ 《往五天竺国传笺释》，第96页。

亦曾多次在此建都立国。唐初玄奘称之为缚喝，均系 Bactra 的不同译写形式。而吐火罗叶护政权的统治中心则在阿缓城（Warwāliz），即玄奘所称的"活国"，与慧超所记之缚底耶显非一地。其次，慧超称其国统治者为"王"而非"叶护"，说明此吐火罗国系当地的吐火罗人所建，与吐火罗叶护政权无论在地域上抑或是统治者的族属上均有明显的区别。第三，缚底耶在唐初被称为缚喝国，役属于西突厥咀度设。然慧超所看到的情况却是当时这里已"属大寔（食）"所管，表明这里早已脱离了吐火罗叶护政权的控制，落入了大食人之手。至于此吐火罗国建立的时间，我们认为很可能是在 671 年左右，即该地脱离吐火罗叶护政权的控制，被大食人以和平方式取得以后。但这一"和平"局面似乎并未维持多久。

慧超于 726 年左右到达缚底耶时看到的情况是，"见今大寔兵马。在彼镇押。其王被逼。走向东一月程。在蒲特山（Badakhshan）住"。显然，此时大食已完全征服了这个昙花一现的吐火罗国。至于大食征服吐火罗国的具体情况，我们认为和阿拉伯名将屈底波在中亚的征战活动有关。

705 年屈底波被任命为大食东部呼罗珊（Khurasan）省的长官。在他任职期间（705—715），大食在中亚的势力范围达到全盛。吉布曾将屈底波的征战分为四个阶段：

1. 回历 86/ 公元 705 年，重新征服了下吐火罗斯坦。
2. 87/706 至 90/709 年，入侵捕喝（Bukhārā，今布哈拉）。
3. 91/710 至 93/712 年，巩固大食在阿姆河流域的统治，并扩展到栗特地区（Sughd，今索格底亚那）。
4. 94/713 至 96/715 年，远征锡尔河地区。①

此后，大食人的活动大致也没有超出此范围。

正如研究者所注意到的那样，屈底波时，大食在中亚的征战已由以前的 Salaha "讲和"（伴以大量地索取赔款）转入 fataha "攻克"。② 闭关自守的吐

---

① Gibb 1923, p.31.
② 王小甫 1992，第 140 页。

火罗国则首当其冲。705 年春，屈底波大军的兵锋首先直指缚喝，即吐火罗国之都。按塔巴里的记载，此城不战而降。也有人说当地的一些居民曾奋起反抗屈底波的征服。由于塔巴里曾提到在四年后 Balkh 呈现出一副破败的景象，故吉布更倾向于后一种说法是正确的。① 但我们考虑到上述两说在时间上有先后之别，而且没有直接的证据说明屈底波 705 年对缚喝的征服是以武力形式来进行的。加之双方早已签订和约，所以，屈底波兵不血刃地降服吐火罗国是可能的。易言之，屈底波再次征服缚喝实际上似可视为大食对于其臣服吐火罗国现实的重新确认和巩固。

事实上，正如吉布上面所指出的那样，屈底波第一阶段征战的主要对象是下吐火罗斯坦。90/709 年年底，屈底波曾派遣其兄弟阿布都·拉赫曼（Abdur-Rahman）率 12000 名近卫军进驻缚喝，准备平定挹怛王捺塞组织的抵抗活动。② 这可能是大食人首次进驻此地。拉赫曼的到来很可能导致吐火罗国部分居民的反抗。Bāhilite 记载的所谓"叛乱"也正是发生在这一年。③ 显然这次反抗被拉赫曼镇压下去了，可能因此缚喝才呈现出一副破败的景象。从此，这里也就成为大食人入侵河中和下吐火罗斯坦的一个基地。很可能在大食的这种压力下，吐火罗王从缚喝东徙蒲特山，其国民可能也随之流散。这应该就是十几年后慧超所言"见今大寔兵马。在彼镇押。其王被逼。走向东一月程，在蒲特山住"。要之，则这个 671 年左右建立的吐火罗国至 709 年以后已经名存实亡了。尽管沙班（M.A.Shaban）注意到，屈底波在缚喝的州衙和军镇都不在缚喝城里，而是在其近郊的巴禄干村（Barūqan）。④ 但据慧超亲眼所见，吐火罗王已离开了这里，没有任何迹象表明他以后重归故地。从此缚喝已尽为大食所侵占。

吐火罗叶护政权失去对缚喝的控制以后，其自身也没有摆脱大食人的侵袭与征服。在屈底波之前，穆斯林文献虽然多次提到大食对下吐火罗斯坦的征服活动，他们甚至在 674 年就曾越过了阿姆河⑤，然而正如我们所看到的那

---

① Gibb 1923, pp.31-32.
② Gibb 1923, p.37.
③ Gibb 1923, pp.31-32.
④ 转引自王小甫 1992，第 142 页。
⑤ 参见王小甫 1992，第 140 页。

样，这些征战主要是针对波斯余裔和挹怛残部的。① 吐火罗叶护虽有永徽五年（654）"发兵立卑路斯为波斯王而还"的举动②，但并没有证据表明吐火罗叶护政权与大食发生直接的冲突。至于大食对其边境地区的各种侵蚀活动，吐火罗叶护的反应则显得软弱无力，不知所措。吉布甚至认为这一地区对大食人来讲无足轻重，但他却又无法否认吐火罗叶护在中亚各族抵抗大食入侵时所起的后援作用。③

据塔巴里《年代记》的记载，回历 90/ 公元 708—709 年，挹怛（嚈哒）王捺塞（Nizak）占据吐火罗叶护领地，并将他软禁起来，与大食相对抗。这个吐火罗叶护在穆斯林文献中被称为"设"（al-Shadhdh），相当于汉文文献中的阿史那都泥利，屈底波于 710 年平定捺塞的叛乱后，尽管释放了阿史那都泥利，却又将他解往大食之都大马士革。④ 后者很可能死在那里，因为在汉文文献中我们又看到了一个新的吐火罗叶护阿史那支汗那。开元十五年（727）遣使入唐的吐火罗叶护很可能就是此人。他在上唐之表文中说："奴身罪不孝，慈父身被大食统押。"⑤ 要之，他应为阿史那都泥利之子。

值得注意的是，捺塞在软禁阿史那都泥利的同时，还将屈底波派驻此地的镇将（Amil）赶走。这表明至少在屈底波统治时期，吐火罗叶护政权已沦为挹怛的附庸。阿史那都泥利之弟阿史那特勤仆罗开元六年（718）在长安上书所云"仆罗兄吐火罗叶护部下管驻国王、都督、刺史总二百一十二人"，更像是他 705 年入唐之前的情况。他离开吐火罗斯坦之时，也正是屈底波大军开始征战中亚之时，二者在时间上的巧合绝非偶然。仆罗入唐除"侍卫玉阶"外，更主要的恐怕是为了向唐求援抵抗大食。事实上，早在仆罗上书前的 708 年，其兄吐火罗叶护阿史那都泥利已为挹怛王捺塞所软禁，仆罗无法归国，遂留长安不还。按照吉布的看法，屈底波 710 年的这次征行，"不仅粉碎了捺塞的阴谋，以及下吐火罗斯坦从此被并入阿拉伯帝国，而且还使阿

---

① 参见 Gibb 1923, pp.15-17；王小甫 1992，第 88—100 页。
② 《资治通鉴》，13/6385。
③ Gibb 1923, p.8.
④ 参见王小甫 1992，第 140—142 页。
⑤ 《册府元龟》，12/11723 上。

拉伯人的统治首次扩张到缚刍河盆地的叶护及其直属领地。前者被放逐到大马士革,并被作为重要的人质以防止任何试图重获独立的企图。并且赤鄂衍那国(Chaghāniān)的国王未必不会拥立尚且年少的叶护之君。阿布都·拉赫曼被任命为缚喝的统治者,以便监督管理这一新的地区"[1]。

我们认为吉布以上据穆斯林文献所做的论断显然有些言过其实。事实上,从汉文文献所反映的情况来看,屈底波被杀(715)以后,吐火罗叶护政权的独立性反而有所加强。这一点,从吐火罗人遣使入唐的不完全统计之记录中可以得到比较充分的说明:

1. 开元七年(719)正月,石佛林国王遣吐火罗国大首领献狮子二、零(羚)羊二。(《册府元龟》卷九七一)

2. 同年四月,吐火罗叶护及俱密国并遣使朝贡。(同上)

3. 同年六月,大食国、吐火罗国、康国、南天竺国遣使朝贡,其吐火罗支汗那王帝赊上表献解天文人大慕阇。(同上)

4. 开元八年(720)六月吐火罗国遣使献马及驴。(同上)

5. 开元十二年(724)七月,吐火罗国遣使献胡药、乾陀婆罗等三百余品。(同上)

6. 开元十四年(726)十一月,吐火罗国遣使来朝。(同上)

7. 开元十四年十一月己卯,吐火罗遣使持健来朝,授中郎将,赐紫袍、金鱼袋,放还蕃。(卷九七五)

8. 开元十五年(727),吐火罗叶护遣使上言。(卷九九九)

9. 开元十七年(729)正月,册吐火罗骨咄禄颉达度为吐火罗叶护、挹怛王。(卷九六四)

10. 开元十七年三月壬寅,吐火罗叶护遣使来朝。(卷九七五)

11. 同年七月,吐火罗使僧难陀献须那伽帝释麦等药。(卷九七一)

12. 开元十八年(730)五月,吐火罗僧难陀来朝,贡献瑞麦、香药等。(同上)

---

[1] Gibb 1923, p.38.

13. 开元二十三年（735）九月辛巳，吐火罗国遣使献方物。（同上）

14. 开元二十六年（738）正月，吐火罗国遣大首领伊难如达干罗底寐来献方物。（同上）

15. 开元二十六年二月癸丑，吐火罗遣大首领伊难如达干罗底寐来献方物，授果毅，赐绯袍、银带、鱼带及帛三十匹，放还蕃。（卷九七五）

16. 开元二十九年（741）三月，吐（火）罗遣使献红颇梨、碧颇梨、生玛瑙、生金精及质汗等药。（卷九七一）

17. 天宝三年（744）七月，大食国、康国、史国、西曹国、米国、谢䫻国、吐火罗国、突骑施、石国并遣使献马及宝。（同上）

18. 天宝四载（745）三月，谢䫻国、吐火罗、波斯、俱诃兰国并遣使献方物。（同上）

19. 天宝八载（749）四月，吐火罗国遣使献马。（同上）

20. 天宝八载，吐火罗叶护夫里尝（又作失里忙）伽罗遣使来朝。（卷九九九）

21. 天宝十二载（753）八月，吐火罗叶护遣使朝贡。（卷九七一）

22. 天宝十三载（754）四月，宁远国及九姓回纥、米国、突骑施黑姓可汗及黑衣大食、吐火罗、石汗那、俱位国并遣使来朝。（同上）

23. 乾元元年（758）五月壬申朔，诏以吐火罗三藏山那及弟子达摩、首领安延师等来诣阙。以三藏光禄少卿，达摩可折冲都尉，延师可左清道。率并员外置，仍放还蕃。（卷九七六）

24. 乾元元年六月辛丑朔，吐火罗叶护使乌利多来朝。（卷九七一）

25. 乾元元年七月，吐火罗叶护乌那多并九国首领来朝，请助国讨贼。帝令赴朔方行营。（卷九七三）

从上列吐火罗叶护政权与唐联系的这些记录中我们可以看出，在屈底波死后，其遣使入唐的频次要远远高于他在中亚征战的那段时期。这一方面说明，在此期间吐火罗叶护试图加强与唐的联系，并希望借助唐的势力和在中亚的影响对抗大食的侵扰。当然正如我们上面所看到的那样，唐的支持似乎仅仅是名义上的。除了册封、授职衔或赐回礼外,唐并没有在吐火罗斯坦针对大食采取任何实质性的行动。唐在葱岭以西持有这种消极态度的原因,有学者已做了十分深入的分析。[①]另一方面来讲,在这种情况下,吐火罗叶护政权却更加频繁地遣使入唐,与唐王朝的消极态度形成了鲜明的对比。如果我们再考虑到屈底波在职期间(705—715),在汉文文献中没有见到吐火罗叶护政权任何形式的遣使入唐活动,恰恰在屈底波死后不久却出现频次很高的各种遣使朝贡,那么吐火罗叶护政权从此显然重获独立。所以,吉布上引"下吐火罗斯坦从此被并入阿拉伯帝国"的论断是片面的,其间应多有反复。

二、吐火罗叶护政权的衰落与吐火罗斯坦的突厥化

尽管屈底波死后吐火罗叶护重获独立,但仍未能摆脱大食人频繁的袭扰,其领地亦不断减少。除缚喝等地早已被大食占领之外,我们还发现了天宝二年(754)石汗那王等遣使于唐的记录[②],而在仆罗的上书中称,此二国原均属吐火罗叶护管辖。显然,在大食的不断打击下,吐火罗叶护政权的势力已渐趋衰落,其所控制的领地也相应减小。吐火罗斯坦上诸小国,如护密等频繁独自出现于文献记载中也说明了这一点。[③]

显然,上引《册府元龟》开元二十六年(738)正月、二月两处提到的吐火罗遣使伊难如达干罗底賖的记录实际上是一回事。前者是吐火罗使到达长安献方物,而后者则是指唐于次月[④]回赐并令其返回。此前吐火罗叶护遣使的记录是开元二十三年(735)。在此期间,大食在中亚的征服活动发生了一些新的变化。据塔巴里的记载,回历118/ 公元736年,大食呼罗珊总督阿萨德将其首府由木鹿迁往缚喝,"入侵吐火罗,然后是叶护领地并攻克之,掳获甚丰"。吐火罗叶护再遭重创。汉文史料亦证明是年(开元二十四年,736)

---

① 参见王小甫1992,第177—179页。
② 《册府元龟》,12/11411下,12/11414上。
③ 《册府元龟》,12/11408。
④ 参见王小甫1992,第173页。

吐火罗叶护被杀。[1]我们估计此叶护应是骨咄禄颉达度。大食退兵以后，阿史那失里忙伽罗遂继位。

阿萨德死后，其继位者Nasr.b.Sayyār于738年又将呼罗珊首府由缚喝迁回木鹿。很可能在阿萨德死后，失里忙伽罗乘机遣使入唐，于是遂有开元二十六年（738）正月伊难如达干罗底赊到达长安。这次遣使的主要目的我们推测可能是为了寻求唐的册封，借以巩固自己在当地的统治地位。但唐这次似乎并未满足失里忙伽罗的要求，仅授其使为"果毅，赐绯袍、银带、鱼袋及帛三十匹，放还蕃"。

唐王朝对吐火罗叶护政权态度的这种改变，固然与其在葱岭以西的消极政策有关，但更可能由于当时唐与大食联兵共同打击突骑施苏禄的大背景。[2]唐显然不希望因为大食入侵吐火罗而破坏了与大食结成的这种联盟关系。据记载，737年吐火罗叶护曾参与了苏禄的征战活动，唐对这一点似乎也很清楚。事实上，正因为唐在吐火罗斯坦的消极政策，导致吐火罗叶护等中亚各国在大食的入侵之下，往往只有向邻近的突骑施苏禄求援。[3]因之，吐火罗叶护与突骑施关系密切亦是情理之中的事了。

开元二十六年（738），突骑施苏禄为莫贺达干所杀。[4]这年唐将盖嘉运消灭了苏禄余众，突骑施之地尽归唐所有。[5]从此，吐火罗叶护在外部的入侵下，只有求救于唐。天宝八载（749）吐火罗叶护失里忙伽罗（夫里尝）上表于唐，诉说其邻近的羯帅（师）胡"居在深山，恃其险阻，违背圣化，亲辅吐蕃"的行径。[6]事实上，失里忙伽罗所感到的压力来自羯师胡背后虎视眈眈的吐蕃。正是考虑到这一点，唐才于次年三月册封羯师王勃特没兄素伽为王，并希望其"永言效节"[7]，借此遏制吐蕃势力的发展。但唐这种一厢情愿的举措并未能达到预期目的，于是遂有同年高仙芝破羯师之举。次年春正月，

---

[1] 王小甫1992，第173页。Gibb 1923, p.88.
[2] 参见王小甫1992，第171—176页。Gibb 1923, pp.89-90.
[3] 王小甫1992，第174、178页。
[4] 《旧唐书》，16/5192。
[5] 《册府元龟》，12/11481下。
[6] 《册府元龟》，12/11724上。
[7] 《册府元龟》，12/11349下。

羯师王及突骑施可汗、吐蕃酋长、石国王等皆被高仙芝押抵长安。① 这是史乘所见唯一一次唐应吐火罗叶护的要求而采取的军事行动。由于高仙芝伐羯师是在苏禄死后，所以唐此次用兵的主要目的是遏制吐蕃在中亚的扩张。因之这次战争的另一个成果就是擒获了所谓的"吐蕃酋长"，他或许就是羯师国内"吐蕃城堡"②之首领。

唐破羯师以后，并未在吐火罗采取哪怕是龙朔元年置府设州之类的任何举动。考虑到唐与大食在消灭突骑施苏禄的战争中所结成的联盟关系，以及吐火罗叶护政权多次被大食所征服的事实，我们认为唐对吐火罗叶护政权频繁遣使、输诚所持的消极态度，实际上可视为其对大食将吐火罗斯坦纳入自己势力范围的一种默认。正如研究者所指出的那样，唐亦无意在葱岭以西与大食发生直接的冲突③，故极少干预吐火罗斯坦事务。开元二十九年（741），石国王伊捺吐屯屈勒迫于大食的压力④，上言于唐云："今突厥已属天可汗，惟大食为诸国患，请讨之。"⑤唐的态度则是"天子不许"，也是唐在中亚政策的一种反映。正因此，吐火罗叶护尽管始终保持与唐之密切联系，却极少能获得实质性的援助。这便为大食在吐火罗斯坦的统治创造了条件。大食数次入侵下吐火罗斯坦，以及几任吐火罗叶护被掠或被杀，反映出吐火罗叶护政权摆脱大食控制的斗争始终没有停止，其中更深层的原因可能还是经济和文化矛盾。

《新唐书·西域传》"石国"条云："久之，安西节度使高仙芝劾其（按即石国王那俱车鼻施）无藩臣礼，请讨之。王约降，仙芝遣使者护送至开远门，俘以献，斩阙下。于是西域皆怨。王子走大食乞兵，攻怛逻斯城，败仙芝军。"这就是天宝九载（751）发生的怛逻斯之战，是大食与唐在中亚的首次、也是唯一一次交兵。结果以高仙芝军大败、所领兵二万"存者

---

① 《资治通鉴》，15/6898。
② 《册府元龟》，12/11724 上。
③ 王小甫 1992，第 176 页。
④ 这种压力不是由于受到入侵，更多的可能还是源于大食在中亚被征服地区推行伊斯兰教和对异教徒征收沉重的宗教税，即人头税。参见王小甫 1992，第 178 页。
⑤ 《新唐书》，20/6246。

不过数千"而告终。① 至于此战的影响，显然被许多人夸大了。有学者已经指出："怛逻斯战役只是唐朝与大食之间的一次遭遇战。"② 森安孝夫则认为："唐朝并不因这次战败而丧失了过去在西域拥有的权益，而胜利者大食国，也没有向东挺进，侵略安西四镇之地。"③ 吉布虽然认为此战标志着中国势力在西方的终结（按事实并非如此），但他也承认，大食首领并波悉林（Abū Muslim）"似乎已经认识到保持与中国王庭关系的重要性，因为一系列以'黑衣大食'为名的遣使活动在怛逻斯之战以后的年代里仍有记录"④。所以，在怛逻斯战争结束后的一段时间里，中亚的政治格局并未发生太大的变化。天宝十三载（753）、天宝十四载（754）、乾元元年（758）吐火罗叶护依然遣使入唐不绝。

吐火罗叶护政权与唐的最后联系见于乾元元年（758），是年七月"吐火罗叶护乌那多并九国首领来朝，请助国讨贼。帝令赴朔方行营"⑤。此后，有关吐火罗叶护的情况遂从汉文文献的记载中消失，这显然与安史之乱以后，唐的势力从中亚退出有关。大食尽管依然统治着包括吐火罗斯坦在内的呼罗珊以东地区，但那里经常发生叛乱，见于塔巴里记载的就有767、777、778—780年等几次，叛乱的目的被认为是为了重建诸小国自己的统治。⑥ 吐火罗叶护是否参与了这些叛乱我们不得而知，但这些叛乱均被大食人毫不留情地予以镇压。从塔巴里的记载来看，至少在767年之前，吐火罗已成为大食将领并奥恩（Abu'Aun）的驻军之地⑦，表明大食人已直接统治了这一地区。吐火罗叶护政权似乎在此前后亡于大食。

从咀度设之子阿史那乌湿波642年前称叶护起，至767年左右大食进占下吐火罗斯坦，西突厥吐火罗叶护政权存在了大约一个半世纪。在此期间觇货逻国故地的吐火罗后裔逐渐开始突厥化。

---

① 张广达 1995，第 424 页。
② 王小甫 1992，第 179 页。
③ 劳译 1985，第 113 页。
④ Gibb 1923, pp.96-97.
⑤ 《册府元龟》，12/11434。
⑥ 参见王小甫 1992，第 210 页。
⑦ 转引自王小甫 1992，第 211 页。

早在西突厥汗国极盛时期，中亚地区就已经开始了突厥化的进程。[①]这自然不可避免地会影响到生活在这里的吐火罗人后裔。西突厥吐火罗叶护政权的统治在吐火罗斯坦的确立，无疑会加速吐火罗人的突厥化进程。但这一进程似乎并没有人们想象的那样快和彻底，而且在不同的地区亦表现出某种不平衡性。

阿缓城（Warwāliz）是吐火罗叶护统治的中心，也是西突厥人最早占据的地方，这里的突厥化程度要高于吐火罗斯坦的其他地区。玄奘在到达这里时就指出，"活国（治阿缓城）即叶护可汗长子呾度设所居之地"。复又云："其王突厥也。"同属"覩货逻国故地"的忽露摩国、愉漫国，其王均为"臭素突厥"。在这些西突厥人直接统治的地区，当地的突厥化进程要快些。

至于吐火罗叶护所属的缚喝（Balkh）地区，历史上就是吐火罗人聚居的中心地区之一，他们的突厥化进程较慢，在大食入侵之初，就曾脱离吐火罗叶护的统治并一度独立建国，也就是慧超所见到的吐火罗国。如前所述，这个趁大食入侵中亚而建立的吐火罗国在屈底波时代便为大食所灭。大约从709年起，大食人就开始在此驻兵，并成为其征服下吐火罗斯坦和河中地区的一个基地。736年时，大食呼罗珊总督阿萨德甚至将其首府从木鹿迁往缚喝。所以，在大食统治时期，缚喝地区的吐火罗人首先走向伊斯兰化亦属必然，尽管其间有多次反复。

西突厥统治的谢䫻（即穆斯林文献中的 Zābul，又作 Zābulistan，治今喀布尔以南的加兹尼或哥疾宁）[②]的吐火罗人似未与突厥完全融合。他们有可能在第一贵霜王朝时期流入此地。《新唐书·西域传》云："谢䫻居吐火罗西南，本曰漕矩咤，或曰漕矩。……国中有突厥、罽宾、吐火罗种人杂居。"慧超《往五天竺国传》则明确指出：谢䫻"土人是胡，王及兵马即是突厥"。前引开元六年（718）阿史那特勤仆罗上唐书中甚至说"谢䫻国王统领兵马二十万众"，属吐火罗叶护管辖。尽管西突厥在这里似乎人多势众，但当地的吐火罗人在民族特征上显然仍保持着相当程度的独立性。在吐火罗休密翕

[①] 参见薛宗正1992，第322—325页。
[②] 《大唐西域记校注》，第955—956页。

侯驻地的瓦罕地区,当地的居民甚至现在还说着东伊朗语。[1]

7世纪中叶以降,随着西突厥和大食在中亚地区的扩张与征服,这里的各个民族国家逐渐开始了突厥化和伊斯兰化。虽然这二者的结合在哈拉汗王朝建立以后才完成[2],但处于突厥和大食势力的交汇处并相继为两者所征服的吐火罗斯坦,自然成为中亚突厥化和伊斯兰化的前沿地带。一旦吐火罗人走向突厥化和伊斯兰化,并汇入中亚民族大融合的潮流之中,其民族属性无疑也就发生了本质性的变化。尽管我们对于这一过程的具体情况还不太清楚,但其中所经时间之漫长和多有反复则是无疑的。

此外,在丝路沿线的高昌、敦煌、长安、洛阳等地都有吐火罗人流寓的迹象。吐鲁番阿斯塔那古墓所出《唐垂拱元年(685)康义罗施等请过所案卷》文书称,有康尾义罗施(原题作康义罗施,脱"尾"字)、吐火罗佛延、吐火罗磨色多等,"并以西来,欲向东兴易。为在西无人遮得,更不请公文,请乞责保"[3]。这些吐火罗人为活跃在东西丝路贸易中的商贾。《唐开元十九年(731)唐荣买婢市券》中有"保人高昌县罗易没年五十九"[4]。据研究,中亚吐火罗人多以"罗"为姓氏[5],故知已有吐火罗人在高昌定居下来。在《唐开元二十一年(733)石染典买马契》中还有保人"兴胡罗世那",亦为高昌的吐火罗人。[6]

在唐敦煌从化乡有大量的罗姓吐火罗人,他们在敦煌的活动情况日本学者池田温已做了详尽的研究,兹不赘述。[7]值得注意的是,敦煌、高昌的吐火罗人与昭武九姓胡,即中亚粟特人关系异常密切。他们在丝路沿线的出现亦与同粟特人一起从事丝路贸易活动紧密相关。

与敦煌、高昌不同,长安的吐火罗人更多的则负有政治使命。除前面所提到的吐火罗叶护阿史那都泥利之弟阿史那特勤仆罗外,在乾陵的诸宾王石

---

[1] 参见王治来1986,第228页。
[2] 罗译1984,第74—80页。
[3] 《吐鲁番出土文书》第七册,第88—94页。
[4] 《吐鲁番出土文书》第九册,第26—28页。
[5] 辛译1993,第154页及注56。
[6] 《吐鲁番出土文书》第九册,第48—49页。
[7] 辛译1993,第140—220页。

像中有"吐火罗叶护咄伽十姓大首领盐泊都督阿史那忠节"和"吐火罗王子特勤羯达健"侍卫于陵前。①洛阳龙门石窟则发现有唐景云元年（710）九月一日吐火罗僧宝隆造像的题记。②可见吐火罗国人在丝路各地的活动范围还是十分广泛的。

吐火罗叶护政权灭亡以后，这些流寓于吐火罗斯坦之外的吐火罗人后裔可能大多数留在当地并与当地的居民相融合。在西安地区发现的著名的《大秦景教流行中国碑》上的叙利亚文题记中记有："希腊纪元 1092 年（公元 781 年）吐火罗（Tahuristan）巴尔赫城（Balkh）长老米利斯之子克姆丹京都区之主教耶质蒲吉长老立此石碑。"③显然，此时的吐火罗更大的程度上已成为一个地域的而不是民族的概念了。

---

① 陈国灿 1980，第 193—194、第 198 页。
② 参见温玉成 1983，第 61—68 页。
③ 郝译 1984，第 48 页。

结　语

在前人研究的基础上，我们通过对吐火罗人历史活动的总体把握认识，并在现有条件下尽量吸收国内外在考古学、体质人类学、比较语言学以及遗传学上的最新研究成果，大致可以得出以下几条结论：

1. 吐火罗人的活动范围并不像后世东西方历史文献中所记载的那样，仅限于阿姆河中上游一带的觇货逻国故地或吐火罗斯坦。河西走廊的敦煌、塔里木盆地南缘的精绝至楼兰诸绿洲，北缘的龟兹、焉耆一带，历史上均是吐火罗人活动的主要地区，其影响及于中国北部。

2. 历史上吐火罗人分布格局的形成，与其在长达三千年间的频繁迁徙活动密切相关。作为原始印欧人种之一的吐火罗人早在公元前三千纪上半叶便从今天的中、东欧一带向东方发展，经过黑海、中亚草原，于公元前二千纪末一千纪初进入塔里木盆地。此后，他们又分为南北两支沿盆地南北部继续东徙。北支吐火罗人受阻于向西发展的蒙古人种群体，在库车至吐鲁番一带逐渐定居下来，其主体形成了后来的龟兹人和焉耆人，从此与南支吐火罗人失去了联系。南支吐火罗人的大部分则经过塔里木盆地南缘，进入河西走廊并一度发展到中国北部。留在塔里木盆地南缘的吐火罗人主要分布于于阗以东、楼兰以西的诸绿洲上，其主体形成为后来的鄯善国人。迁徙至河西走廊和中国北部的吐火罗人在公元前 7 世纪 60 年代以后受齐、秦等国扩张活动的影响，最后集中活动于河西西部的敦煌周围。公元前 3 世纪后半叶，他们为避月氏、乌孙争战之乱，大部分沿天山北麓西迁伊犁河、楚河流域，余部则退入敦煌以南的祁连山中，在后世影响不大。西迁塞地的吐火罗人曾一度发展到今伊塞克湖一带，公元前 176 年以后复受大月氏西迁的影响到达锡尔河北岸。公元前 141 年前后，这里又为塞种所侵占，他们随即越过阿姆河灭亡了希腊—巴克特里亚王国，并在巴克特里亚定居下来，建立了吐火罗人在中亚的第一个国家——大夏。至此，吐火罗人在历史上的主要迁徙活动才告一段落，他们的分布格局亦基本形成。

3. 分布于塔里木盆地南北部的吐火罗人可能是这一地区较早的居民之一，所以他们在语言和体质特征上均呈现出较为典型的原始印欧人种民族的特征。最后进入中亚的吐火罗人则接触到了更多的东西方民族及其文化，并很快与巴克特里亚的希腊—巴克特里亚王国遗民相融合。他们不仅接受了当地比较先进的经济生活方式和文化制度，而且在语言上亦土著化了。巴克特里亚语已被证明属于伊朗语族，与吐火罗语不同（季羡林 1993）。如果巴克特里亚语确系中亚吐火罗人，亦即大夏的语言，那么这种被称为所谓的"真正的吐火罗语"（参见张广达 1995）的出现，更证明了中亚吐火罗人土著化的彻底。更何况巴克特里亚语与吐火罗语之间的密切联系（Winter 1984），亦暗示出中亚吐火罗人与西域吐火罗人在史前同源的事实。

4. 分布在上述各地的吐火罗人彼此之间很早就失去了联系，各自独立发展。除少数河西吐火罗人外，西域和中亚的吐火罗人均在当地土著化了。由于他们各自所处的地理位置的不同、文化条件的差异，以及受周边民族活动影响的多寡，使得各地的吐火罗人最终发展为不同的民族群体。其最大的特点就是以地域为特征，形成各具特色的地域文化。而且他们均无一例外地在体质上、文化上融有其他民族的因素，只不过有程度轻重、融入民族因素不同之别罢了。

5. 作为原始印欧人种的吐火罗人群体，他们横跨欧亚大陆的迁徙活动世罕其匹，为早期印欧文明的东传做出了巨大的贡献。其分布范围之广，接触民族及各种文化之多亦远远地超出人们的想象。活动于西域和中亚各地的吐火罗人后裔在相当长的一段历史时期里，为西方文化的东渐与东方文化的西传，起着桥梁和纽带的作用。不仅如此，他们还根据本地特点，对东西方诸文化因子加以融合、吸收和改造，创造出各具特色的地域文化。在此基础上，我们应对吐火罗人在东西民族、文化交流史中的地位和作用予以重新认识和评价。

Summary: A Study of The Tocharian History

The theme of this thesis is about the history of the Tocharians, including their migration and their activities in Héxī(河西) Corridor, Southern Fringe of Tarim Basin and Bactria. In the course of their migration of more than three thousands years, the Tocharians scattered over these areas and became the major residents in the Southern and Northern fringe of Tarim Basin and Bactria.

The thesis consists of five major parts.

The first chapter, The Name and Racial Identification of the Tocharians, discusses the different forms of the word "Tochari" in various literatures by the Eastern and Western writers, as well as its racial identification.

The word 大夏 (Dàxià) in Chinese is the earliest form of the Tocharians who were in the North China during the earlier stage of XīZhōu (西周) Dynasty in Chinese history (about 10th century B.C.). From then on, the Chinese also used the forms of 敦薨 (Dūnhōng), 敦煌 (Dūnhuáng) and 胡卢 (Húlú) to call the Tocharians who were in Héxī Corridor. 去胡来 (Qùhúlái) is another form of the Tocharians who were in the Southern Fringe of Tarim Basin. There are many other forms which indicate the Tocharians in Central Asia, such as 兜勒 (Dōulè), 吐呼罗 (Tǔhūluó), 吐火罗 (Tǔhuǒluó), 吐豁罗 (Tǔhuōluó), 兜沙罗 (Dōushāluó), 覩货逻 (Dǔhuòluó) in Chinese Buddhist literature.

In Greek literature, the Tocharians in Central Asia is recorded in the forms of Tocharoi, Tachoroi, Thocarorum, Thodarorum, Thoclarorum, Toclarorum, Takoraioi, Topouraioi, Tagouraioi, Tagorae, Phocari or Focari. The ancient Greek writers also called the Tocharians in HéxīCorridor as Thogouroi (people) and their concentrated place as Thogara (city) which is equivalent to Dūnhōng (敦薨) or Dūnhuáng (敦煌)in Chinese literature.

There are mainly two forms of the Tocharians in Khotanese Saka literature. One is Ttaugara or Ttaudägara which refers to the remained Tocharians in Dūnhuáng (in Gānsù Province 甘肃省). The other is Gara which refer to the offsprings of the Tocharians between Khotan and Lop Nor. The Sogdians indicated the Tocharians in Bactria in the form of 'tω'r'k.

In Tibetanese literature, the Tocharians in the Southern Fringe of Tarim Basin is recorded as Phod-kar, and Tho-gar, Tho-kar, Thod-dkar for those in Central Asia. The Uygurians called the Tocharians and their language in the areas of Qiūcí (龟兹, Kocha) and Yānqí (焉耆, Karashahr) in the form of Toxri or Toγri, which was also used to translate Dǔhuòluógùguó (覩货逻故国, the former state of the Tocharians), a name used by Xuánzàng (玄奘) to refer to the Tocharians in the Southern Fringe of Tarim Basin.

The Tocharians in Central Asia is called as Tukhāra or Tusāra in Sanskrit literature. In Arab-Persia literature, the word of Tochari is mainly a geographical concept in the forms of Tokhāristān, Tukhāristān, Tahuristan,Tuxārā, Taxāristan and Taxairistān, which indicate the area of the Tocharians'activities in Central Asia. In addition, Tochari is also called tωryst'(n) in Mid. Pers, thwrstn in Syriac and tʻuxari-kʻor toxarastan in Armenian.

Through the study of the various forms of Tochari in the Eastern and Western literatures, we can learn their widespread and profound influence in the history. The various forms of the Tocharians in different places and periods sugguest the complexity of their migration and distribution.

It has been verified that the Tocharian is one of the most ancient Proto-Indo-European (PIE) languages. Numerous mummified corpses, dated from the second and first millennia B.C., have been discovered in the Sourthern and Northern Fringe of Tarim Basin. It suggests that they may be the ancestors of the Tocharian speakers later located in that area. The physical anthropologists and molecular archaeologists have demonstated that these mummified corpses preserved the typical characters of PIE people which has also been verified by Chinese literature. Therefore, we can conclude that the Tocharians is one branch of the PIE people from the western, who spoke one kind of language belonging to the Centum group of Eastern Iranian Languages of Indo-European family.

The second chapter is The Origin of the Tocharians and Their Migration and Distribution. In the chapter, we presume that the homeland of the Tocharians is somewhere in Central or Eastern Europe. The Tocharians were of nomadic tribal origine, however, separated themselves very early from the Northwestern Group of PIE people. They moved southward or eastward and came into contact with other groups of PIE speakers, perhaps in the first half of the third millenium B.C.. Then they continued to migrate eastward, going through the Pontic steppes and Central Asia Steppes. Some elements of Andronovo Culture, Afanasyevo Culture, Karasuk Culture as well as Kurgan Culture in these areas might be the remains of the Tocharians' activities. During this period of their migration, the Tocharians came into contact with not only other groups of PIE people but also some Non-PIE people, and progressively absorbed and Tocharianized their recruits. The four tribal groups in Greek literature, including Tocharoi, Asii, Pasiani and Sacarauli might have taken shape in the process.

During the end of the second millenium and the beginning of the first millennium B.C., the Tocharians and the other three tribes crossed over the Pamir Plateau and continued to expand eastward along the Northen and Southern Fringe of the Taklamakan Desert. The Northern Branch was obstructed in the areas of Karashahr and Turpan by the Mongolian people who were expanding westward. This Branch of the Tocharians had to stop there and lived in the oases of Kocha, Karashahr and Turpan. From then on, they lost the contacts with the Southern one and became the main body of the early residents in these oases. The Cháwúhūgōukǒu (察吾乎沟口) culture in Yānqí Basin might be the early cultural relics of the Northern Branch. It has been proved that the area of Karashahr and Turpan was the national and cultural boundary between the Indo-European and Mongolian peoples. It can also be explained why the typical primitive characters of PIE language could have been preserved so completely in Tocharian A and Tocharian B.

The Southern Branch of the Tocharians expanding eastward along the Southern Fringe of Tarim Basin arrived in the area of Lop Nor in the beginning of the first millennium B.C..The Gǔmùgōu (古墓沟) Culture of Kǒngquè (孔雀, Peacock) river (or Könch Darya) might be the cultural relics of their activities. Some of them had once expanded northward to Hāmì (哈密, Qomul) region, and the PIE elements in the Yānbùlākè (焉不拉克) Culture might belong to the cultural relics of the Southern Branch. In the course of their migration, some of them lived in the oases between Khotan and Lóulán, obsorbing other PIE and Non-PIE people after their coming. This area is one of the main regions of Tocharians'activities in the history.

Most of the Southern Branch Tocharians crossed through the Héxī Corridor and arrived in North China at the beginning of XīZhōu (西周) Dynasty, about the tenth century B.C. Jìnnán (晋南), the southern part of Shānxī(山西) province, is the easternmost area where the Tocharians arrived, and they were called Dàxià (大夏) in Chinese ancient literature. After the sixties of the seventh century B.C., along with the expanding of Qí (齐)state and Qín (秦) state, these Tocharians had to retreat to the west end of Héxī Corridor, and they were then called Dūnhōng(敦薨) in ancient Chinese literature. In the second half of the third century B.C., most of them were forced to move westward along the northern foot of Mt. Tiānshān (天山)to the Sacae Land (塞地) in Central Asia because of the war between Ròuzhī (月氏)and Wūsūn (乌孙). The rest had to retreat into the Mt. Qíliánshān (祁连山) valley, and their activities were not very remarkable in the history.

The Tocharians who arrived in the valley of Yīlí (伊犁) river and Chǔ (楚) river once expanded to the area of Issyk kul, and were called "Tagouraioi" in Greek literature. About 176 B.C., Ròuzhī was defeated by Xiōngnú (匈

奴, Huns). Most of them also had to move westward to the Sacae Land, and these people were called Dàròuzhī (大月氏) in the Chinese literature. With the arrival of Dàròuzhī, the Tocharians and the Sacaes were forced to leave the Sacae Land and move westward. At first, the Tocharians arrived in the northern bank of Syr Darya. In 141 B.C. or so, the four tribes of Tocharian group, Asii,Tocharoi, Pasiani and Sacarauli, crossed over Amu Darya and destroyed the Graeco-Bactria Kingdom. Then they founded their own Kingdom ruled by Tocharians which was also called Dàxià Kingdom (大夏国) in Chinese literature according to Zhāngqiān (张骞). That was the end of their major migration activities for more than three thousands years.

The chapter Ⅲ is The Tocharians in Héxī Corridor and the Southern Fringe of Tarim Basin.The Tocharian survivals in Héxī Corridor was in the valley of Mt. Qíliánshan to the south of Dūnhuāng where the Qiang (羌) people and Xiǎoròuzhī (小月氏) entered early or late. We do not know if the Tocharians in Héxī corridor had any contact with them, however, the Xiǎoròuzhī was powerful in the area. It has been shown that the Tocharians in Héxī with a fewer population roved around in the mountain valley as a nomadic group who was far away from the Silk Road. Therefore, we know little about their activities. Under the rule of the Tibetan, the Tocharians in Héxī appeared again and they were called Phod-kar regiment in Tibetan documents. The Tibetans also established the Thousand Districts (千户区) in their area, the Tocharians were also requisitioned for services by the Tibetans. With the collapse of Tibetan kingdom, those Tocharians who relied on robbing were called "Ttaudägara" in Khotanese Saka literatures. From the tenth century, the offsprings of the Tocharians in Héxī were absorbed by Zhòngyún (仲云, Cimuda), a multi-ethnic group.

The Tocharians in the Southern Fringe of Tarim Basin were distributed mainly over the oases between Khotan and Lóulán, and they spoke Tocharian C. They were engaged in the agriculture on the oasis and livestock husbandry. These Tocharians absorbed the elements of Saca, Qiāng and Xiǎoròuzhīpeople. Some of Tocharians had even ruled the Ruòqiāng (婼羌), one branch of Qiāng People, whose king was called Qùhúlái (去胡来, the Tochari in another Chinese form). In the second year of Píndìyuánshǐ (平帝元始) of Western Han (西汉) Dynasty(2 A.D.), the Qùhúhái King, Tángdōu (唐兜), was killed and the Nuòqiāng state ruled by the Tocharians became extinct.

The Tocharians scattered between Niya and Charchan had founded the earlist state of their own in Tarim Basin which was called by Xuánzàng as Dǔhuòluógùguó. Its central place is in the Andere ancient city, which was equivalent to the Xiǎoyuǎn (小宛) State in Western Han Dynasty. There were 1050 persons including 200 soldiers. This state was annexed by Shànshàn (鄯善) Kingdom after 62 A.D..

The Tocharians in Lop Nor had also founded their own state which was called Lóulán in Chinese literature. After 62 A.D., based in the Lóulán state, the Shànshàn Kingdom unified the Tocharians' states of Qiěmò (且末, Charchan), Xiǎoyuān and Jīngjué (精绝, Niya). Its total population reached 20,590. At the end of the second century A.D., some nobles of Kushanians moved into the Shànshàn kingdom because of the failure in their civil war, in whom some Tocharians in Central Asia might be included. From then on, the Kushanian culture, especially the Kharosthī alphabet was adopted by the Tocharians in the southern fringe of Tarim Basin. From the third to the fifth century A.D., the Kharosthī alphabet and the Gāndharā language became the official word and language in Shànshàn Kingdom, but most of the Tocharians also spoke Tocharian C.

In 442 A.D., Shànshàn (Lop Nor region) was occupied by Jǔqúwúhuì (沮渠无讳) of Běiliáng (北凉) Dynasty, and the king of Shànshàn named Bǐlóng (比龙) was forced to move westward to Charchan with the half of his people of more than 4,000 families. After the Jūqú left to Gāochāng (高昌, Turpan) the North Wei (北魏) Dynasty established Shànshàn Zhèn (镇, the garrison post) there. Because of the expanding of Róurán (柔然, Avars), the Shànshàn Zhèn was forced to be moved to Qīnghǎi (青海).

Around 439 A.D., Dīnglíng (丁零) bitterly defeated Shànshàn, and about 4,000 families of Tocharian survivals has to move northward to Yīwú (伊吾, Qomul). In 542 A.D., Shànshànmǐ(鄯善米), the elder brother of Bǐlóng, came over to West Wei (西魏) Dynasty with the Tocharians of more than 4,000 families from Qiěmò. Therefore, the Tocharians in Lop Nor were driven away completly.

However, the Tocharians between Khotan and Charchan still remained in the southern fringe of Tarim Basin. Under the rule of the Tibetan, these Tocharians expanded to the area of Lop Nor again. In the latter half of the nineth century they were called Gara in the Khotanese Saka documents which might have absorbed the peoples of Tǔyùhún (吐谷浑)、Sogdians (粟特)、Khotans (于阗)、Turks (突厥)、Uygurs (回鹘) as well as Tibetans (吐蕃). In fact, the Gara was a multi-national group who had taken part in the battles in Shāzhōu (沙州, 敦煌 Dūnhuáng)at the end of Táng (唐) Dynasty. From the tenth century, the offsprings of the Tocharians' in the southern fringe of Tarim Basin were gradually Turkized and Islamized.

The Chapter IV is entitled The Early Activities of the Tocharians in Central Asia, which deals with the Tocharians history in Bactria down to the Turkish invasion.About 141 B.C., the Tocharian four tribal groups crossed over Amu Darya, drove the Greek rulers away and occupied the Bactria. Then they founded the first Tocharian Kingdom in Central Asia on the basis of the former Graeco-Bactria kingdom, and the Kingdom was also called Dàxià (大夏) in Chinese literature. Its territory was from Cōnglǐng (葱岭, Pamir Plateau) in the east to Persia in the west, and from Iron Gate in the north to Mt. Dàxuěshān (大雪山, Mt. Hindukush) in the south. As the result of the Tocharians' entering, this area was called Dǔhuòluóguógùdì (覩货逻国故地, the former land of the Tocharian Kingdom) in Chinese literature and Tukhāristān in Arab-Persia literature.

After the foundation of Dàxià kingdom, the Tocharians in Central Asia settled down rapidly with Lánshì (蓝市, Alexandria, the another name of Bactria) City as their capital. They were mixed with the Bactrians. There were about one million people in their country. But Dàxià Kingdom was conquered by Dàròuzhī

(大月氏) in 128 B.C., and the Tocharian ruler had to give up the title of king. At the same time, Dàròuzhī established their own capital on the northern bank of Amu Darya. According to Zhāngqiān (张骞), it appeared a strange situation that the Dàxià kingdom had its capital without king but many city chieftains who submitted themselves to the ruler of Dàròuzhī. Between 91 and 80 B.C., the ruler of Dàròuzhī moved their capital to Bactria. Before that, the Tocherians in the east of Bactria gradually formed five Xīhóu (翕侯, Yaqub), such as Xiūmì (休密)、Shuāngmí (双靡)、Guìshuāng (贵霜, Kushan)、Xīdùn (肸顿) and Gāofù (高附, Kabul) or Dūmì (都密)later. At the beginning of the first century A.D., Kujula Kadphises (丘就却)of Kushan Xīhóu unified other four Xīhóu of the Tocharians and established the Kushan Dynasty, replacing the rule of Dàròuzhī in Bactria, which was called the First Kushan Dynasty in the history.

Under the rule of Kujula, its territory had been enlarged to Gāndhāra and Taxila in the south of Mt. Hindukush. Kujula died about 80 A.D. and his son Vema succeeded the throne. Under his rule, the First Kushan Dynasty had once been powerful with its influence to the Tarim Basin in the east and Middle India in the south. So the sphere of Tocharians Activities was beyond the Bactria. During the period of the First Kushan Dynasty, the ruling group of the Tocharians might have associated with the nobles of Dàròuzhī, and their various military activities were taken under the name of Dàròuzhī. In fact, it was difficult for them to be differentiated one from the other.

After the death of Wema, the Kaniska king series of Dàròuzhī replaced the rule of the Kadphises king series of Tocharians, and they also called themselves Kushan Dynasty which was the Second Kushan Dynasty in the history. They moved their capital southward from Bactria to Gāndhāra. In 190 A.D., Huska, the king of Kushan killed KanisKa II, and some supports of the latter had to move into the territory of Shànshàn kingdom in the southern fringe of Tarim Basin. With the rise of Persia Sasanian Dynasty, the Second Kushan Dynasty was conquered in 273 A.D.. The Tocharians were submitted to the Sasanians.

About 437 A.D., the Ephthalitais occupied the Bactria and confronted with Sasanian Dynasty for more than one hundred years. Because the Ephthalitais early way of "ruling with wandering soliders" was often used by the nomadic conquerors, the Tocharians in Bactria took the advantage to found their own country again which was called Tǔhūluó (吐呼罗) Kingdom in Chinese literature. The Tocharians in the area of the former five Xīhóualso established their own country, such as Jiābèi (伽倍) state, Zhéxuēmòsūn (折薛莫孙) state, Qiándūn (钳敦) state, Fúdíshā (弗敌沙) state as well as Yánfúyè (阎浮谒) state. All of these states or kingdom of the Tocharians were submitted to the Ephthalitais but independent each other. After 520 A.D., the Ephthalitais entered into Bactra and ended the Tocharians ruling in Tǔhūluó kingdom.

Chapter V is The Tocharistan under the Rule of Western Turks and the Tocharian Yabqu Regime.

In the middle of the sixth century, the Turk Khan Kingdom was founded. About 558 A.D., Istämi of Western Turks and Khosrau I Anoshirvan of Sasania Persia convergingly attacked the Ephthalitai Kingdom and destroyed it. They divided the territory of the Ephthalitais with Amu Darya as the boundary. But the Turks had already taken over the Tocharistan from Persians by 568 A.D., and propped up a puppet regime of the Tocharians in the region of Warwāliz city which was called Tǔhuǒluó (吐火罗) Kingdom in Chinese literature. During the rule of Tuluk Yabqu Khan (统叶护可汗, 619-628), his elder son Tartou Xad (呾度设) entered Warwāliz city and ended the Tǔhuǒluó kingdom. From then on, the people in Tocharistan was ruled directly by the Western Turks.

After the death of Tuluk Yabqu Khan, Tartou Xad and his Tocharistan gradually separated from the Khan conrty of Western Turk Khan Kingdom. In 630 A.D.,Asana Osapar, the son of Tartou Xad, succeeded the title of Xad (设). He called himself the Yabqu and established the Tocharian Yabqu Regime by 642 A.D., which was destroyed at last by the Arabs after 758 A.D..

During the rule of Tocharian Yabqu of Western Turk, the offsprings of

Tocharians in Central Asia began to be Turkized. With the gradual conquering by the Arabs, they also began to be Islamized and eventually followed up the general tendency of the Turkization and Islamization in Central Asia. Finally, the Tochari became a geographical name rather than a national one as in the past.

附 录

印欧人的起源与吐火罗人的迁徙：学术史的回顾与方法论的思考

印欧人的起源（Origin of the Indo-Europeans）或印欧人的故乡（Homeland of the Indo-Europeans）问题，不仅是国际学术界古老而又常新的经典课题之一，也是诸学科聚讼不断的重要领域。这个肇始于近代语言学并直接导致比较语言学产生的重大问题，相继使得包括考古学、历史学、人类学、文学、哲学、社会学、宗教学等在内的几乎所有门类的人文和社会学科参与其间，当代冶金学、纺织学、分子学和遗传学等自然科学的手段和方法也成为探索这一问题的前沿性趋势。尽管经过长达两个多世纪的学术进步和众多学者的艰苦努力，留下了大量珍贵的学术遗产，但是有关印欧人起源问题的研究却日趋复杂；旧的问题尚未解决，新的问题又不断涌现。正是在这种背景下，有关方法论的讨论日益引起国际学术界的重视，从而促进了各学科的整合以及一些交叉学科的出现。另一方面，印欧人的起源及其发展不仅直接牵涉到欧洲是何时以及如何完成欧洲化（Europeanization），亦即欧洲文明的起源等重大问题，而且操吐火罗语等印欧语人群的东向发展及其对内陆欧亚早期文明乃至东方早期文明发展的影响，也应当在此背景下进行审视。

一、问题的提出：从猜想到实证

印欧人起源问题的提出原本是近代语言学的贡献，其基础是印欧语系家族成员的陆续被"发现"及其语言学体系的不断完善。这一问题的基本理论猜想是：具有相同或相近语言学特征的某些语言归属同一个体系，而归属同一体系的各种语言应当源自某种共同的初始语言（Proto Language）；与此相应的是，某一语言体系内操各种方言（Dialect）的人群虽然在历史上可能归属不同的族群或民族，但是却具有共同的族源亦即源自某种初始人群（Proto People），各种方言的出现以及各种族群的形成乃是这种初始人群不断扩散的结果。这样，印欧语的起源问题也就等同于印欧人的起源问题，亦即印欧文明的起源问题。虽然这一猜想在理论上和实践中还存在很多问题，但即使这样，印欧语与印欧人概念的形成也是经历了一个非常漫长、复杂的过程。

从史前到中世纪，人们并没有印欧语系或印欧人的概念。古代希腊和罗马曾经一度被当作是欧洲文明的起源地，希腊语和拉丁语甚至成为古代欧洲文明的符号。然而古代希腊人以文明中心自居，对周围所谓"野蛮人"的语言极少关注，更谈不上将两者联系起来加以比较；罗马人的情况虽然与之类似，但是他们无法回避拉丁语与希腊语在语法结构和词源上的相似和相近性，加之古代希腊文化和文学的辉煌成就所产生的广泛影响，使得罗马人自然认为拉丁语起源于希腊语。在此过程中，比较语言学的雏形开始显现。

到了 12 世纪，一个不知名的冰岛人把自己的语言与英语进行比较后指出：两者实际上属于同一种语言。此后，欧洲学者开始进一步发现更多欧洲语言之间的相似性，并逐渐意识到这些语言在过去应当属于某种语言的一部分或者分支。于是比较语言学最主要的理论猜想开始形成，即现存的所有语言应当源于某种共同的、单一的语言。然而，由于受到基督教文化和《圣经》创世说的影响，当时很多学者认为人类所有的语言都起源于希伯来语；与此相对应的是，所有的人种自然也都是从亚洲发展而来的。随着 16 世纪晚期耶稣会士进入印度，梵文和梵语开始进入到欧洲人的视线里，其与希腊语、拉丁语之间惊人的相似之处不仅极大地扩展了人们的语言知识领域，而且东方的梵语与西方的欧洲语言具有共同起源的可能性也为印欧语体系的建立打下了基础。当时间进入 18 世纪的时候，随着新的考古发现的不断涌现以及人们认识的不断深入，用《圣经》来解释人类史前历史和语言的做法开始受到挑战。1773 年，James Burnet 在 *Of the Origin and Progress of Language*

一书中宣称，欧洲和亚洲的所有语言以及非洲的部分语言都是某种"亲代语言"（parent-language）的方言，而这种语言很可能起源于埃及。[①]这实际上可视为在文艺复兴背景下，近代语言学摆脱神学桎梏的反映。

1786年在近代比较语言学和印欧语系的建立上具有划时代的意义。是年梵学家William Jones爵士在给位于加尔各答的皇家亚洲学会提交的一份研究报告中，不仅建议将梵语、希腊语、拉丁语、波斯语、哥特语（日耳曼语）和凯尔特语划归具有共同起源的同一语言家族，而且除了提出词源学和词语形态学的证据外，更是从语法的角度对此加以论证。如果说词源学和词语形态学的方法还存在明显的缺陷（诸如某些词语的相近或相似现象有可能是相互借用的结果），更多地还含有猜想成分的话，那么语法结构之间的比较研究则在一定程度上深入到了语言的本质，近代比较语言学的基本体系由此形成。到了19世纪初，这些语言之间关系的初步模式建立起来，该语言家族也被正式命名为印度—日耳曼语系（Indo-Germanic，1810年）或者印度—欧罗巴语系（Indo-European，1813年）。[②]

随着印欧语体系的正式建立，有关印欧语起源的问题自然更加广为关注，各种假说和猜想层出不穷。总的来看，欧洲起源说和亚洲起源说始终交叉贯穿于论争的过程中。例如，与19世纪初流行的北大西洋（Nordic Atlantis）起源说不同，Thomas Young（1813年）认为人类起源于克什米尔；Rasmus Rask（1818年）则另辟蹊径，将各种欧洲语言置于色雷斯语（Thracian）的名目之下，其发源地自然就位于小亚细亚和Pannonian平原之间了。Frederick von Schlegel（1849年）基于对梵文古老形态的判断，认为所有的语言都起源于梵文，人类起源于印度。他还相信，比较语言学能够搞清楚历史上民族的起源、形成及其早期迁徙、离散的问题。Alexander Murray（1823年）在其所著的 *History of European Language* 一书中则将欧洲人分为五种，设想他们均起源于亚洲，按时间顺序先后进入欧洲，其中最早的就是

[①] James Mallory, A Short History of the Indo-European Problem, *The Journal of Indo-European Studies*, Vol. 1, No.1, 1973, p.25.

[②] Mallory and Adams, *The Oxford Introduction to Proto-Indo-European and the Proto-Indo-European World*, New York, 2006, pp.5-6.

日耳曼人。与此同时，以 Franz Bopp 和 Jacob Grimm 为首的一批学者则不相信希腊语和拉丁语等欧洲语言源自梵语，并将之视为一种独立的语系；Franz Wuellner 在 1838 年虽然承认所有语言曾经都存在某种联系，但是如果从那些已知语言中寻根溯源是不明智的。这实际上暗示着印欧语系中的各个成员可能都源于某种已经消亡的语言。

不管对印欧语的起源持何种观点或看法，19 世纪上半叶开始，比较语言学者都普遍采取了语法比较的研究方法，从而比较坚实地建立了包括梵语（Sanskrit）、伊朗语（Iranian）、希腊语（Greek）、拉丁语（Latin）、日耳曼语（Germanic）、巴尔蒂语（Baltic）、斯拉夫语（Slavic）、阿尔巴尼亚语（Albanian）和凯尔特语（Celtic）在内的印欧语的主要体系。学者们对亚美尼亚语（Armenian）在印欧语中地位的认识有过反复，但是还是在 1875 年最终确定其属于印欧语系中的一个独立的分支。19 世纪末 20 世纪初发现的一些已经消亡的语言经过解读和识别，进一步丰富了印欧语系的发展脉络，其中吐火罗语（Tocharian）和赫梯语（Hittite）先后在 1908 年和 1915 年成为印欧语系的新成员。从图 1 我们可以比较清楚地看到，印欧语系各成员的分布范围西起大西洋，东至中国西部和印度东部，北至斯堪的纳维亚半岛，南抵地中海和印度洋。[1]这样，从古至今的印欧语系各家族成员的分布范围几乎遍及整个欧亚大陆，时间跨度长达数千年，从而为其起源问题的研究提供了极为广阔的时间和空间。

伴随着比较语言学研究的不断深入，其他一些学科的研究者也从 19 世纪中叶开始介入到印欧人起源的研究领域中。如史前考古学（prehistoric archaeology），以旧石器考古闻名的法国考古学家 Boucher de Perthes 1847 年指出，欧洲很早就已经有某种不知名的属于石器时代文化的人在活动，以凯尔特人为代表的印欧人的迁入则带来了新石器和青铜文化；R.G.Latham 1851 年根据生物分类学（Biological Taxonomy）的原理试图将印欧人的故乡置于欧洲。Boucher 的观点 75 年以后（1922 年）又被 Harold Bender 接受和发展；Albert Pike（1873 年）甚至从天文学和神话学的角度论证雅利安人的故乡在

---

[1] Mallory and Adams, *The Oxford Introduction to Proto-Indo-European and the Proto-Indo-European World*,New York,2006, pp.6-7; James Mallory: A Short History of the Indo-European Problem,*The Journal of Indo-European Studies*,Vol.1,No.1, 1973, pp.26-27.

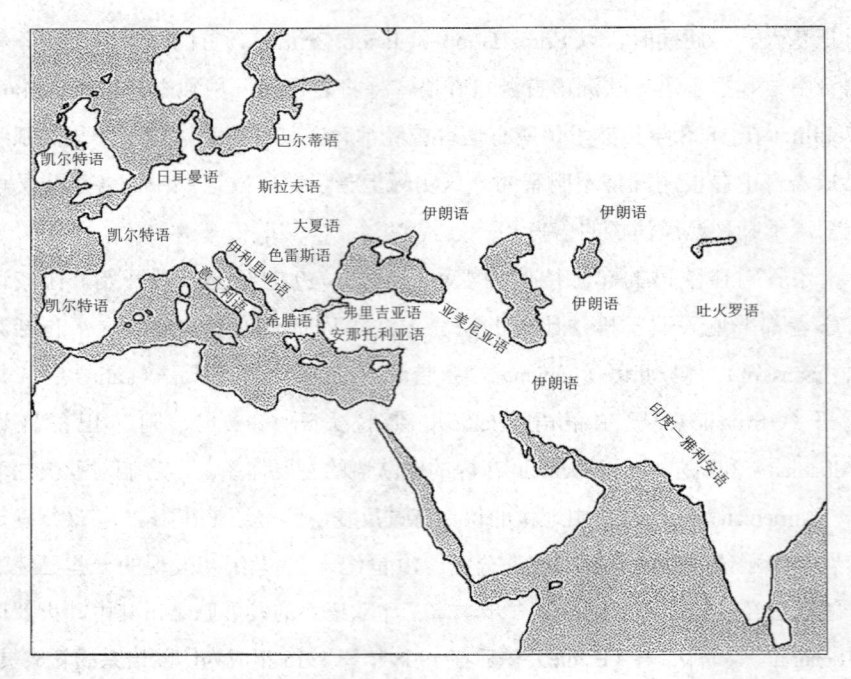

图 1　印欧语系各成员的分布范围

索格底亚那，大约公元前 10000 年左右开始迁入欧洲。上述这些研究尽管为印欧人起源研究提供了新的视角和方法，但在当时并没有引起大多数语言学家的认可和注意。如 Ernest Renan 在 1859 年依据比较语言学大师 August Schleicher 的语言学体系，依然认为印欧人起源于中亚特别是帕米尔高原；同年，Adolphe Pictet 在其所著的 Les Origines Indo-Europèenes 一书中引入了语言古生物学的方法，试图进一步为印欧人的亚洲起源说提供科学依据，并首次假定原始印欧人的故乡在巴克特里亚；John Baldwin（1869 年）最早将语言学与考古学结合起来探讨印欧人的起源问题，并也将印欧人的故乡置于巴克特里亚，V. Hehn 和 T. Benfey 在 1870 年又分别依据历史文献记载和考古材料证据认为印欧人来自亚洲。

自从 1878 年 Theodor Poesche 将体质人类学（Physical Anthropology）引入以后，有关印欧人起源问题的研究方法和目标都发生了改变。他将金发、碧眼视为印欧人的主要体质特征，其中心位于 Baltic 地区；与此同时，他还相信 Lithuanian 是最古老的印欧语，所以印欧人的故乡自然应该从那里去寻找。此后，Karl Penka（1886年）虽然全盘接受了Poesche的"金发理论"，但却结合考古学和语言学的证据认为印欧人的起源地在斯堪的纳维亚；Charles Morris（1888年）则强调高加索地区在印欧人起源中的重要地位；Issac Taylor 以斯堪的纳维亚地区过于狭小为由，认为雅利安人应该起源于活动区域更广的芬人（Finns），并提出雅利安人的祖先一定不是雅利安人，对其故乡的研究要充分考虑到印欧语系和其他语系之间可能存在的某种联系。Huxley（1890年）更是将印欧人的故乡置于从乌拉尔到北海、绵延1500英里的广大区域内。由于受当时印欧人（尤其是雅利安人）是优等种族思想的影响，这些研究者自然倾向于欧洲起源说。

Max Müller 1888年指出"雅利安"只不过是一个语言学的名词，据此探究印欧人的故乡是没有意义的。他认为其故乡应当从亚洲的某个地方寻找，并提出以下四点理由：(1) 那里位于离散的中心区域；(2) 那里发现了最早的文化；(3) 那里也是历史上很多向外发展的族群（例如匈奴、突厥、蒙古等）的故乡；(4) 如果其故乡在欧洲西北部的话，在原始印欧语中就应当存在大量的有关海洋和鱼类的词汇，但事实并非如此。次年，H.D'Arbois de Jubainville 提出印欧人的故乡位于药杀水（Jaxartes）和乌浒水（Oxus）之间的盆地，后来其西支侵入欧洲，东支则迁入印度。

在对以往语言学和体质人类学相关研究批判的基础上，Otto Schrader 于 1890 年提出了著名的"南俄起源说"（South Russian Theory），认为原始印欧人的西支从位于喀尔巴阡山和中亚之间的南俄草原迁入欧洲，不仅吸收了那里的植物与动物名称词汇，而且转而从事农业生产。由于当时还缺乏考古学材料证明南俄起源说，因此他只好把希望寄托于将来的发掘。Herman Hirt 则以南俄草原地区缺少一些动植物（如柳树、橡树、白桦树、熊和蜜蜂）为由对此提出质疑，并将印欧人的起源地置于 Baltic 地区。此后有很多语言学家也加入到这场讨论中。例如 1912 年 F.Knauer 认为印度—伊朗语传统中指称"河流"的词在其起源地依然存在，该词意为"流水"，梵语作"Rasa"，古波斯语作"Raha"，希腊语作"Ra"或"Ros"，同时也是俄语单词的词根；Knaue 最后认定这条"河流"就是伏尔加河。Sigmund Feist 于 1913 年在对"北欧起源说"批判的基础上，进一步论证了 Schrader 的"南俄起源说"；在他看来，质疑"南俄起源说"者所依据的"eel"（白鳝）和"turtle"（海龟）等词其实在原始印欧语中是无法重构的，而可以重构的"bee"（蜜蜂）或"honey"（蜂蜜）等词却完全对应了"南俄起源说"。[1]随着20世纪"库尔干理论"的提出和成熟，Schrader观点的前瞻性遂显现出来。

此外，还有某些研究者提出了一些较为独特的观点。例如J. Schmidt仅仅依据某些印欧语中存在十二位进制就判定原始印欧人的故乡在巴比伦，印度学者Tilak根据印欧语中某些极地动植物语汇认为印欧人起源于北极。这些观点由于依据材料单一而且缺乏整体性考虑，所以影响十分有限。

正如Baldwin在其所著的Prehistoric Nations一书中承认的那样："考古学的探索使人们得以知晓，人类的文明要远远早于过去历史所认为的那样。而语言学则可以让我们追溯得更早。"[2]在20世纪前，虽然各学科在该领域的研究依然无法摆脱语言学的桎梏，但是原本单一的语言学猜想已经逐步转向多学科的实证研究；另一方面，各个学科对印欧人起源问题的研究虽有方法论上的差异，其结论却多有交叉和吻合之处，亚洲起源说和欧洲起源说在语言学、考古学、体质人类学等领域均有表现；最后，同一学科在这一问题上的不同甚至完全迥异的看法则表明，印欧人的起源问题决非某个单一学科所能解决的。

二、考古学的介入：以"库尔干理论"为中心

1900年，William Ripley毫不客气地对语言学和体质人类学对该问题所做的研究提出批评，甚至认为两者与欧洲人的起源问题研究毫无关联，而考古学才是研究史前史的主要学科，具有更多的科学性可言。[3]虽然考古学家于

---

[1] James Mallory, A Short History of the Indo-European Problem, *The Journal of Indo-European Studies*, Vol.1, No.1, 1973, p.41.
[2] James Mallory, A Short History of the Indo-European Problem, *The Journal of Indo-European Studies*, Vol.1, No.1, 1973, pp.28-39.
[3] James Mallory, A Short History of the Indo-European Problem, *The Journal of Indo-European Studies*, Vol.1, No.1, 1973, p.38.

19世纪就在语言学研究的影响下探讨印欧人的起源或故乡问题，但是直到20世纪，考古学家才开始用纯考古学的方法和手段独立开展这一领域的研究，并逐渐形成了以"库尔干理论"为中心的一整套成熟体系，在很大程度上深化了人们对于印欧人起源问题的认识。

考古学对印欧人起源问题的研究是基于文化传播理论而展开的。这种理论的主要观点是：某种考古文化可能是与某个特定人群的活动相对应的，而该文化的发展与传播则与此人群的迁徙活动密切相关；如果能够找到并确定属于印欧人的最早的考古文化及其发展轨迹，那么其起源与迁徙问题自然便迎刃而解了。20世纪初，欧洲考古界对史前印欧人的青铜时代晚期和早期铁器时代文化已经有了一个比较清晰的认识，所以对与之相关的石器时代文化的探寻自然成为解决印欧人起源和故乡问题的核心。1902年，M.Much通过对欧洲西北部墓地出土的石器、武器、陶器饰品以及驯化牲畜的分析，认为在这一地区可以找到最早的，同时也是最原始、几乎一成不变的石器。基于上述认识，他指出欧洲文化的发展完全是本地因素影响的结果，所以不必到欧洲之外去寻找印欧人的起源地。而在此之前，Gustav Kossinna已经运用陶器类型学的方法，将某种人群与考古文化、族群、语言或方言等因素结合起来考虑，并通过对绳纹陶和线纹陶文化传播过程的分析，认为以日耳曼人为代表的印欧人的故乡在欧洲北部。

美国学者Joseph Widney 1907年提出从"边民"（frontiersman）的角度探讨印欧人的起源问题，强调"边民"所面临的气候、食物供给的可能性以及迁徙路线的可行性等因素对其迁徙所起的决定性作用，倾向于认为雅利安人起源于中亚大草原而不大可能在斯堪底那维亚，持续的干旱以及草原的缩小可能是印欧人迁入欧洲的原因。C.F.Keary在其所著的 *The Dawn of History*（1921年）中不仅将印欧人的故乡置于药杀水和乌浒水之间，还从环境变迁的角度推断：里海的干旱使得这一肥沃的地区变成沙漠，首先迫使凯尔特人侵入欧洲的大部分地区，他们中的一部分人最后消失了，另一部分则与当地处于石器时代的人们相融合。[1]

---

[1] James Mallory, A Short History of the Indo-European Problem, *The Journal of Indo-European Studies*, Vol.1, No.1, 1973, pp.40-42.

1922年，P.Giles 提出了探讨印欧人故乡的新思路。与以往的看法不同，他认为原始印欧人并不是游牧者，而是饲养牲畜的农耕者。基于这一判断和语言学的研究成果，Giles 将印欧人的起源地置于匈牙利的 Pannonian（潘诺尼亚）大草原，随后沿着多瑙河迁徙、发展。这一观点后来被 Ernst Meyer（1948年）所接受，而地名成为其判断印欧人故乡在北欧和中欧的主要依据。

作为一名从语言学转向考古学的学者，V.Gordon Childe 在其所著的 The Aryans 一书中首次真正对自 Schrader 以来的相关研究成果加以翔实的综合。他认为所有的印欧人都饲养牲畜，但只有欧洲的这一支才从事农业，并根据门、框、门廊、柱子等词汇判断原始印欧人过着定居生活。在此基础上，他又结合考古材料对 Kossinna 的观点提出质疑，指出印欧人故乡可能在南俄草原，他们为了获得位于 Transylavanian 产金区而侵入欧洲。

针对不同的研究者借助基本相同的方法、使用大致相同的材料却得出完全不同的结论情况，J.Fraser 在1926年刊布的短文"Linguistic Evidence and Archaeological and Ethnological Facts"中对语言古生物学家的"过度阐释"（over-interpreting）提出批评，强调文化的发展经过各个不同的阶段，而不是一成不变的，所以各支原始印欧人未必都是同类，而原始印欧语也未必都是从一个地区发展而来的。这便导致后人对印欧人假说的基本模式提出挑战。

A.H.Sayce 在1927年根据赫梯语的特点，提出印欧语是从小亚细亚发展而来的观点；印度考古学家 Lachhmi Dhar 在1930年根据语言学证据、文献记载以及语言古生物学的成果，重申印欧人起源于亚洲，特别是喜马拉雅山脉区域；1932年，Herbert Kuhn 在排除了各种可能性之后，主要依据考古学材料，将原始印欧人共同体（PIE unity）的起源地置于 Aurignacian。①

1933年，T. Sulimirski 从绳纹陶文化的葬式、经济生活等方面，对其实质和起源进行了较为深入的探讨，为印欧人的南俄草原起源说提供了进一步的证据，并结合公元前2500年左右气候变迁的因素，指出以绳纹陶文化为代表的印欧人，在干燥气候的驱使下从俄罗斯草原侵入欧洲，摧毁了 Troy II 型文

---

① James Mallory, A Short History of the Indo-European Problem, *The Journal of Indo-European Studies*, Vol.1, No.1, 1973, pp.43-46. 按：Aurignacian（奥瑞纳）是法国的一个村落，因西欧旧石器时代后期文化最早发现于此，故名奥瑞纳文化。

化，在公元前 2000 年以赫梯人的面目出现在安纳托利亚。也正是在这一年，Sulimirski 提出了"库尔干"（kurgan，意为"古坟"或"古冢"）概念，用以指称以绳纹陶文化为特征的印欧人的史前文化。Sulimirski 的学说一经提出，便于次年得到了 Georges Poisson 的响应和支持。中东欧地区的一系列相近考古文化的出现也进一步印证了"库尔干"文化的印欧人对该地区的入侵。[1]

在 20 世纪 30 年代特殊的历史背景下，许多德国学者从各自的学科领域对印欧人，尤其是日耳曼人的起源问题进行了探索。在日耳曼种族优越论的社会氛围影响下，他们大多将印欧人的起源地置于中欧或北欧，并从考古学和语言学中寻求各种证据，其片面性自然是不言而喻的。但是，以 Wilhelm Kopper 为代表的人类学维也纳那学派是个例外。Koppers 根据印欧人文化与阿尔泰人文化之间的相似性（诸如牧马经济、用马祭祀、父系世袭制度、包含一个天神和双神灵 [a sky-god, divine twins] 的宗教等方面），认为印欧人的故乡在西突厥斯坦。与东欧或南俄起源说一样，Koppers 的观点在当时自然也引起许多德国学者的反驳。1949 年，Wilhelm Schmidt 从马匹驯化的角度对 Koppers 的学说加以进一步的支持，他虽然没有明确指出印欧人的故乡在何处，但强调原始印欧人肯定是从中亚草原上的人们那里学会了驯养马，并认为有两波印欧人先后迁入欧洲：前者驾驶着车辆（如 Anatolian、Achaeans），人数较少，没能够取代当地土著；后者则骑着马（如意大利人、凯尔特人和日耳曼人），人数较多。

1936 年，Julius Pokorny 将其语言变化的根基性理论应用于印欧语问题的研究中。与以往只是从几个词汇的相似性角度讨论不同，该理论注重语言之间结构上的相似性。在这一理论的指导下，他认为以绳纹陶文化为代表的印欧语起源于北欧，并在其中欧故乡生根。C.Uhlenbeck 次年又将 Pokorny 的理论加以发展，认为原始印欧语由两个主要部分构成，即名词、动词词根和非动词词根的孤立词（诸如数量值、亲属称谓、动物和植物词汇等），而这两部分某种程度上又是与印欧语系中的 Centum 语组和 Satem 语组相关联的。在此基础上，Uhlenbeck 认为操印度—日耳曼语的入侵者是从 Aral-Caspian 草

---

[1] James Mallory, A Short History of the Indo-European Problem, *The Journal of Indo-European Studies*, Vol.1, No.1, 1973, p.47.

原沿着南俄进入欧洲的。N.S.Trubetzkoy 则将这种结构性讨论推到极致。在他看来，印欧语系中的各个支系起初可能并不相似，只是在以后长期的接触过程中逐渐趋同；针对大多数学者普遍所持的"一个语言——一个人群"假说，Trubetzkoy 提出了一种完全不同的模式，即从语言形态学的角度分析其结构的变化，并据此认为印欧人的故乡肯定位于 Finno-Ugric 人与 Caucasian 人之间的某个地方。① 1949 年和 1954 年，Pokorny 又陆续发表文章，进一步论述了语言名称、种族因素与陶器类型之间的关系，并利用民俗学材料推进了自己的学说。

1943 年，Stuart Mann 另辟蹊径，提出要充分利用传说、民间故事、迷信、年俗和礼仪、舞蹈、儿童游戏，以及童谣等材料探索印欧人的故乡问题，并通过比较印欧人各种春季节日的相关祭祀内容，认为其起源于北欧或东北欧。

1950 年，Anton Scherer 对印欧研究中的方法论问题进行了专题讨论。在他看来，学者们通常没有对以下几个问题加以区分：即原始印欧人在离散前所处的位置、原始印欧人群的所谓核心地区，以及操印欧语人们的区域；而这三个方面未必是相互对应的。Scherer 认为印欧语东支和西支的词汇从未一致过，也不是在迁徙过程产生差异，而是各自适应不同环境和生活方式的结果。在此基础上，他提出了印欧人的多元起源说，并认为各支印欧人的故乡应该与他们现在的分布范围比较接近，即日耳曼语、意大利语和凯尔特语在其故乡的北部或西北部，Balto-Slavic 语在东北部，印度—伊朗语在东部，希腊语在东南和东南部。这些就意味着广义原始印欧人故乡的东部边界是从乌拉尔到俄罗斯中部和南部，其北部边界可能在 Baltic。②

T.G.E.Powell（1948 年）虽然也认为印欧人起源于东方，却提出了"两次迁徙说"的新模式，即初次入侵中欧的印欧人是游牧者，而紧接着的第二波入侵者虽然主要是牧人但未必是游牧者。他的这一观点显然是为调和在印

---

① James Mallory, A Short History of the Indo-European Problem, *The Journal of Indo-European Studies*, Vol.1, No.1, 1973, pp.49-50.
② James Mallory, A Short History of the Indo-European Problem, *The Journal of Indo-European Studies*, Vol.1, No.1, 1973, pp.50-52.

欧人身份认识上的各种争论。

George Solta（1952年）在 Trubetzkoy 研究的基础上认为，各支印欧语之间早期的相似性之所以比现在大，仅仅是因为地理上相互接触的结果，不必使用"Ursprache"（原始语言）的概念，而"Indo-European"一词只是学者们用以判别人群民族属性的概念。但是1959年 Henry Kronasser 坚持认为表示原始印欧语的"Ursprache"依然是解释各印欧语之间相似性的最好概念。

1953年，Paul Thieme 通过对各印欧语中"鲑鱼"一词的重构，认为印欧人的故乡一定在 North German-Baltic 地区。对于 Thieme 将 Schrader 的"南俄起源说"排除在外的观点，Weriand Merlingen 则在1955年加以辩驳。R.A.Crossland 1957 年不仅对 Thieme 的"North German-Baltic"起源说提出挑战，而且还提出了有关印欧语离散的另一种理论：即某种语言词汇的后缀和形态越简单，其脱离印欧语共同体的时间就越早。据此，Crossland 认为赫梯语是最早离散的，其次是凯尔特语、意大利语、吐火罗语、日耳曼语，然后是希腊语，最后是 Satem 语组。

1954年，Alfons Nehring 提出了通过社会和宗教词汇的重构来探索印欧人故乡的思路，认为原始印欧人的故乡可能在与非印欧语区域相邻的高加索—里海地区。

Hugh Hencken 在1955年发表的"Indo-European Language and Archaeology"专论中，通过对各种新石器和早期青铜文化的比较来解释晚期青铜时期文化，提出一种折中的观点：即印欧人的故乡可能在东南欧的农耕区与西南俄草原的结合部。[①]

与其他一些学者一样，Hans Krahe（1957年）对于利用"树"的名称探索史前印欧人的做法提出质疑，认为地名尤其是河流的名称词汇更能反映印欧语的发展情况。他虽然没有没有指明原始印欧人故乡的具体所在，却指出古代欧罗巴语只是印欧语在欧洲离散发展的中期阶段。

对于语言学家们重构史前文化的能力，Ernst Pulgram 1958 年提出了几点反驳。在他看来，语言古生物学家所利用的很多词汇，反映的也可能是

---

① James Mallory, A Short History of the Indo-European Problem,*The Journal of Indo-European Studies*,Vol.1,No.1, 1973, pp.53-57.

原始印欧语离散后所处的特定文化发展阶段。同年，德国历史学家 Gustav Schwantes 不仅强调了 Herbert Kuhn 的学说，即印欧文化的根基需要从旧石器文化中去寻找；而且还毫不掩饰地重申了之前德国学者所持的带有种族色彩的观点，即"Nodic"种族是印度—日耳曼文化的创造者，在世界历史上曾发挥了决定性的作用。

从 1960 年到 1962 年，Bosh-Gimpera 和 G.Devoto 分别发表了三篇专论，运用考古学和语言学的方法，论证了印欧人的起源地在以新石器文化为代表的中欧地区；Bosh-Gimpera 还特别指出，印欧人是在公元前第三千纪开始离散的，与之相对应的则是各种 Danubian 文化的出现。从语言学的角度来讲，Lithuanian 语是一种最少变化的古老语言，所以 Ram Chandra Jain 1964 年认为原始印欧人的故乡一定在邻近今天 Lithuania 的东部地区。他还结合神话学和语言学的材料，提出印欧人的故乡应该在俄罗斯草原北部和西伯利亚森林南部去寻找，而原始印欧人向南迁徙的结果便形成了 Tripolje 文化以及草原上的库尔干遗址。

Marija Gimbutas 自 1963 年提出著名的有关印欧人起源的"库尔干"理论以后，又充分利用日益丰富的南俄史前史材料，不断地对此加以完善。该理论讨论的立足点主要有两个：其一，语言古生物学、比较民族学、神话学和历史学所揭示的属于印欧人的文化，都可以纳入到同质的库尔干文化体系之中，该文化主要发现于里海和伏尔加草原；其二，库尔干文化的典型特征在整个中欧 Chalcolithic 的文化中都可以见到，并且与非印欧人的"古欧洲文明"相毗邻。与北欧起源说相比，该理论可以较好地解释印度—伊朗人的起源问题。这里需要指出的是，Gimbutas 所说的"古欧洲"（Old European）指的是"非印欧"（non-IE），而以往 Krahe 等所说的"古欧洲"（Old European）实际上指称的是"后原始印欧"（post-PIE），代表的是原始印欧人的后一发展时期。正因为如此，Gimbutas 的"库尔干"理论在某种意义上是可以阐明欧洲是如何"欧洲化"的。

Wolfgang P.Schmid（1968 年）和 Ward Goodenough（1970 年）则对 Gimbutas 的理论提出质疑，坚持认为印欧人起源于欧洲。后者虽然承认库尔干文化是印欧人的文化，但认为它起源于西部草原，并且属于原始印欧文化连续发展过程中的一部分；而 Gimbutas 则认为库尔干文化的起源地在东部，欧洲的这一支是独立发展的。

印欧问题的研究一直充满了争论，新的学说的提出往往意味着新一轮争论的开始，而各种学说的立论通常又是长短互现。当 W.Dressler（1965年）发现语言学家利用相同的材料却得出相反的结论的时候，便敏锐地意识到这一定是方法论出现了问题。为了使语言古生物学的研究更加精细，Paul Friedrich 在 1970 年构建了"原始印欧语谱系树"（Proto-Indo-European Trees）。在 J.P.Mallory 看来，语言学本身的研究不管多么严谨，也不足以解决这一问题，而问题的核心在于对"Indo-European"如何定义，即准确地搞清楚我们研究的对象到底是什么；他认为，解决这一问题可能还是要依赖于在尽可能多地占有材料的基础上，重新检视其方法论和专业术语。[1]

三、方法论的前景：多学科整合的趋势

自 20 世纪 80 年代末 90 年代初以来，随着国际学术界有关塔里木盆地早期居民多学科合作研究的全面展开，有关印欧人的起源及其东向发展的研究在深度和广度上都取得了很大的进展。除了传统的历史学、语言学、民族学（人类学）外，遗传学、冶金学、纺织学、气候学等自然科学手段和方法的引入特别引人注目，跨学科研究成为本阶段的一个显著特点，并使本领域的研究日益呈现出多学科整合的趋势。

1996 年 4 月，由宾夕法尼亚大学教授梅维恒（Victor H.Mair）筹划组织，在美国召开了题为"中亚东部青铜和早期铁器时代的居民"（The Bronze Age and Early Iron Age Peoples of Eastern Central Asia）的学术研讨会，来自世界十余个国家的百名各学科参会专家学者集中展示了本领域研究的最新研究成果，同名的两卷会议文集于 1998 年正式出版。[2] 为了配合此次会议的召

---

[1] James Mallory, A Short History of the Indo-European Problem, *The Journal of Indo-European Studies*, Vol.1, No.1, 1973, pp.57-60.
[2] Victor H.Mair edited, *The Bronze Age and Early Iron People of Eastern Central Asia*, The Institute for the Study of Man in collaboration with The University of Pennsylvania Museum Publications(Journal of Indo-European Studies Monography 26), Washington, 1998.

开，此前梅维恒还在《印欧研究杂志》(*The Journal of Indo-European Studies*) 23 卷 3—4 期（1995 年秋冬季号）编辑了一组题为"塔里木盆地发现的干尸"(The Mummified Remains Found in the Tarim Basin) 的专题研究论文。参加此次会议的中国学者徐文堪先生对这些研究进展曾做过详细的介绍[①]，此处毋庸赘言。

值得一提的是 Elizabeth Wayland Barber 对新疆境内出土的早期印欧人干尸身上的毛织物及服饰的研究。她所著的《乌鲁木齐的干尸》[②]一书着重从纺织学的角度证明了中亚东部青铜和早期铁器时代的织物并不是独立或孤立存在的现象，它们的工艺传统从西和西北方向向欧洲、从西和西南方向向环黑海地区延伸、传播，从而更为准确地揭示了新疆早期印欧人群文化与欧亚大陆西部某些考古学文化之间的联系。该书还列有专节讨论吐火罗人（语）的起源、迁徙与在东方的影响。

尽管有关中亚东部青铜和早期铁器时代居民的研究，在最近 20 年里已经取得了突破性的进展（尤其是分子考古学和现代遗传学方法的引入，进一步细化了早期印欧人群在东方发展的轨迹），但是仍有许多细节问题悬而未决。例如，他们是何时到达塔里木盆地及其周围地区的？他们来自何方、距离远近？是什么原因促使他们离开故乡并迁徙定居到自然条件相对恶劣的塔里木盆地边缘绿洲地带？谁和他们的关系最为密切？他们所操的是什么语言？他们对中国和其他亚洲文明的形成有何影响？其他民族的文化是如何影响他们的？他们的平均生活水平怎样？甚至他们吃什么、住什么样的房子、死于何种疾病等问题，都可以做进一步的研究和探索。此外，历史上的塞人、乌孙人、月氏人、粟特人、于阗人和吐火罗人与他们是什么关系，现代的维吾尔人、哈萨克人、柯尔克孜（吉尔吉斯）人和塔吉克人是不是他们的传人或后裔，他们与后来的这些人在生物学、社会学、人种学和语言学上有何联系或差异等问题，也可以借助当代自然科学的方法找寻线索。当然，民族和种

---

① 徐文堪：《"中亚东部铜器和早期铁器时代民族"国际学术讨论会综述》，《学术集林》卷九，上海远东出版社 1996 年版；《评〈印欧研究杂志〉"塔里木盆地古尸"专辑》，《中亚学刊》第 6 辑，新疆人民出版社 2002 年版。

② Elizabeth Wayland Barber, *The Mummies of Ürümchi*, W.W. Norton & Company, London, 2007.

族之间即使可以发现一些遗传学方面的线索，但毕竟属于两个不同范畴的概念，因此在实践中还需要警惕"科学主义"甚至"种族主义"的陷阱。

Peter Roulwing[①]在比较语言学的基础上结合考古发现，从马匹、车辆和印欧人的迁徙等角度，分析了包括吐火罗人在内的印欧人东向发展的轨迹。著名的考古学家David W. Anthony[②]则将语言学与考古学的研究方法与成果结合起来，从马的驯养、车辆的发明及相关语言的传播等方面，着重分析了印欧人的起源及其在草原地带的迁徙与发展，并在此基础上更为系统地探讨了吐火罗语与吐火罗人在东方的分布与活动情况。

长期从事古代中亚印欧民族历史文化研究的美国学者Craig G. R. Benjamin2007年出版了《月氏：起源、迁徙及其对北巴克特里亚的征服》[③]，这也是国际上第一部全面、系统研究月氏历史的专书。该书较为详尽而系统地探讨了从月氏人的起源、迁徙到贵霜王朝的建立这段时期，月氏联盟（confederation）与其所建王朝（dynasty）的历史发展状况，时间跨度从史前青铜时代的公元前第四千纪中叶到公元前2世纪，大约3000年左右；所涉及的地域范围东起中国西部、西至伊朗和阿富汗，逾数万里。由此亦可见该书研究所具有的宏大历史场景和叙事背景。特别是该书的第一章从东西方考古学、语言学和文献记载等方面，在广义的印欧人起源与迁徙的背景下，集中探讨了月氏的起源问题。在考古学方面，作者在系统分析欧亚草原青铜时代游牧文化的扩散、发展脉络的背景下，探讨了月氏人的祖先，即所谓的原始月氏人（the proto-yuezhi）；其内容涉及游牧的起源、第四至第一千纪的农业定居人群、青铜时代印欧人的迁徙、阿凡纳羡沃文化、青铜时代晚期印度—伊朗人的入侵以及安德罗诺沃文化等问题。此外，该书还特别注意到了甘肃和中国北部的史前考古文化，尤其是齐家文化与月氏人之间可能存在的某种联系，并对新疆的考古发现、游牧文化在蒙古草原的发展情况及其与早期月氏人的活动的关系进行了分析。在语言学方面，作者着重分析了月氏人与操

---

① Peter Roulwing, *Horses,Chariots and Indo-Europes,Archaeolingua Foundation*,Budapest,2000.
② David W. Anthony, *The Horse,the wheel and the Language*,Princeton University Press,New Jersey,2007.
③ Craig G.R.Benjamin, *The Yuezhi: Origin,Migration and the Conquest of Northern Bactria*,Brepols Publishers,Turnhout,Belgium,2007.

吐火罗语人群之间的关系，从印欧语的起源与发展的角度探讨了月氏人的起源问题，并对著名伊朗学家亨宁所提出的月氏人为"古提人"（Guti）的观点予以辩驳。在文献记载方面，该书主要对中国、印度和希腊早期文献中有关月氏的各种记载进行了全面梳理，借以追寻月氏人起源的线索。作者在该书的结论部分认为，月氏人的祖先可能是某种操 Centum 语的印欧游牧人群，迫于气候变化和人口压力，大约在青铜时代中期（公元前第四千纪中叶）开始从位于北高加索的南俄草原的故乡向东方的哈萨克草原迁徙，以西伯利亚的阿尔泰—叶尼塞地区为中心的阿凡纳羡沃文化应该是月氏祖先的文化遗存；大约在公元前第二千纪初的青铜时代晚期，随着操 Satem 语、以安德罗诺沃文化为代表的印度—伊朗人的入侵，他们又被迫进一步向南迁徙，而新疆境内发现的具有高加索/欧罗巴人体质特征的早期干尸可能就属于月氏联盟中操吐火罗语的一支；他们最后在公元前第二千纪的某个时候出现并占据了以敦煌附近为中心的甘肃走廊（河西走廊）战略要地，并借此控制了中原与塔里木盆地的贸易，获得大量的财富，因而成为这一地区最为强大的游牧部落。从公元前第一千纪开始，月氏人的活动开始出现在当时东西方各种文献的记载中。

事实上，上述这些问题目前在某种程度上已得到了部分的解答，但这些解答大多建立在各种假说的基础上。为使这些假说更加接近事实，则需要做大量艰苦细致的工作。一方面是根据研究工作的需要，在这一地区做一些必要的科学发掘，以使我们已有的各类材料更加丰富、完整和系统；另一方面则必须进行国际学术界跨学科合作研究，尤其是要借助现代自然科学的某些研究方法和手段。从当代国际学术界的研究现状和趋势来看，我们至少可以获得以下几点启示：

1. 必须将吐火罗、月氏、塞种和乌孙等早期东方印欧人的历史活动，纳入到原始印欧人群起源及其在欧亚大陆发展的大背景中，并作为一个整体予以考察。这样不仅能够充分认识其在原始印欧人群中的地位及其与其他印欧人之间的关系，探索他们东向发展的原因，而且也可以较为准确地把握中国西部早期印欧文明遗存的内涵与实质，从而对早期印欧文明在东西方文化交流史中的地位与作用做出科学的评价。

2. 国际范围内的跨学科、多领域的合作研究已是大势所趋。鉴于这一地区有关早期印欧人遗存的丰富性与多样性，一些传统的人文学科显然已经无法满足进一步研究发展的需要，某些自然科学的理论与方法有必要应用于本领域的研究之中。这样便使得对中亚东部早期印欧人的研究在跨学科、多领域的形势下全方位展开，并更趋专业化和细致化。同时，本领域的研究无论在研究对象还是研究区域上都具有国际性，所以各国学者一方面在各自的学科领域开展专业研究，另一方面又必须在研究材料、研究设备等方面进行协作，互通有无，相互借鉴，从而充分发挥各自优势，推动本领域的研究在国际范围内向纵深发展。

3. 以遗传学、冶金学、气象学为代表的现代自然科学的研究手段、方法和理论的介入必须要引起我们高度重视。这不仅是研究方法上的一大突破，而且还将使我们对早期印欧人的认识更趋具体化和精细化。同时，自然科学的一些研究结论一方面可以与传统的人文研究相互印证，另一方面也不可避免地提出新问题乃至新挑战，两者的有机结合，无疑将使得我们有关早期东方印欧人的各项研究结论更加接近事实。

中国西部，尤其是新疆地区，是早期印欧人遗存最为丰富和保存最为完整的地区之一，也是他们扩展的极东区域。他们的东向发展活动不仅在客观上造成了东西方陆路交通的开通，建立了东西方民族和文化间的初始联系，而且也为中国西部边疆早期民族分布格局的确立、文化外貌的形成奠定了基础，是中华民族多元一体格局形成和发展史上不可或缺的重要一页。

原载《暨南史学》第八辑，广西师范大学出版社2013年版，第27—41页。

丝绸之路中段的早期印欧人

早在张骞"凿空"西域之前，所谓的陆路丝绸之路上就已经存在东西方诸民族的频繁迁徙活动。降至先秦时期，属蒙古利亚人种的羌人已深入到今塔里木盆地南缘的昆仑山一带，而吐火罗人、月氏人、乌孙人等印欧人种的人群亦曾一度到达河西走廊及中国北方的一些地区。其中后者在丝绸之路上的活动对于丝路中段，尤其是西域地区的古代民族构成、经济文化特征的形成等方面，曾发挥了十分重大的影响。

一、吐火罗人

吐火罗人的族属及其文化特征的被认识，始于国际学术界对 19 世纪末 20 世纪初丝路沿线考古、探险发现的各种材料的研究。在今天塔里木盆地北缘的库车、焉耆、吐鲁番一带，曾发现了一种用印度婆罗谜字母斜体书写的古代不知名的语言，经过研究人们才知道它竟然属于印欧语系西支 Centum 语支的西北语组（North-Western Group），其故乡则可能在喀尔巴阡山（Carpathians）以北，易北河（Elbe）和第聂斯特河（Dniester）之间。[①]这种语言在东方的出现，意味着曾有一支操这种语言的古老印欧人从他们的欧洲故乡向东方发展，这些语言材料便是他们在东方活动的文化遗存。尽管国际学术界对该语言的命名尚有争论，但自 1907 年德国学者缪勒（F.W.Müller）根据回鹘文《弥勒会见记》（*Maitrisimi*）中的"Toγri"一词将它定名为"吐火罗语"以来，中外学者多倾向于将吐火罗语与汉文文献中记载的吐火罗人联系起来。[②]也就是说，在库车、焉耆一带的早期居民，有可能就是操吐火罗语的吐火罗人，只是在他们土著化了以后才被后世称为龟兹（库车）人或焉耆人。

不仅如此，通过对塔里木盆地南缘尼雅至楼兰一带发现的佉卢文书的研究，人们发现用佉卢文书写的古代鄯善王国的官方语言，虽然是与佉卢文一体引入的印度西北俗语（India Prakrit），其土著语言却是吐火罗语。焉耆、库车一带曾流行着吐火罗语的甲种、乙种两种语言形式，而在鄯善王

---

① Douglas Q. Adams, The Position of Tocharian Among the Indo-European Language, *Journal of the American Oriental Society*, 104.3, 1984, pp.395-402.
② 参见季羡林：《敦煌吐鲁番吐火罗语研究导论》，台北新文丰出版公司 1993 年版。F.W.Müller, Beitrag Zur genaueren Bestimmung der unbekannten Sprachen, *Sitzungsberichte der Preussischen Akademie der wissenschaften*, pp.956-960, 1907. Victor H. Mair, Prehistoric Caucasoid Corpses of the Tarim Basin, *Journal of Indo-European Studies*, Vol.23, No.3-4, 1995, pp.281-307.

国流行的土著语言则被称为吐火罗语的第三种方言。[1]加之高僧玄奘在7世纪亲历该地区时，明确提到这里曾经存在一个"覩货逻故国"[2]（今安得悦古城），所以可以推断，塔里木盆地南缘也曾是吐火罗人的一支迁徙、分布的重要地区。

吐火罗语虽然是一种早已消亡的"死语言"，但它在语言形态上却保存着印欧语中的许多原始特征，有印欧语中的"甲骨文"之称。这表明操这种语言的吐火罗人，很早就从他们在印欧人群中的亲缘部落中脱离出来，向东方发展。与此相应的是，在吐火罗语流行的地区出土的距今大约3000多年的干尸，体质上亦具有典型的印欧人种的特征，与中亚草原青铜时代居民的头骨形态也比较接近[3]，甚至在遗传学上亦与在欧洲发现的早期印欧人遗体有惊人的一致之处。[4]所有这些均暗示出，作为原始印欧人一支的吐火罗人的起源及其向东方沿后来的所谓丝绸之路发展的基本轨迹。

西方学术界具有一定代表性的观点认为，在公元前三千纪，当定居的农业人口已经占据了欧洲2000年的时候，当城市文明正首次在近东肥沃的河流谷地出现的时候，草原和半沙漠地带发生了首次的广泛的移民活动。[5]正如亚当斯所指出的那样，大约在公元前三千纪上半期，吐火罗人从他们的原居地，可能是中欧喀尔巴阡山以北、易北河和第聂斯特河之间的某个地区，加入到这场移民活动，并从此与同操印欧语西北语组的其他原始印欧人群（Proto-Indo-Europeans）完全脱离了关系，迁移的方向是向南或向东。[6]吐火罗人离开故乡以后，首先可能到达黑海大草原（Pontic Steppes），并在那里停留了一段时间，其活动遗迹构成了"库尔干文化"（Kurgan Culture）的一部分。马丽嘉·吉姆布塔斯认为，印欧人在"库尔干"地区渗透、扩散的第二个阶

---

[1] T. Burrow, Tocharian Elements in the Kharosthi Documents from Chinese Turkstan, *Journal of the Asiatic Society*, 1935, p.667.
[2] 玄奘、辩机撰，季羡林等校注：《大唐西域校注》，中华书局1985年版，第1031页。
[3] 韩康信：《新疆古代居民种族人类学的初步研究》，《新疆社会科学》1985年第6期，第64页。
[4] Paolo Francalacci, DNA Analysis of Ancient Desiccated Corpse from Xinjiang, *Journal of Indo-European Studies*, Vol.23, 1995, pp.385-397.
[5]《世界史便览》，生活·读书·新知三联书店1983年版，第136—137页。
[6] Douglas Q. Adams, The Position of Tocharian Among the Indo-European Language, *Journal of the American Oriental Society*, 104.3, 1984, p.401.

段（前 3700—前 3500）始自德涅斯特河下游和高加索山脉之间的黑海北岸地区[1]，这可能与吐火罗人的迁徙活动有关。随后，吐火罗人继续东徙，经过中亚大草原，进入塔里木盆地。中亚安德罗诺沃文化（Andronovo Culture）、阿凡纳羡文化（Afanasyevo Culture）和卡拉苏克文化（Karasuk Culture）等青铜器时代的文化中据认为有一部分便是吐火罗人的文化遗存。[2]

大约在公元前二千纪末一千纪初，吐火罗等原始印欧人群可能到达了塔里木盆地，与此相应的则是这一地区出现了一批具有印欧人体质特征的人类遗骨（体）与青铜文化遗存。中国考古学的研究成果表明："在南疆西南部地区，从距今约 3000 年前后开始，以地中海东支类型为主的欧洲人群体，由西翻越帕米尔进入这一带并继续向东推进，在南疆南部边缘大约一直推进到洛甫附近；在塔里木盆地西北面的山前地带，大约到焉耆盆地周围。"[3]在焉耆察吾乎沟口墓地、且末扎洪鲁克墓地、楼兰北古墓沟墓地、哈密焉不拉克墓地均发现了一批距今 3000 多年，具有典型的原始印欧人种体质特征的人类遗骨（体），他们中有的在遗传学上甚至与远在欧洲的早期欧洲人遗体存在惊人的一致之处。[4]他们所代表的青铜文化在塔里木盆地的突然出现，暗示着有外来民族文化因子的徙入，而这种青铜文化与中亚青铜文化之间存在的某种联系亦说明了这些印欧人群迁徙活动的基本轨迹，即总的趋势是由西向东。联系比较语言学的研究成果，我们有理由认为，塔里木盆地的早期遗存，尤其是青铜时代的文化遗存，可能与以吐火罗人为代表的原始印欧人群的东徙活动有关。

不仅如此，汉文文献中也留下有关吐火罗人在这一地区活动影响的记

---

[1] M. Gimbutas, Comments on Indo-Iranians and Tocharians: A Response to R. Heine-Geldern, *American Anthropologist*, 1964. 参见徐文堪：《关于吐火罗人的起源和迁徙问题》，第三十四届亚洲及北非研究国际学术大会论文打印稿，1993 年。

[2] H. L. Thomas, Archaeological Evidence for the Migrations of the Indo-European, *the Indo-Europeans in the Fourth and the Third Millenia*, Ann Arbor, 1982, p.81. T. Sulimirski, *Prehistoric Russian*, London-New York, 1970, p.308.

[3] 水涛：《新疆青铜时代诸文化的比较研究》，《国学研究》第一卷，北京大学出版社 1993 年版，第 481 页。

[4] Paolo Francalacci, DNA Analysis of Ancient Desiccated Corpse from Xinjiang, *Journal of Indo-European Studies*, Vol.23, 1995, pp.385-397.

载,"敦薨"一词便是指称吐火罗人的一种形式。①《水经注·河水二》云:"大河又东,右会敦薨之水,其水出焉耆之北,敦薨之山。《山海经》曰:'敦薨之水出焉,而西流注于泑泽,出于昆仑之东北隅,实惟河源者也。'二源俱道西源,东流分为二水。左水西南流出于焉耆之西,径流焉耆之野,西南流出于焉耆之西,屈而东南流,注于敦薨之渚。右水东南流,又分为二,左右焉耆之国。南会两水同注敦薨之浦。东源东南流,分为二水。涧澜双引,洪湍睿发,俱东南流。径出焉耆之东,导于危须国西。又东南流注于敦薨之薮。川流所积,潭水斯涨。"②据研究,"上述敦薨之水、之浦、之渚、之薮包括的范围,当今巴龙台以南,包括焉耆、库尔勒,再向东至罗布泊方圆数千里的地方"③。而这些地方也正是吐火罗语流行的地区,以"敦薨"命名的山川很可能便是吐火罗人在这一地区长期活动、影响的结果。可以推测,塔里木盆地南北部曾是吐火罗人在中国西部早期活动的重要地区。

汉文文献中指称吐火罗的另一种形式便是"大夏",主要见于《吕氏春秋·古乐篇》、《左传·昭公元年》、《逸周书·王会解》、《山海经·海内东经》等先秦文献。此时,大夏(吐火罗)的活动范围已经达到了甘肃东部、陕西北部和山西南部一带。④这里也是我们所知吐火罗人迁徙发展最东的地方。大约在公元前7世纪70年代末至50年代初,齐桓公西伐大夏⑤,这支吐火罗人又退回了河西走廊地区,并在敦煌一带形成了一个活动中心。据研究,和"敦薨"一样,"敦煌"一词也是吐火罗的另一种同名异写形式。在今甘肃瓜州县东约50里,有名"兔葫芦"的地方,曾发现有大量新石器时代末期、战国至秦汉时期的文物;而在疏勒河三角洲之南榆树泉盆地亦有所谓的"吐火洛泉"。⑥"兔葫芦"和"吐火洛"均可视为吐火罗人在这一地区活动的影响遗存。而古希腊著名地理学家托勒密的《地理志》中所记 Thagouroi 人和

---

① 王欣:《吐火罗之名考》,《民族研究》1998年第3期。
② 郦道元撰、王先谦校:《水经注》,巴蜀书社1985年版,第66—67页。
③ 王宗维:《"敦煌"释名》,《新疆社会科学》1987年第1期,第61页。
④ 参见余太山:《允姓之戎考》,《华夏文明与传世藏书》,中国社会科学出版社1996年版,第692—695页。
⑤ 余太山:《塞种史研究》,中国社会科学出版社1992年版,第24页。
⑥ 王宗维:《"敦煌"释名》,《新疆社会科学》1987年第1期,第64、68页;余太山:《允姓之戎考》,《华夏文明与传世藏书》,中国社会科学出版社1996年版,第691页。

Thogara 城①，国际学术界已公认在今甘肃西部地区，所指的亦应是敦煌地区的吐火罗人。

秦初的河西走廊主要为月氏和乌孙两大游牧势力所占据，吐火罗人可能仅仅局促在走廊西部的敦煌一隅。这两大势力的频繁征战又压迫吐火罗人沿天山北麓西迁至中亚伊犁河、楚河流域，亦即所谓的"塞地"。今天山北麓东段伊吾县境内的"吐葫芦乡"之名②，可能就是吐火罗人西迁过程中的影响遗迹。迁到"塞地"的吐火罗人在希腊文献中被称为"Togouraioi"，其活动区域已经到达了伊塞克湖周围。③

公元前177—前176年左右，在匈奴的不断打击下，大部分月氏人被迫放弃自己的河西故地，沿天山北麓西迁中亚伊犁河、楚河流域。④月氏人的到来又直接导致了活动在"塞地"的吐火罗人及塞种诸部的进一步西徙。据斯特拉波的记载，包括吐火罗（Tocharoi）在内的 Asii、Pasiani 和 Sacarauli 四部游牧集团曾活动在锡尔河北岸一带。公元前141年前后，由于这里又被塞种人所占据，这支吐火罗四部集团被迫越过阿姆河，进入巴克特里亚（今阿富汗西北），在此过程中，他们消灭了由当地希腊人后裔所建立的希腊—巴克特里亚王国（Graeco-Bactria Kingdom），并很快定居下来。⑤故张骞在公元前128年左右到达这里时，称吐火罗人所建立之国家为"大夏"，而这一地区亦因之为后世称为"吐火罗斯坦"（Tukhāristān），玄奘则称之为"覩货逻国故地"。

吐火罗人是最早沿丝绸之路向东方发展的原始印欧人群中的一支。尽管由于时代较早，有关他们早期活动的情况在各种东西文献的记载中大多湮没无闻，但他们的迁徙对于丝路沿线，尤其是西域地区各绿洲城邦国的形成、早期的文化积淀等方面的影响是极为深远的。随着吐火罗人的神秘面纱逐渐

---

① *Geography of Claudius Ptolemy*, Translated into English and Edited by E. L. Stevenson, New York, 1932. 汉译文参见（法）戈岱司：《希腊拉丁作家远东古文献辑录》，耿昇译，中华书局1987年版，第33、36页。有关考证参见 W. W. Tarn, *The Greek in Bactria and India*, Cambridge, 1951, p.517.
② 参见《伊吾县志》，新疆大学出版社1994年版，第288—290页。
③ W. W. Tarn, The Greek in Bactria and India, p.516.
④ 参见余太山：《大夏大月氏综考》，《中亚学刊》第三辑，中华书局1990年版，第31—32页。
⑤ *The Geography of Strabo*, with an English Translation by H. L. Jones, London, 1916, pp.259-261.

被揭开,其在早期丝绸之路开通中的地位和作用无疑将被人们重新认识,有学者则径称吐火罗人为"开拓丝绸之路的先驱"。①

二、月氏人

月氏是丝绸之路上古老的印欧民族,也是最早见诸汉文文献记载的游牧民族之一,又被写作"禺氏"、"禺支"、"牛氏"、"月支"等形式。早在先秦时期,月氏就已经活动在中国西北地区,并一度成为该地区一支最为强盛的游牧势力。由于地扼早期东西方交通的要冲,月氏几乎垄断了西域与中原之间的玉石贸易,汉文文献甚至称经月氏输入的玉石为"禺氏之玉"。所以,在丝绸西传之前,这条东西方交通道路又被称作"玉石之路"。②

关于月氏的族属问题,国际学术界曾先后提出过"突厥种说"、"羌种说"和"欧罗巴种(印欧人种)说"等三种主要的观点。近年来,随着有关考古发现的不断问世和多学科综合研究的不断深入,人们更倾向于认为月氏人所操的是某种印欧语(伊朗语或吐火罗语),在体质上虽融入了一些蒙古人种的因素,但其主体仍是高加索人种(白种人),原为一支古老的印欧民族。③《史记·大宛列传》注引《南州志》也明确指出,大月氏"人民赤白色,便习弓马"。

月氏人的原居地我们现在已无从探究,亨宁(W.B.Henning)曾提出了一种假说。他将月氏比附为西亚楔形文字中所见的 Guti 人,他们原来自波斯西部,占据并统治了巴比伦达百年之久;公元前 3000 年末期,Guti 人遭到了驱逐,遂离开了他们在中东的故乡,经波斯、中亚,来到了中国的西北地区。④ 如果考虑到月氏人所操的可能是印欧语系东支中的 Satem 语或一种伊朗语的话⑤,那么从该语言的地理分布来看,亨宁的假说是具有一定的合理性

---

① 林梅村:《开拓丝绸之路的先驱——吐火罗人》,《文物》1989 年第 1 期,第 72—74 页。
② 详见张广达、王小甫:《天涯若比邻》,中华书局(香港)有限公司 1988 年版,第 19—20 页。
③ 参见徐文堪:《"中亚东部铜器和早期铁器时代民族"国际学术讨论会综述》,《学术集林》卷九,上海远东出版社 1996 年版,第 262—279 页。余太山:《塞种史研究》,第 63—64 页。
④ 亨宁:《历史上最初的印欧人》,徐文堪译,《西北民族研究》1992 年第 2 期,第 23—24 页。
⑤ H.W. Bailey, *Indo-Scythian Studies: being Khotanese Texts*, Vol. VII, Cambridge University, 1985, pp.110-142.

的。但是，和大部分西方学者一样，亨宁也将月氏比定为东西方文献中所提到的吐火罗（Tocharoi）。然而，比较语言学的研究成果业已表明，吐火罗语属印欧语系中的 Centum 语。如前所述，包括吐火罗语在内的 Centum 语的故乡可能在中东欧一带，与 Satem 语的分布区域明显不同。所以，如果假定月氏人起源于中近东地区，那么它与吐火罗人之间的关系就需要审慎考虑。

西方学者热衷于将月氏比定为吐火罗是有其原因的。根据古代希腊文献的记载，大约在公元前 141 年，来自阿姆河北岸的包括 Asiani、Tocharoi、Pasiani 和 Sacarauli 在内的四部游牧集团进占巴克特里亚，消灭了希腊—巴克特里亚王国，从而结束了希腊人在当地长达近两个世纪的殖民统治，引起西方世界的震动。公元前 128 年，汉使张骞到达这里，称这一地区为"大夏"。根据他的记述，此时大夏已为大月氏所征服。[①] 所以，西方学者便很自然地将汉文文献中所说的"大月氏"与西方文献中所记载的吐火罗（Tocharoi）等四部游牧集团联系起来，并将吐火罗等同于月氏。[②] 如果将东西方文献的有关记载细加比较和分析，我们就会发现问题似乎并没有这么简单。

首先，根据希腊文献的记载，吐火罗等四部进占巴克特里亚、消灭希腊—巴克特里亚王国是在公元前 141 年左右。从汉文文献的记载来看，此时大月氏却活动在伊犁河、楚河流域，直到公元前 130 年才离开这里西徙阿姆河流域。[③] 所以，灭亡希腊—巴克特里亚王国的吐火罗四部与大月氏人无涉。这也表明，吐火罗与大月氏应分属于不同的民族群体，不能将两者简单地等同起来。

其次，如前所述，"大夏"一词是汉文文献中对"吐火罗"的不同译写形式。张骞称古代的巴克特里亚地区为大夏，表明这里在大月氏人到达前已经为吐火罗人所占据，与希腊文献的记载正合。这一地区亦因之被后世称为"觀货逻国故地"或"吐火罗斯坦"。公元前 130 年以后，这里虽然曾被月氏人所征服，但其王廷开始设在阿姆河（妫水）以北，后虽移廷河南，但

[①]《史记·大宛列传》。

[②] 这方面比较有代表性的著作是 Denis Sinor 主编的《剑桥早期内亚史》（*The Cambridge History of Early Inner Asia*, Cambridge University Press, 1990）。该书第六章"Indo-Europeans in Inner Asia"由美籍印度裔学者 A. K. Narain 所著，汉译文参见 A.K. 纳拉因:《内亚印欧人》，王欣译，《西北民族论丛》第十三辑，社科文献出版社 2016 年版，第 223—251 页。

[③] 参见余太山:《塞种史研究》，第 58 页。

该地区仍称"大夏"。大部分月氏人此后似仍活动在阿姆河以北的地区（如唐代的昭武九姓），南移的可能只是大月氏的上层统治集团。吐火罗人进占巴克特里亚后很快便在这里定居下来，接受了当地先进的生产、生活方式。①所以，张骞称大夏"其俗土著，有城屋，与大宛同俗。……大夏民多，可百余万"。而大月氏仍是一个逐水草的"行国"，"控弦者可一二十万"。②这种情况直到《汉书·西域传》的记载中仍未改变。所以，大月氏征服大夏以后，月氏与吐火罗是游牧的统治民族与定居的被统治民族的关系，不能把两者混为一谈。至于从对音上将"大夏"比定为"巴克特里亚"，也是站不住脚的。有学者已对此加以辩证，兹不赘言。③

第三，早在先秦时期，月氏与吐火罗（大夏）就活动在中国的北部地区。《逸周书·王会解》所附《伊尹朝献篇》中列举了 13 个活动在中国"正北"的游牧民族，其中就将"月氏"与"大夏"（吐火罗）并列，表明先秦时期周人已经意识到他们分属不同的民族群体，并将两者区分开来。尽管他们后来陆续西迁，但张骞西使时似乎仍保留有这方面的认识，并在他的有关记述中反映出来。

所以，综合以上分析，我们更倾向于认为，尽管月氏和吐火罗均属印欧人种，在历史上关系十分密切，但仍属于印欧人中不同的民族群体。

如果假定月氏人的故乡在近东一带，那么他们东徙的路线很可能是先经过波斯进入中亚草原，后又沿天山南北进入河西走廊。从后来月氏西迁的路线来看，他们东徙时所走的路线很可能也是天山北麓一线。

从《逸周书》及《穆天子传》的有关记载来看，月氏至少在春秋时期就已活动在中国北方的一些地区。《史记·大宛列传》称："始月氏居敦煌、祁连间。"据研究，汉代所说的"祁连"实际上是今天的天山。所以，月氏在西迁塞地（今伊犁河、楚河流域）之前的活动中心主要在"东起今祁连山以北，西抵今天山、阿尔泰山东麓"一带；而在先秦时期，其"势力曾一度东

---

① 参见内田吟风：《吐火罗（Tukhāra）国史考》，《东方学论集》，东京，1972 年，第 106 页注 3。斯英琦、徐文堪汉译载《民族译丛》1981 年第 2、3 期。
② 《史记·大宛列传》。
③ 参见杨建新：《吐火罗论》，《西北史地》1986 年第 2 期，第 18—31 页。

向伸展至河套内外"。① 唐代仍活动在阿姆河以北的撒马尔罕地区的所谓昭武九姓胡人即为西迁大月氏的余裔，他们在追述故地的时候均不约而同地将其置于河西走廊的昭武城，即今天甘肃临泽一带。② 结合《史记》、《汉书》的有关记载可知，月氏西迁前活动的中心地区仍然在河西走廊。

匈奴兴起前，月氏已成为中国西北的一支最为强盛的游牧民族。匈奴单于冒顿在即位前曾被作为人质送往月氏。公元前209年冒顿弑父自立，随后东击东胡、西击月氏，匈奴从此强大起来。公元前176年左右，冒顿在致汉文帝的一封信中声称："今以小吏之败约故，罚右贤王，使之西求月氏击之。以天之福，吏卒良，马强力，以夷灭月氏，尽斩杀降下之。"③ 但是，冒顿此言显然有夸大之嫌。据《史记·大宛列传》的记载，直到老上单于时（前174—前161），匈奴尚有"杀月氏王，以其头为饮器"的行动。此外月氏也并没有被"夷灭"或"尽斩杀降下之"，只是在匈奴的不断打击下，大部西迁伊犁河、楚河流域所谓的"塞地"，史称"大月氏"。④

大月氏的西迁导致了中亚草原一系列民族迁徙活动的发生。原驻牧于伊犁河、楚河流域的塞种人被迫西迁，史称"塞王南君罽宾。塞种分散，往往为数国。自疏勒以西北，休循、捐毒之属，皆故塞种也"⑤。不仅如此，塞种人还进一步深入到了印度次大陆，从而使印度和阿拉霍西亚（Arachosia）从公元前1世纪开始便进入了所谓的"塞种帝国时代"。⑥ 前述吐火罗四部游牧集团进占巴克特里亚、灭亡希腊—巴克特里亚王国的举动，很可能也是在这一背景下进行的。

大约在公元前130年左右⑦，西迁的大月氏又被乌孙人所击破，遂西迁至中亚的锡尔河、阿姆河流域，并征服了占据巴克特里亚的吐火罗人（大夏）。

---

① 余太山：《塞种史研究》，第55—56页。
② 《新唐书·西域传》，并参见《辞海·历史地理分册》"昭武九姓"条，上海辞书出版社1982年版。
③ 《史记·匈奴列传》。
④ 大月氏西迁的时间一般认为在公元前174至前160年，亦即老上单于在位时期，参见王治来：《中亚史纲》，湖南教育出版社1986年版，第89页。也有人认为在公元前177年或前176年，亦即右贤王西击月氏时，参见余太山：《塞种史研究》，第56—57页。
⑤ 《汉书·西域传》。
⑥ 参见加文·汉布里主编：《中亚史纲要》，吴玉贵译，商务印书馆1994年版，第56—57页。
⑦ 有关大月氏离开伊犁河、楚河流域的时间，请参阅余太山《塞种史研究》第57—58页的考证。

大月氏初建王廷于妫水北,后又南移至巴克特里亚。据研究,此后在这里兴起的贵霜王朝同大月氏有着密切的关系,而贵霜在古代东西方文化交流中所起的重要作用早已为国际学术界所公认。① 此外,大部分大月氏人仍活动在河中地区的撒马尔罕,并与当地居民相融合;隋唐时期,他们又以昭武九姓的面目出现,活跃于当时的东西方经济贸易和文化交流的各种活动之中。所以,大月氏的西迁不仅导致了古代丝路中段政治格局和民族结构的改变,为这一地区社会经济文化的发展注入了新鲜的血液,而且也为促进东西方文明的进步和经济文化的交流做出了卓越的贡献。

在大月氏从河西走廊西迁的同时,"其余小众不能去者,保南山羌,号小月氏"②。这些残留下来的月氏人主要活动在从河西走廊到昆仑山一线。《魏略·西戎传》云:"敦煌西域之南山中,从婼羌西至葱岭数千里,有月氏余种葱茈羌、白马、黄牛羌,各有酋豪,北与诸国接,不知其道里广狭。"③他们与羌族杂居相处,逐渐为羌族所融合。所以《后汉书·西羌传》称其"被服饮食言语略与羌同"。西晋末年,部分小月氏人的后裔甚至深入到了关中及其邻近地区,而在敦煌、吐鲁番和罗布泊等地区亦可看到有关他们零星活动的材料。④ 直到五代时期,还有一支被称作"仲云"的"小月氏之遗种"活动在沙州(敦煌)以西地区。⑤ 此后,小月氏之名便从历史上消失,散处各地的小月氏人后裔最终完全融入了中华民族多元一体的发展浪潮之中。作为古代印欧人种的一支,他们的汇入无疑丰富了以蒙古利亚人种为主体发展而来的汉民族的内涵。

三、乌孙人

乌孙也是较早见于汉文史籍的印欧人,至少在秦汉之际就已游牧在河西

---

① 详见沈福伟:《中西文化交流史》第二章、第三章,上海人民出版社1985年版。
② 《史记·大宛列传》。
③ 《三国志·魏志·乌丸鲜卑东夷传》注引。
④ 详见荣新江:《小月氏考》,《中亚学刊》第三辑,中华书局1990年版,第57—59页。
⑤ 《新五代史·四夷》云:"沙州西曰仲云,其牙帐居胡卢碛。云仲者,小月氏之遗种也,其人勇而好战,瓜沙之人皆惮之。"

走廊以西的地区。张骞西使被拘匈奴时听说，乌孙为匈奴西边的小国，"本与大月氏俱在祁连、敦煌间"①。此时乌孙已西迁伊犁河、楚河流域。从天山北麓一线所发现的乌孙墓群来看，他们西迁前可能主要活动在准噶尔盆地。至于他们何时、从何地来到这里，我们已无从探究了。

日本学者多根据汉文史籍中残存的一些乌孙的语言学材料，认为乌孙所操的为突厥语②，或径直说乌孙"属于突厥种，乌孙的音为 Asein、asän 或 asin，大概就是后来突厥的阿史那氏的祖先"③。有人认为"乌孙"之音相当于突厥语中的"uysun"，意为"团结"、"联合"。④乌孙最后为突厥语民族所融合，今哈萨克族中还有一个叫"乌孙"（或"玉孙"）的部落，恐与历史上的乌孙人有关。不过，乌孙兴起于前，突厥勃兴于后，故突厥语中融有一些乌孙语的词汇亦未可知，更何况乌孙语中的一些词在原始印欧语中也能得到合理的解释⑤，故不能以此遽断乌孙属突厥族或突厥种。从体质特征来分析，乌孙应为印欧人种，属古代印欧民族的一支。

唐代颜师古在为《汉书·西域传》"乌孙"条作注时就已经指出："乌孙于西域诸戎，其形最异。今之胡人青眼赤须状类弥猴者，本其种也。"乌孙本为印欧人种的体质外貌特征昭然若揭。有学者根据上述记载推断，乌孙属浅色素的诺的克（Nordic）种族。⑥而近年来，通过对伊犁昭苏土墩墓所出乌孙人头骨的体质人类学分析，人们发现其"主要成分是以短颅为特征的欧洲人种中亚的两河类型（包括个别前亚类型）和少数欧洲人种和蒙古人种间的混杂型"。结合苏联学者对七河地区乌孙头骨的研究成果，可以断定"各地方乌孙是体质上比较一致的种族人类学集团"。由此推断，"乌孙在西去以前（在河西走廊）便是欧洲人种或欧洲人种占优势的类型。或者

---

① 《汉书·张骞传》。
② 参见羽田亨：《中央亚细亚的文化》，张宏英译，商务印书馆1938年版，第8—9页；同书增订重译本作《西域文化史》，耿世民译，新疆人民出版社1981年版，第6—7页。
③ 白鸟库吉：《东西交通史上之游牧民族》，傅正译，《蒙古史研究参考资料》新编第35辑（总第60辑），1984年，第58页。
④ 王明哲、王炳华：《乌孙研究》，新疆人民出版社1983年版，第42页。
⑤ 据法国学者列维研究，乌孙王号"昆莫"之"昆"字，相当于吐火罗语中的 Kaun 或 kon，意为"日（太阳）"，参见《所谓乙种吐火罗语即龟兹语考》，冯承钧译，《吐火罗语考》，中华书局1957年版，第41页。今哈萨克语中太阳也被称作"Kün"，参见《乌孙研究》，第76—77页。
⑥ 参见林惠祥：《中国民族史》下册，商务印书馆1936年版、1993年影印本，第299页。

说，西徙前和西徙后的乌孙，可能具有相同或较为接近的人类学类型"①。所以，从文献记载和体质人类学的研究成果来看，乌孙本为古代印欧民族的一支殆无疑义。

值得注意的是，乌孙在体质形态上还保存有时代更早的原始欧洲人种古欧洲人类型（主要为安德罗诺沃型）特点，"在人类学关系上，乌孙同其前期居民之间存在密切的联系"②。这表明，至少秦汉之际就已经出现在河西西部的乌孙人很可能是从中亚草原迁徙来的。这一点与前述早期印欧人东向发展的总趋势也是一致的。据苏联学者的研究，乌孙人的头骨中除了安德洛诺沃型之外，还有中亚两河型、北欧型和地中海与北欧型之间的类型，说明"乌孙不是单一类型而是多类型组成的"③。《汉书·西域传》"乌孙"条云："大月氏西破走塞王，塞王南越县度，大月氏居其地。后乌孙昆莫击破大月氏，大月氏徙西臣大夏，而乌孙昆莫居之，故乌孙民有塞种、大月氏种云。"如前所述，吐火罗（大夏）与月氏都是古老的印欧人，他们出现在中国西北地区的时间要早于乌孙，后来又先后西迁伊犁河、楚河流域（即七河地区，即汉文文献中所说的"塞地"），并在此停留过一段时间；而这里本来就是塞种人传统的活动中心。所以，乌孙人后来占据这里，融合了残存于这一地区的吐火罗人、月氏人、塞种人等印欧人就不奇怪了。

体质人类学的研究成果业已证明，天山南部、塔里木盆地的早期居民亦多属从西方徙入的古代印欧人种民族。④其中古墓沟人的头骨基本属于北欧型，与之相近的还有哈密焉不拉克古墓所出头骨；楼兰城郊古墓所出头骨则属于所谓的地中海东支（或称印度—阿富汗）类型，与之相近的还有洛甫山普拉古代丛葬墓所出头骨，以及塔什库尔干塔吉克自治县香宝宝古墓所出可能属于古代塞人遗存的人类头骨。国际上多学科综合研究的成果表明，塔里木盆地出现的这些早期印欧人种居民的遗骨（体）同吐火罗人或月氏人有着密切

---

① 均请参见韩康信、潘其风：《新疆昭苏土墩墓古人类学材料的研究》，原载《考古学报》1987 年第 4 期，收入韩康信：《丝绸之路古代居民种族人类学研究》，新疆人民出版社 1995 年版，第 261—304 页。
② 韩康信：《丝绸之路古代居民种族人类学研究》。
③ 韩康信：《丝绸之路古代居民种族人类学研究》，第 287 页。
④ 详见韩康信：《新疆古代居民种族人类学的初步研究》，原载《新疆社会科学》1985 年第 6 期，收入《丝绸之路古代居民种族人类学研究》，第 1—32 页。

的关系，很可能属于吐火罗人或月氏人的文化遗存。[①] 这一点对于我们认识吐火罗人或月氏人的体质形态特征无疑具有重要价值。如果是这样的话，那么吐火罗人和月氏人在体质形态上就应属于古代印欧人种的北欧型和地中海型，与主要属于中亚两河型（或称帕米尔—费尔干型）的乌孙人明显分属古代印欧人中的不同族群。塞人在体质形态上也属于地中海东支型。乌孙在占据伊犁河、楚河流域后融合了残留在这里的吐火罗人、月氏人和塞人，所以乌孙人中也就出现了北欧型、地中海型或介于两者之间类型的其他印欧人种的成分。所有这些与《汉书·西域传》中"故乌孙民有塞种、大月氏种"的记述完全可以交互印证。

此外，乌孙人类学类型的另一个特点便是少量蒙古人种特征的混合，而且越往东这一特点越明显。具有这种混合特点的乌孙头骨在类型上有些接近匈奴。[②] 这表明乌孙在西迁前曾与蒙古人种的民族发生过接触。据《汉书·张骞传》的记载，乌孙在河西西部活动的时候，其王难兜靡为大月氏攻杀[③]，部众投奔匈奴，其新生之子昆莫亦为匈奴单于收养。匈奴单于将昆莫抚养成人后，将乌孙部众又交还给他，并助其复国。所以乌孙在西迁前与匈奴的关系是相当密切的。在此期间，乌孙人中融入一些匈奴人的成分也是很自然的。

匈奴军臣单于在位期间（前161—前126），乌孙昆莫在匈奴的支持下西击大月氏以报杀父之仇，并占据了伊犁河、楚河流域，从此势力逐渐壮大，不肯听命于匈奴。匈奴派军前往征讨，也为乌孙所击退，双方关系开始恶化。[④] 汉朝乘机联络乌孙以制匈奴，并先后将细君公主和解忧公主嫁给了乌孙

---

① 参见 A Collection of Papers on the Mummified Remains Found in the Tarim Basin, Edited by Victor H. Mair, *the Journal of Indo-European Studies*, Vol.23, No.3-4, 1995。
② 韩康信：《丝绸之路古代居民种族人类学研究》，第284、287页。
③ 《史记·大宛列传》云难兜靡为匈奴所杀。匈奴最初在西方的主要敌人是月氏，而乌孙又在月氏的西部，所以很难想象匈奴会越过月氏攻击乌孙。此外，《史记》、《汉书》都说难兜靡死后，其子昆莫为匈奴所收养，乌孙民众亦多归附匈奴。匈奴单于在昆莫长大后将其父的部众交还给他，助其复国。如果难兜靡是匈奴所杀，那么匈奴单于的上述做法明显与情理相悖。所以，比较合理的解释只能是难兜靡被月氏所杀后，乌孙民众投奔匈奴。匈奴单于将难兜靡之子昆莫抚养成人，助其复国，并用以进一步打击匈奴在西方的大敌月氏。于是才有以后昆莫西击月氏、占据塞地之事。乌孙西迁后虽然势力逐渐壮大，不肯听命于匈奴，但仍保持中立状态；匈奴为此发兵征讨，却被乌孙击退，双方关系从此才开始恶化。即使这样，当汉朝试图联合乌孙以制匈奴的时候，乌孙昆莫的态度也十分冷漠。乌孙与匈奴早期的关系由此可见一斑。
④ 《汉书·张骞传》。

王。细君公主与乌孙王军须靡生有一女。解忧公主与乌孙王翁归靡则生有三男二女,"长男曰元贵靡;次曰万年,为莎车王;次曰大乐,为左大将;长女弟史,为龟兹王绛宾妻,小女素光,为若呼翕侯妻"。她后来又嫁给了有"狂王"之称的泥靡(军须靡之子),并生有一男曰鸱靡。[1]所以,至少在乌孙王族中就融入了汉人的血统,在体质形态上便混入了蒙古利亚人种的一些特征。苏联学者金兹布尔格研究了唯一一个所谓"天山乌孙—月氏期"的、具有典型蒙古人种特征的女性头骨,并指出这个头骨可能是汉族妇女的。[2]从上引汉文史籍的记载来看,这种可能性是完全存在的。

乌孙西迁后,势力逐渐壮大,"户十二万、口六十三万、胜兵十八万八千八百人",一度成为西域地区的"最为强国"。[3]西汉宣帝甘露元年(前53),乌孙分为大、小昆弥二部,从此内乱不已,纷争不断,其力量逐渐受到削弱。到元始年间(前12—前9),乌孙"两昆弥皆弱",已呈现出衰微之势。5世纪中叶以后,乌孙不断受到蠕蠕(柔然)的侵扰,被迫西徙葱岭山中[4],从此退出了丝路历史舞台。在以上半个世纪的时间里,乌孙作为丝绸之路上的一支重要的游牧势力,始终与中原王朝保持着密切的联系,与邻近的西域诸国也基本上保持着良好关系。张骞第二次出使西域时,"乌孙发导译送骞还"[5],北魏董琬、高明西使时,"乌孙王为发导译达二国(破洛那、者舌)"[6]。由于乌孙在对外关系上采取了"中立"的政策,较好地处理了与周围诸民族国家的关系,从而有效地保证丝绸之路草原段的畅通,为6世纪前东西方政治、经济、文化交流活动的顺利开展做出了重要的贡献。

与吐火罗、月氏等其他印欧民族不同,乌孙的主体在历史上始终过着"无城郭、随畜牧、逐水草"式的游牧生活,直至最终被融于游牧的突厥语民族(如哈萨克族)中后也依然如此。所以,相对于后来陆续在丝路沿线走向定居的吐火罗、月氏来讲,乌孙在各地的文化积累较为薄弱,对后世的影

---

[1] 《汉书·西域传》"乌孙"条。
[2] 参见韩康信:《丝绸之路古代居民种族人类学研究》,第284—285页。
[3] 《汉书·西域传》。
[4] 《北史·西域传》。
[5] 《史记·大宛列传》。
[6] 《北史·西域传》。

响也要小于前两者。尽管如此,乌孙仍在体质上为一些突厥语民族的发展注入了新鲜的血液,成为现代哈萨克族族源中的一个重要组成部分。

以吐火罗人、月氏人和乌孙人为代表的早期印欧人群的东徙活动,不仅在客观上造成了东西方早期陆路交通的开通,形成了东西方文明之间的初始联系,而且还具有如下几点意义:

1. 中国西部单一的种族结构被打破。体质人类学的研究成果表明,黄河流域最初是蒙古利亚人种为主的诸民族活动的地区,吐火罗人、月氏人和乌孙人等印欧人种族群的到来则为这一带,尤其是今天新疆地区的种族构成增加了新的成分,从而使中国西部古代民族关系的发展呈现出更加复杂的局面。以汉族为主的蒙古利亚人种诸民族的西向发展,以及以回鹘为代表的北方游牧民族的南下,最终在天山南北与他们发生撞击和融合,并汇流成河,为近代新疆民族的形成奠定了基础。

2. 早期印欧文明的引入。以考古学文化为例,目前新疆地区早期文化遗址中,铜石并用的现象相当普遍,其出现亦具突然性,缺乏与当地前期石器时代文化的承继关系,却与中亚青铜文化存在密切联系。有的(如古墓沟)青铜器的出现甚至早于中原地区,而且制作工艺已十分成熟和完备。这些无疑与印欧人群的东向发展有关。此外,有印欧语中"甲骨文"之称的"吐火罗语"文献在新疆地区的发现与解读,使人们更加明确了原始印欧人群在早期东西文明交流史中的重要地位与作用。

3. 创造东西合璧的西域文明。吐火罗等印欧人进入西域后,一部分与当地土著居民相融合,成为塔里木盆地诸绿洲城邦的主人。因为同属印欧人种,他们与中亚、印度、波斯的古代文明始终存在着某种天然的密切联系。西汉统一西域后,他们又成为中原王朝治下的一部分,沐浴在东方文化的滋润之下。在东西文化交流史上,他们不仅起到了桥梁和纽带的作用,而且还根据各自的文化传统,将东西方诸文化因子有机地结合在了一起,创造出独具地方特色的古代楼兰、龟兹等文化,成为早期东西方文化交流史中璀璨的一页。

原载《西北大学史学丛刊》第2辑,三秦出版社1999年版,第52—72页。

参考文献与缩略语

一、中文部分

（汉）司马迁撰：《史记》，中华书局1959年版。

（汉）班固撰：《汉书》，中华书局1962年版。

（晋）陈寿撰：《三国志》，中华书局1959年版。

（东晋）沙门释法显撰：《法显传校注》，章巽校注，上海古籍出版社1985年版。

（后晋）刘昫等撰：《旧唐书》，中华书局1975年版。

（北魏）郦道元撰：《水经注》，巴蜀书社1985年版。

（北齐）魏收撰：《魏书》，中华书局1974年版。

（宋）范晔撰：《后汉书》，（唐）李贤等注，中华书局1965年版。

（梁）肖子显撰：《南齐书》，中华书局1972年版。

（梁）沈约撰：《宋书》，中华书局1974年版。

（唐）李延寿撰：《北史》，中华书局1974年版。

（唐）慧立、彦悰：《大慈恩寺三藏法师传》，孙毓棠、谢方点校，中华书局1983年版。

（唐）玄奘、辩机：《大唐西域记校注》，季羡林等校注，中华书局1985年版。

（唐）魏徵等撰：《隋书》，中华书局1973年版。

（唐）房玄龄等撰：《晋书》，中华书局1974年版。

（唐）令狐德棻等撰：《周书》，中华书局1974年版。

（唐）李吉甫撰：《元和郡县图志》，中华书局1983年版。

（北宋）王钦若编：《册府元龟》，中华书局1960年版。

（北宋）司马光撰：《资治通鉴》，中华书局1956年版。

（北宋）欧阳修、宋祁撰：《新唐书》，中华书局1975年版。

（北宋）欧阳修撰：《新五代史》，中华书局1974年版。

（清）郝懿行：《山海经笺疏》，巴蜀书社1985年版。

（清）阮元校刻：《十三经注疏》，中华书局1980年版。

《辞海·地理分册·历史地理》，上海辞书出版社1981年版。

岑仲勉1958=《西突厥史料补阙及考证》，中华书局1958年版。

——1981=《汉书西域传地理校释》，中华书局1981年版。

陈戈1981=《帕米尔高原古墓》,《考古学报》1981年第2期,第199—216页。

——1991=《略论焉不拉克文化》,《西域研究》1991年第1期，第81—96页。

——1995=《楼兰古灌溉渠道及其相关的一些问题》，穆、张编1995，第252—274页。

陈国灿1980=《唐乾陵石人像及其衔名的研究》,《文物集刊》2，文物出版社1980年版，第189—203页。

冯承钧1957=《西域南海史地考证论著汇辑》，中华书局1957年版。

冯译1934=〔法〕沙畹：《西突厥史料》，冯承钧译，商务印书馆1934年版。

冯译1957a=〔法〕伯希和、烈维：《吐火罗语考》，冯承钧编译，中华书局1957年版。

冯译1957b（一至七）=《西域南海史地考证译丛》（第一至七编），冯承钧编译，中华书局1957年版。

范祥雍：《洛阳伽蓝记校注》，古典文学出版社1958年版。

甘博文物队1977= 甘肃省博物馆文物队：《甘肃灵台白草坡西周墓》,《考古学报》1977年第2期，第99—129页。

高译1985=〔日〕山口瑞凤：《吐蕃统治的敦煌》，高然译,《国外藏学研究译文集》第一辑，西藏人民出版社1985年版，第32—63页。

耿译1985=〔法〕哈密顿：《仲云考》，耿昇译,《西域史论丛》第二辑，新疆人民出版社1985年版，第163—189页。

——1987=〔法〕戈岱司:《希腊拉丁作家远东古文献辑录》,耿升译,中华书局 1987 年版。

耿、穆译 1989=〔法〕费琅:《阿拉伯波斯突厥人东方文献辑注》,耿昇、穆根来译,中华书局 1989 年版。

耿世民译 1981a=〔俄〕巴尔托里德:《中亚简史》,耿世民译,新疆人民出版社 1981 年版。

耿世民译 1981b=〔日〕羽田亨:《西域文化史》,耿世民译,新疆人民出版社 1981 年版。

韩康信 1985=《新疆古代居民种族人类学的初步研究》,《新疆社会科学》1985 年第 6 期,第 61—71 页。

——1986a=《新疆孔雀河古墓沟墓地人骨研究》,《考古学报》1986 年第 3 期,第 361—383 页。

——1986b=《新疆楼兰城郊古墓人骨人类学特征的研究》,《人类学报》1986 年第 3 期,第 227—242 页。

——1987a=《塔吉克县香宝宝古墓出土人骨》,《新疆文物》1987 年第 1 期。

——1987b= 韩康信、左崇新:《新疆洛浦桑普拉古代丛葬头骨的研究与复原》,《考古与文物》1987 年第 5 期,第 91—99 页。

——1990=《新疆哈密焉不拉克古墓人骨种系成分研究》,《考古学报》1990 年第 3 期,第 371—390 页。

郝译 1984=〔英〕阿·克·穆尔:《一五五〇年前的中国基督教史》,郝镇华译、蒋本良校,中华书局 1984 年版。

贺译 1956=〔日〕羽溪了谛:《西域之佛教》,贺昌群译,商务印书馆 1956 年版。

侯灿 1995=《论楼兰城的发展及其衰落》,穆、张编 1995,第 20—55 页。

胡平生 1991=《楼兰出土文书释丛》,《文物》1991 年第 8 期,第 41—47、61 页。

黄怀信等 1995= 黄怀信、张懋镕、田旭东撰:《逸周书汇校集注》,李学勤审定,上海古籍出版社 1995 年版。

黄靖 1987=《贵霜帝国的年代体系》,《中亚学刊》第二辑,中华书局

1987年版，第16—50页。

黄盛璋 1985=《试论所谓"吐火罗语"及其相关的历史地理和民族问题》，《西域史论丛》第二辑，新疆人民出版社 1985 年版，第 228—268 页。

——1989a=《关于甘州回鹘的四篇于阗语文书疏证》，《新疆文物》1989 年第 1 期，第 1—33 页。

——1989b=《敦煌文书中的"南山"与仲云》，《西北民族研究》1989 年第 1 期，第 4—12、116 页。

——1995=《中外交通与交流史研究》，安徽教育出版社 1995 年版。

黄文弼 1981=《西北史地论丛》，上海人民出版社 1981 年版。

季羡林 1982=《中印文化关系史论文集》，生活·读书·新知三联书店 1982 年版。

——1991=《中印文化交流史》，新华出版社 1991 年版。

——1993=《敦煌吐鲁番吐火罗语研究导论》，台北新文丰出版公司 1993 年版。

季羡林等 1985=《大唐西域记校注》，中华书局 1985 年版。

劳译 1985=〔日〕森安孝夫：《吐蕃在中亚的活动》，劳江译，《国外藏学研究译文集》第一辑，西藏人民出版社 1985 年版，第 64—130 页。

李并成 1995=《河西走廊历史地理》，甘肃人民出版社 1995 年版。

李铁 1984=《焉耆—龟兹文的研究》，《中国民族古文字研究》，中国社会科学出版社 1984 年版，第 56—63 页。

李译 1991=〔美〕H. 因伐尔特：《犍陀罗艺术》，李铁译，上海人民美术出版社 1991 年版。

林干 1983= 林干选编：《匈奴历史论文选集》，中华书局 1987 年版。

——1987= 林干选编：《突厥回纥历史论文选集》，中华书局 1987 年版。

林梅村 1988=《沙海古卷》，文物出版社 1988 年版。

——1989=《开拓丝绸之路的先驱——吐火罗人》，《文物》1989 年第 1 期，第 72—74 页。

——1995=《西域文明》，东方出版社 1995 年版。

——1996=Lin Meicun, A Formal Kharoṣṭhī Inscription From Subashi,《段

文杰敦煌研究五十年纪念文集》，世界图书出版公司北京公司1996年版，第328—347页。

罗译1984=〔苏〕威廉·巴托尔德：《中亚突厥史十二讲》，罗致平译，中国社会科学出版社1984年版。

吕澂1979=《印度佛学源流略讲》，上海人民出版社1979年版。

马雍1984=《古代鄯善、于阗地区佉卢文字资料综考》，《中国民族古文字研究》，中国社会科学出版社1984年版，第6—49页。

——1990=《西域史地文物丛考》，文物出版社1990年版。

孟凡人1990=《楼兰新史》，光明日报出版社1990。

——1991=《贵霜统治鄯善之说纯属虚构》，《西域研究》1991年第2期，第29—39页。

苗普生1984=《北魏鄯善镇、焉耆镇考》，《西北历史资料》1984年第2期，第42—47页。

莫任南1985=《中国和欧洲的直接交往始于何时》，《中外关系史论丛》第1辑，世界知识出版社1985年版，第26—33页。

穆舜英1995=《楼兰古尸的发现及其研究》，穆、张编1995，第370—391页。

穆、张编1995=《楼兰文化研究论集》，穆舜英、张平编，新疆人民出版社1995年版。

内田吟风1972=《吐火罗（Tukhāra）国史考》，《东方学论集》，1972年，第91—110页。

钱伯泉1989=《仲云族始末考述》，《西北民族研究》1989年第1期，第64—71页。

荣新江1990=《小月氏考》，《中亚学刊》第三辑，中华书局1990年版，第47—62页。

——1994=《西域粟特移民考》，《西域考察与研究》，新疆人民出版社1994年版，第157—172页。

——1995=《龙家考》，《中亚学刊》第四辑，北京大学出版社1995年版，第144—160页。

邵兴周1988=《洛浦县山普拉出山颅骨的初步研究》，《人类学报》1988

年第 1 期，第 26—38 页。

邵、王 1988= 邵兴周、王博：《扎洪鲁克二号墓两具古尸的初步研究》，《新疆文物》1989 年第 4 期。

《世界史便览》，生活·读书·新知三联书店 1983 年版。

水涛 1993=《新疆青铜时代诸文化的比较研究》，《国学研究》第一卷，北京大学出版社 1993 年版，第 447—490 页。

孙秉根等 1988= 孙秉根、陈戈：《新疆和静察吾乎沟口一号墓地》，《考古学报》1988 年第 1 期，第 75—99 页。

《吐鲁番出土文书》（1—10 册），文物出版社 1981—1990 年版。

王国维 1959=《观堂集林》，中华书局 1959 年版。

王国维校：《水经注校》，上海人民出版社 1984 年版。

王小甫 1992=《唐吐蕃大食政治关系史》，北京大学出版社 1992 年版。

王尧、陈践 1982=《吐蕃金石录》，文物出版社 1982 年版。

——1986=《吐蕃简牍综录》，文物出版社 1986 年版。

——1992=《敦煌本吐蕃历史文书》，民族出版社 1992 年版。

王译 1995=〔英〕赫德逊：《欧洲与中国》，王遵仲、李申、张毅译，何兆武校，中华书局 1995 年版。

王治来 1986=《中亚史纲》，湖南教育出版社 1986 年版。

王宗维 1987=《"敦煌"释名》，《新疆社会科学》1987 年第 1 期，第 61—72 页。

王仲荦 1993=《敦煌石室地志残卷考释》，上海古籍出版社 1993 年版。

张毅：《往五竺国传笺释》，中华书局 1994 年版。

温玉成 1983=《龙门所见中外交通史料初探》，《西北史地》1983 年第 1 期，第 61—68 页。

吴译 1994=〔美〕加文·汉布里主编：《中亚史纲要》，吴玉贵译，商务印书馆 1994 年版。

吴焯 1991=《佛教东传与中国佛教艺术》，浙江人民出版社 1991 年版。

向达 1957=《唐代长安与西域文明》，生活·读书·新知三联书店 1957 年版。

向译 1987=〔英〕斯坦因：《斯坦因西域考古记》，向达译，中华书局、上海书店 1987 年版。

肖译 1985=〔苏〕Ъ.Г. 加富罗夫:《中亚塔吉克史》,肖之兴译,中国社会科学出版社 1985 年版。

辛译 1993=〔日〕池田温:《八世纪中叶敦煌的粟特人聚落》,辛德勇译,刘俊文主编:《日本学者研究中国史论著选译》第九卷,中华书局 1993 年版,第 140—220 页。

徐文堪 1993=《关于吐火罗人的起源和迁徙问题》,第三十四届亚洲及北非研究国际学术大会论文打印稿,1993 年。

薛宗正 1992=《突厥史》,中国社会科学出版社 1992 年版。

杨建新 1986=《吐火罗论》,《西北史地》1986 年第 2 期,第 18—31 页。

杨建新等 1990= 杨建新、马曼丽主编:《西北民族关系史》,民族出版社 1990 年版。

杨铭 1993=《敦煌文书中的 Lho-bal 与南波》,《敦煌研究》1993 年第 3 期,第 10—15 页。

杨译 1984=〔印度〕A.K. 纳拉因:《月氏五翕侯》,杨瑞林译,《中外关系史译丛》第 1 辑,上海译文出版社 1984 年版,第 31—42 页。

尹盛平 1986=《西周蚌雕人头种族探索》,《文物》1986 年第 2 期,第 46—49 页。

《伊吾县志》,新疆大学出版社 1994 年版。

虞明英 1983=《新疆所出佉卢文书中的 Supi 人》,《魏晋隋唐史论集》第二辑,中国社会科学出版社 1983 年版,第 168—185 页。

余太山 1986=《嚈哒史研究》,齐鲁书社 1986 年版。

——1990=《大夏大月氏综考》,《中亚学刊》第三辑,中华书局 1990 年版,第 17—46 页。

——1992=《塞种史研究》,中国社会科学出版社 1992 年版。

——1995a=《两汉魏晋南北朝与西域关系史研究》,中国社会科学出版社 1995 年版。

——1995b=《第一贵霜考》,《中亚学刊》第四辑,北京大学出版社 1995 年版。

——1995c= 余太山主编：《西域文化史》，中国友谊出版公司 1995 年版。

——1996a= 余太山主编：《西域通史》，中州古籍出版社 1996 年版。

——1996b=《允姓之戎考》，《华夏文明与传世藏书》，中国社会科学出版社 1996 年版，第 673—711 页。

章巽：《法显传校注》，上海古籍出版社 1985 年版。

张、荣 1989= 张广达、荣新江：《关于敦煌出土于阗文献的年代及其相关问题》，《纪念陈寅恪先生诞辰百年学术论文集》，北京大学出版社 1989 年版，第 284—306 页。

——1993= 张广达、荣新江：《于阗史丛考》，上海书店 1993 年版。

张、耿 1980= 张广达、耿世民：《唆里迷考》，《历史研究》1980 年第 2 期，第 147—159 页。

张广达 1995=《西域史地丛稿初编》，上海古籍出版社 1995 年版。

张光直 1988=《中国古代史的世界舞台》，《历史月刊》1996 年第 10 期。

章译 1958=〔美〕麦高文：《中亚古国史》，章巽译，中华书局 1958 年版。

张星烺 1930=《中西交通史料汇编》，辅仁大学 1930 年版。

——1977=《中西交通史料汇编》，朱杰勤校订，中华书局 1977 年版。

赵丛苍等 1996= 赵丛苍、何利群：《塔里木地区羌人初探》，《中国史研究》1996 年第 2 期，第 26—34 页。

赵译 1994=〔德〕克林凯特：《丝绸古道上的文化》，赵崇民译、贾应逸审校，新疆美术摄影出版社 1994 年版。

椎尾辩匡 1912=《覩货罗の民族地理年代》，《史学杂志》第 23 编第 6 号，1912 年，第 681—694 页。

周连宽 1983=《婼羌国考》，《中亚学刊》第一辑，中华书局 1983 年版，第 81—90 页。

——1984=《大唐西域记史地研究丛稿》，中华书局 1984 年版。

周伟洲 1985=《吐谷浑史》，宁夏人民出版社 1985 年版。

——1993=《南茹考》，《中国历史地理论丛》1993 年第 2 期，第 241—251 页。

——1994=《吐谷浑在西域的活动及定居》，《西域考察与研究》，新疆人民出版社 1994 年版，第 256—275 页。

——1996=《苏毗与女国》，《大陆杂志》第九十二卷第四期，1996 年抽印本。

二、西文部分

Adams1984=Douglas Q.Adams, The Position of Tocharian Among the other Indo-European Languages, *JAOS*, 104.3,1984, pp.395-402.

Bailey1936=H.W.Bailey, Ttaugara, *BSOS*, VIII, Part4, 1935-1937, pp.883-921.

——1947=Recent Work in "Tocharian", *TPS*, 1947, pp.127-153.

——1970=TOKHARIKA, *JRAS*, 1970, pp.121-122.

Barthold1928=W.Barthold,*Turkstan down to the Mongol Invasions* (Second Edition), The Oxford University Press, London, 1928.

BSO(A)S=Bulletin of the School of Oriental(and African) Studies.

Burrow1935=T.Burrow, Tocharian Elements in the Kharoṣṭhī Documents from Chinese Turkstan, *JRAS*, 1935, pp.667-675.

Francalacci1995=Paolo Francalacci, DNA Analysis of Ancient Desiccated Corpses From Xinjiang, *JIES*, Vol.23, 1995, pp.385-397.

Frank1904=Beitrage aus Chinesischen Quellen Zur Kenntniss der Turkvolker und skythen, *Abhandllungen der Koniglichen Preussischen Akademie der Wissenschaft*, Berlin, 1904.

Gibb1923=H.A.R.Gibb, *The Arab Conquestsin Central Asia*, London, 1923.

Gimbutas1964=M.Gimbutas, Comments on Indo-Iranians and Tocharians: A Response to R.Heine-Geldern, *American Anthropologist*, 1964.

Haloun1926=Gustav Haloun, *Seit Wann kannten die Chinesen die Tocharer oder Indogermanen überhaupt*, Leipzig, 1926.

Henning1938=W.B.Henning, Argi and the "Tokharians", *BSO(A)S*, IX.3, 1938, pp.545-571.

Herrmann1952=Herrmann, Sacaraucae, in Pauly Wissowa: *Realencyclopäedie des Classischen Altertums Wissenschaft*, Stuttgart, 1952.

——1910=*Die alten Seidenstrassen zwischen China und Syrien*, Berlin, 1910.

──1931=*Loulan, China, Indien und Rom im Lichte der Ausgrabungen am Lobnor*, Leipzig, 1931.

Herzfeld1929=Ernst Herzfeld Sakastan, *Archeologische Mitterllungen aus Iran I*, Berlin: Dietrich Reimer, 1929, pp.70-80.

Hudūdal-Alam=Hudūdal-Alam, *The Regions of the World*, Translated and Explained by V.Minorsky, London, 1970.

JAOS=Journal of the American Oriental Society.

JIES=Journal of the Indo-European Studies.

JRAS=Journal of the Asiatic Society.

Kingsmill1882=The Intercourse of China with Westen Turkstan, *JRAS*, 1882.

Konow1991=*Corpus Inscriptionum Indicarum*,Vol. II, part1, reprinted New Delhi, 1991.

Krause1951=W.krause, Zur Frag mach dem Nichtindogermanischen. Substract des Tocharischen, *Zeitschrift für Vergleichende Sprachforschung*, 69, 1951, pp.3-4.

Krause and Thomas1960,1964=W.Krause and W.Thomas, *Tocharisches Elementarbuch*, Band I - II, Heidelberg, 1960, 1964.

Lane1970=George S.Lane, Tocharian: Indo-European and Non-Indo-European Relationships, *Indo-European and Indo-Europeans*, Philadephia, 1970.

Marquart1901-1903=Erānšahr, *nach der Geographie des PS Moses χorenac'I*,Vol. I - III, Gottingen, 1901-1903.

Müller1907=Beitrag zur genaueren Bestimmung der unbekannten Sprachen Mittelasiens, *SPAW*, 1907, pp.958-960.

Opie1995=Jams Opie, Xinjiang Remains and "the Tocharian Problems", *JIES*, Vol.23, 1995, pp.431-437.

Pinault1989=Tokharien, *LALIES*, Paris, 1989, pp.3-224.

Ptol1932=*Geography of Claudius Ptolemy*, Translated into English and Edited by E.L.Stevenson, NewYork, 1932.

Reinaud1848=J.T.Reinaud tr., *Géogrophie d'Aboulféda*, Paris, 1848, II.

Richthofen1877=*China*, Vol. I, Berlin, 1877.

Ringe1995=Donald Ringe, Tocharians in Xinjiang: The Linguistic Evidence, *JIES*, Vol.23, 1995, pp.439-444.

SPAW=Sitzungsberichte der Preussischen Akademie der Wissenschaften.

Strabo1916=*The Geography of Strabo*, with an English Translation by H.L.Jones, London, 1916.

Sulimirski1970=T.Sulimirski, *Prehistoric Russian*, London-NewYork, 1970.

Tarn1951=W.W.Tarn, *The Greek in Bactria and India*, Cambridge, 1951.

——1930=Seleucid Parthian Studies, *Proceedings of the British Academy*, XVI, 1930.

Thomas1931=F.W.Thomas, Tibetan Documents Concerning Chinese Turkstan, *JRAS*, 1931, pp.807-836.

——1951=*Tibetan Literary Texts and Documents Concerning Chinese Turkstan*, Ⅰ-Ⅱ, London, 1951.

Thomas1982=H.L.Thomas, Archaeological Evidence for the Migrations of the Indo-Europeans, *the Indo-Europeans in the Fourth and the Third Millenia*, Ann Arbor, 1982.

TPS=Transactions of the Philogical Society.

王静如1944=Wang Ching-ru, Arsi and Yen-Ch'i, 焉耆;Tochari and Yüeh-Shih 月氏, *Monumenta Serica*, Vol. Ⅸ, 1944, pp.81-91.

Winter1963=Werner Winter, Tocharians and Turks, *Uralic and Altaic Studies*, 23, 1963, pp.239-251.

——1984=*Studia Tocharica*, Poznan, 1984.

索　引

A

阿布都·拉赫曼 139，141
阿波罗多鲁斯 9
阿尔达汪五世 104
阿尔达希尔一世 104
阿尔金山 6，57，58，66，74
阿法纳西耶沃文化 26
阿富汗 17，20，118，119，129，177，184，191
阿缓城 108，113，115，119，123，125，126，127，132，136，137，147
阿克楚克塞 58
阿拉伯（文）17，82，113，129
阿拉哈巴德 98
阿拉美（人，文字）67
阿腊城 129
阿勒克戛图 58
阿利尼国 120
阿里亚巴德 129

阿姆河 5，6，17，35，44，79，80，86，89—91，93，95，100—111，113，117—120，122，128，136—139，150，151，184，186—188
阿捺腊城 128
阿契美尼王朝 78，80
阿耆尼 82
阿萨德 135，143，144，147
阿色尼 89
阿史那步真 125
阿史那都泥利 134，135，140，148
阿史那贺鲁 125，126
阿史那弥射 125—127，140
阿史那仆罗特勒 132
阿史那乌湿波 126，127，132—135，137，146
阿史那支汗那 132，134，135，140
阿史那骨咄禄颉达度 134，135，141，144
阿史那失里忙伽罗 135，144

索　引

阿史那乌那多 135

阿史那特勤仆罗 134，140，147，148

阿史那忠节 149

阿斯米拉亚地区 46

阿斯巴卡拉人 47

阿斯塔那古墓 148

阿阇黎耶旃陀罗 19

阿雅克库木湖 74

安德罗诺沃 25，27，177，178，182，191

安呾罗缚国 119

安国 95，110，128

安西 41，49，75，123，131，145

安西都护府 131

安息 41，49，75，123，131，145

安延师 142

安邑 38

泑泽 40，41，49，183

B

巴比伦 78，168，185

巴达赫尚 94，120，130

巴尔昌 127

巴尔蒂斯坦 129

巴格兰 118，129

巴赫兰·处宾 112

巴拉—黑萨尔 119

巴里黑 78，93，117，119

巴里坤 43

巴龙台（巴轮台）42，183

巴禄干村 139

巴米扬 107，130

巴克特里亚 4，5，8—11，14，15，19，22，23，26，28，31，32，36，37，42，44，47，48，50，55，60，61，63，78—82，84—96，98—101，103—106，108，113，116—118，122，127，128，151，166，177，184，186—189

巴克特拉 79，101

拔底延城 106，108

拔汗那 110，126，133，137

拔特山城 130

拜其尔村南墓地 43

白兰 75

白马（羌）59，189

白狄 39

白沙瓦 103，104

白水胡城 125

班勇 63

宝隆 149

包孜东墓地 29

豹胡 85

报蚤希思 111，112

贝希斯登 82

卑耳 39

卑路斯 104，127，136，137，140

北雅利安语 15
比龙 69—72
辩机 115，196
并波悉林 146
并奥恩 146
钵勃城（薄罗城）105，127
钵铎创那国 120
钵和 121
钵利曷国 120
钵罗州 128，129
钵逻耶伽国 133
拨换城 75
波多叉拏 120
波调 99，101，102，104
波罗的—斯拉夫语 24
波兰 25，26
波谜罗川 122
波斯（文）2，17，22，44，67，78，82，106，107，110—114，124，125，127，130—134，142，185，187，194
波斯都督府 131，137
薄布特勤 25
薄茅城 92，108
薄提城 107，108
薄知州 129
勃律（钵露，钵卢勒，波路，波仑，钵露罗）129
勃特山国 132
勃特没 144
播萨城 129
布哈拉 83，128，138
捕喝（布豁）128，138
步师城 131

C
曹国 95，142
漕矩 130，147
漕矩吒 130，147
赐支河 57
葱岭 17，58，59，95，113，115，116，118，120，122，128，143—145，189，193
葱茈羌 59，189
察吾乎沟口墓地 31，182
查士丁 87
尝归（安归）65
柴达木 74
车尔成（且末）62
赤鄂衍那国 117，134，141
赤水羌 58
迟散州 129
楚河 2，3，5，19，42—44，46，81，83，86，88，150，184，186—188，190—192
楚拉克阿干河 58，74
褚（措）瑟城 131
从化乡 148

D

大流士一世 82

大夏 3—7，9，10，15，19，20，22，26，28，34，36—41，44，48，58—61，78，80，83，85—100，105，107，108，116，118，119，122，124，126，127，129—132，137，151，152，183，184，186—188，191

大夏州 127

大宛 2，4，5，22，48，59，62，88，90，91，100，101，127，185

大阳 51

大食（大寔）44，131，133—148

大金国 51

大（打）柴沟 58

大汗都督府 130

大马士革 134，140，141

大檀州 129

达头 51，112

达头人 51

达拉哈斯 119

达罗毗荼 26

达摩 142

达摩悉铁帝国 121，131

呾度设 114，115，132—135，138，146，147

呾剌健国（多勒健，护密多）119，127

呾蜜国（怛满，怛没）117，131

怛逻斯 145，146

代翟 85

旦略 39，85

但钦 58

党河 40，49

德米特里 79

低（抵）宝那城 131

帝赊（阿史那支汗那）134，141

第聂斯特河 25，27，180，181

狄奥多德 79

典合城 73

叠仗州 130

丁零 71，158

丁零州 129

丁字口 58

东胡 39，43，85，188

董宛 105

兜勒 4，6—9，36，97，151，152

兜佉 7—9

兜佉勒 7—9

兜呿罗 8，9

兜沙罗 7—9

覩货逻（故国，国故地）6，8，9，13，16，21，28，29，34—36，55，57，59—63，94，114—124，127—132，146—150，181，184，186

都密 91，93，94，117

杜尚别 117，118

敦煌 2—6，9，10，12，13，15，
21，36，40—42，44，46—49，51，
53，54，59，69，73—75，148，
150，178，183，184，187，189，190
敦薨（之山，之水，之浦，之薮）4—
10，12，15，19，28，40，41，42，
49，51，84
咄城 125，128
多瑙河 26，170
多失 118，119

E
鄂地 38
鄂尔浑 12
遏换城 114，119
遏纥城 130
遏密城 131
俄罗斯 25，170，172，174

F
法显 69
发羌 58
发部落城 130
伐尸（婆什）色迦 120，123
法扎巴德 94，120，130
范阳国 107
梵衍那国（帆延国，失苑延国）
119，130
梵文 1，8，16，17，49，66，82，
120，121，163，164
费尔干那 83
芬—乌格里安语 25
佛教 4，7—9，16，19，21，32，
67，99，101，103
缚叱（缚吒，缚喝）127
缚刍河 115，137，141
缚伽浪国 118
缚喝国（缚底耶）118，119，137，
138
弗敌沙（国）105，108，116，127
弗敌州 128
弗栗特萨傥那国 119
弗里尼亚 25
弗立基亚语 24
扶风 20，37
柎罕 40
伏宝瑟颠城 130
伏厌城 130
伏允 56，72—74
伏戎 73
伏连筹 74
伏尔加河 20，25，167
伏卢州 129
傅介子 65
富楼沙城 105
富楼州 129
富尼人 47，48，49

G

盖嘉运 144
甘州 47，51，53，76
甘英 97
刚察 57
高昌 15，18，19，22，32，71，148
高车 71，72
高附 7，92，93，94，96，97，98，108
高附都督府 130
高加索 25，32，57，167，173，178
高居诲 2，3，12，53
高明 105，193
高辛氏 4，38
高仙芝 144，145
格劳布拉·阿姆弗罗文化 25
哥疾宁（加兹尼）147
公孙侨 38
古墓沟墓地 28，65
姑师 64，65，82
姑他 39，85
姑墨（和默）州都督府 128
古提人 178
骨咄施 130
骨咄施沃沙城 130
骨吐禄顿达度 123
广德 63
贵霜 34，67—70，74，82，83，91—108，112，113，117，118，121，122，147，177，189
妫水 59，88，89，91—93，100，128，186
妫水州 128
归义军 51
郭葛吐邸俟利发 125

H

哈巴纳人 46
哈拉湖 40，49
哈拉敦遗址 32
哈喇巴剌合孙 13
哈马丹 136
哈密 32，33，71，182，191
哈纳木丕 58
哈纳巴德 120
哈萨克斯坦 20，21
海巴克 118，129
韩拔 70
捍城 72
汉楼州 127
汉武帝 5
何国 95，125
贺兰山 39
赫里奥克里斯 86，90
赫拉特 111，112
赫拉特—伊曼 120
纥露悉泯健国 118
曷逻胡国 120

和墨城 92，108，128
和静 29
和田 201
河州 40
诃达罗支国 130
黑海大草原 25，27，182
呼揭 64
呼罗珊 135，138，143，144，146，147
忽鲁密斯 104
忽懔国 118，129
忽露摩国 117，123，147
忽婆城 128
护密（胡密，胡蜜丹，护蜜，故密）121，131，132，143
护毗（胡毗）色迦 102，103
护澡城 92，108
胡卢碛 2，3，12，53
胡维什卡 68
胡宴健国（护时犍国，护特犍国）119，131
花剌子模 82
黄帝 4，38
黄牛羌 59，189
慧超 8，128，137—139，147
慧立 8，196
回纥 75，76，142
回鹘（文，汗国）1，6，12—16，19，32，51，61，180，194

昏磨城 129
昏驮多城（镬侃，镇侃）121
霍光 65
活国 114，115，119，123，129，138，147
活路城 130
镬沙（沃沙）国 118
货利习弥 128

J
罽宾 7，86，90，94，96—98，114，130，132，147，188
疾陵城（陵城）131，137
济远 72
基什姆 120
寄多罗 105—109，113
继往绝可汗 125
迦布逻 110
迦尔汉 16
迦毕试 119
加里西亚 25
加里奈人 46
贾耳巴普尔 98
贾尔姆 120
颊厌伊城 129
监氏城 93，95，105，127
犍陀罗（语）34，64，67，68，80，98，100，101，103—106，116，122
江景玄 71

揭职国 117，119，128
捷尔梅兹 94，117
杰瑙 117
颉利发 114
颉苾达度 126，127，133
羯达健 149
羯师 123，144，145
羯城 128
晋阳 38
金柳城 40
精绝 55，61—63，66，67，70，76，103，150
久越得犍国 131
拘弥 63
沮渠安周 69，71
沮渠无讳 157
居繇 39，85
居鲁士大帝 78
鞠和衍那国 117，131
拘谜陀国 118，131
俱诃兰国 141
俱兰（俱罗弩，俱烂那）121，131
俱密（居密，久末陀，拘密支，拘谜陀）118，131，141
俱禄犍城 127
俱位国 142
具阙达官部落 129
麹文泰 133

K
卡菲尔尼甘河 117
卡拉查延 94
卡拉苏克文化 26，27，182
卡瓦克 119
卡西亚山区 46
卡约文化 57
喀尔巴阡山 25，27，167，180，181
喀什噶尔 15
喀布尔 96，98，104，130，147
凯尔特语 24，164，165，172，173
凯撒尔 119
阚骃 58
坎培萨 104
康国 73，95，110，125，131，141，142
康居 68，73，82，83，90，95，116
康艳典 73，74
康拂耽延 73
康尾义罗施 148
考恩—提别 118
考斯特 119
科巴迪安 117
科罗 110
克拉斯诺伍德斯克 127
克孜尔洞窟 21
克姆丹京都区 149
刻赤—苏尔霍勃 120
珂咄罗国 118

空同 39，85
孔雀河 20，28，33，55，65
孔雀王朝 79
库车 15，18，19，21，28，31，84，150，180
库尔干 25，27，56，118，168，169，171，174，175，181，191
库尔干—提尤别 118
库尔勒 42，183
库尔姆 118，129
库兰 121，131
库克查 120，121
库利亚布 118
库萨和一世 110
库沙布 130
昆都士（河）93，108，113，118，119，129，131
昆仑（山）38，40，41，58，59，179，183，189
昆陵都护府 125
昆氏 75
崑墟州都督府 131
阔悉多国 119

L
拉甫乔克墓葬 32
拉丁语 24，163—165
拉瓦坎 118
拉万 120

兰城 128，129，131
蓝市城 88，90，93，108
蓝氏州 127
李靖 57，74
李世民 74
李治 125
里海 26，169，173，174
凉州 50，51，70
灵台 20，37，197
临夏 40，41
临羌城 72
刘悛 71
刘恕 107
龙家 52—54，200
陇州 123，126，137
楼兰（城郊古墓）29，34，50，56，57，63—67，73，76，103，150，180，182，191，194
楼烦 85，39
鲁依 118
轮台 29，42
洛浦 28，182，191
洛阳 7，10，39，72，148，149
罗布泊 3，12，13，15，20，28，29，32，33，35，37，42，44，52，55，56，63—67，73，75
罗马 7，78，98，101，111，112，163
罗烂城 130

罗世那 148

罗易没 148

M

马林 10

马其顿 7，10，78—80

马尔吉亚那 8，79

马萨格泰人 80

马斯图季 94，121

马扎里沙里夫 118

秣菟罗 99，103

麻扎塔格 50，75

莽松莽赞 14

冒顿 43，64，188

貌胡 39

梅斯 10

梅尔维鲁德 112

蒙奇 7，8，97

米兰 66，74

米国 95，142

米利斯 149

密斯来代托斯一世 79

弥南 111

弥药 12，13，52

篾颉州 130

末城 72

莫贺咄 124，125

莫贺咄侯屈利俟毗可汗 125

莫贺达干 144

摩彦城 128

摩竭城 131

摸遆（摸廷）城 131

没庐氏 75

谋夫 83，112，114

穆国 95，125

穆罕默德 136

木杆可汗 110

木鹿（马里）119，136，143，144，147

瞢健国 120

慕阁 134，141

N

纳职 71

那囊氏 75

那色波国 95

那俱车鼻施 145

捺塞 134，139，140

南山（人，部族）2，15，40，42，46，48—53，58—60，66，189

南由 123，126，137

难兜 43，91

难兜靡 42，192

难陀 141

尼雅 29，34，35，61，62，64，84，180

尼壤 34，61

泥射 129

尼哈温 136
娘若 75
鸟飞州都督府 131
宁远国 142
忸密（州，城）128
弩羯城 128
弩支城 216

O
欧麦尔 136
欧克拉提德斯（攸克拉提德斯）79，90
欧西德莫斯（攸提德谟斯）79，90

P
帕尔哈尔 120
帕米尔 10，28，31，34，56，57，62，84，122，166，182，192
帕提亚 79，86，100，104
盘越州 128
旁遮普 80，96，98
裴矩 111，112
喷赤河 216
平阳 38
颇黎山 123
婆罗兰 104，105
婆罗谜 32，66，99，117，180
婆罗犀那大岭 119
蒲昌海 73

蒲桃城 73
蒲特山 137—139
濮达 96
普林尼 11，14，48

Q
其龙 39，85
齐桓公 4，39，184
祁连山 2，3，5，10，40，44，49，53，54，59，95，150，187
讫栗瑟摩国 120
乞施城 129
乞涩职城 130
奇特拉尔 94，121
奇沙州都督府 131
骑失帝城 130
契丹 110
钳敦国 105，108，116
千泉 114，125，132
羌（人，族）2，13，14，50，52，54，57—59，64，66，72，75，179，185，189
且末 28，29，34，35，55，56，58，62，63，66，67，69—76，125，157，182
迦腻色伽 97，99，100，102，103
伽倍国 105，108，116，128
伽倍州 128
伽那 125

龟兹 13—19，21—23，30，32
丘就却 91，96—99
屈浪拏国 121
去胡来 4，6，13，21，29，34，58，59，63
佉卢文 21，34，35，64，66—70，82，85，99，101，103，180
屈底波 134，138—143，147
群巴克墓地 30

R
日耳曼语 24，55，164，165，171—173
戎翟 39
戎庐 63
婼羌 14，50，51，58，59，62，63，66，75，189
柔然 70，71，105，110，193
蠕蠕 105，127，193
茹茹 110
锐秣陀国 119

S
萨尔马希安人 80
萨菲 119
萨里克—高盘 121，128
萨毗（泽，城）70，73，74
萨珊王朝 104，105，111
塞种（人，地，语）2，19，43，44，80，81，83，84，86，118，151，178，184，188，191，192
塞西安人 80
赛里斯 46—48
塞琉古王朝 79
色雷斯 7
色雷斯—弗立基亚语 24
莎车 39，63，84，85，108，128
沙布尔一世 104
沙州 2，12，13，52，53，70，73，76，189
沙律州 128
三堡 32
鄯善（国，郡）13，21，29，34，35，44，51，58，63—76，103，104，125，150，180
鄯善米 71，72，76
鄯伏陀 71
鄯州 71
山普拉 55，56，191
商弥国（双靡，舍弥，赊弥，俱位）121，122
商丘 38
身毒 88，90，91，130
身毒州 130
湿婆 101
室点密 110，111
失里忙伽罗丐 123
尸弃尼国 121，122

实沈 38
石城镇 73
石难 121
石国 95，114，125，132，142，143
石汗那 110，117，131，132，142，143
石匿国 132
石染典 148
史国 95，110，125，142
十部 124
十箭 124
十姓 110，124，125
斯基泰人 80
斯拉夫语 24，165，166
斯特拉波 9，11，14，44，48，80，81，84，89，184
四堡 32，71
俟斤 110
呬摩咀罗国 120，123
祀惟州 129
宋云 72，74
属庐氏 75
数瞒城 117，130
叔向 38
竖沙 39，85
疏勒 66，116，126，188
疏勒河 40，41，183
双河 125，127
双靡 91—94，108，121

双泉州 129
粟特（文）1，13，73，74，82，128
粟特州（粟弋州）128，131
苏定方 125
苏咄城 125
苏毗 70
苏尔汉（河）117
苏尔汉—科塔 117
苏尔霍勒河 118，120
苏萨 82
苏禄 144，145
肃宁 73
素伽 144
虽合水 125
碎叶（川）125，126
孙波 70
索格底亚那 10，11，79，80，89，90，100，104，106，166
琐罗亚斯德教 78

T
塔巴里 112，133，137，139，140，143，146
塔克拉 35
塔克拉玛干 35，57
塔利甘 131
塔洛坎 115，119，120，127
塔里木盆地 13，16，21，23，26—

35，37，38，42—44，48，52—57，59—67，69，70，72—77，79，83—86，98，103，116，150，151，175—183，192，195

塔吉克斯坦 17

塔什库尔干 56，118，191

太行 39

台吉乃尔湖 58

泰西封 104，136

唐兜 58，59

唐旄 58

唐荣 148

陶唐氏 36

桃槐州 129

特罗阿纳人 46

特罗古斯·普罗劳古 10

特勤 125，147

腾格里沙漠 39，40

天马（大马）都督府 130

天山 19，22，29，31，42，43，46，61，83，86，100，150，184，187，190，191，193，194

天竺（书，语）61，69，78，94，97，98，105，114，121

条支都督府 130

铁勒 72，114，132

铁门 17，144，115，116，123，128，133

庭州 125，126

统叶护可汗 114，115，124，132，133

吐蕃 2，3，14，50—52，54，73—76，123，136，144，145

吐呼罗 4，6，9，58，107，108，114，116，122

吐火罗 1—77，79—81，83—101，103—128，130—151，162，165，173，176—188，191—194

吐火罗斯坦 6，8，9，11，14—17，19，22，23，32，35，36，40，41，50，60，61，80，89，98，101，105—116，119，122—126，131—133，135—137，143—150，184，186

吐火罗佛延 148

吐火罗磨色多 148

吐火洛泉 41，49，184

吐豁罗 4，6，9

吐葫芦 43，184

吐（土）谷浑 72—74

吐鲁番 15，18，28，31，33，84，148，150，180

图（突）伦碛 56

土门 110

土冢—骨灰瓮文化 25，30

吐屯 114，145

兔葫芦 41，49，183

突厥 17，22，44，52，71，75—77，

109—120，122—133，135—138，143，145—148，167，171，185，190，194

突厥施怛驮城 130

突骑施汗国 135

推罗 10

托背梁遗址 43

托赫拉 35

拓跋焘 70

托勒密 1，2，9，10，46，47，49，88，118，183

W

瓦罕 94，118，121，128，148

万度归 70

王恢 65

王名远 123，127，132，137

王庭州都督府 131

尉屠耆 65

危须国 41，183

维什塔斯帕 78

温宿 82

倭塘 75

五堡 32

五咄陆部 124，125

五弩失毕部 124—126

乌垒 82

乌拉尔 25，167，172

乌拉喝（乌那曷）95，131

乌浒水 111，119，131，167，169

乌利多 142

乌秅 82

乌孜别克斯坦 17

乌孙 3，42，43，46，64，82，86，88，89，91，132，150，176，178，179，184，188—194

乌罗浑城 128

乌逻毡城 128

无雷 91

X

翕侯 91—101，105，108，109，114，116，120—128，131，193

希罗多德 82，83

西平郡 71

西戎州 130

西伯利亚 20，21，25，174，178

希腊文 1，3，9，11，12，13，15，16，17，90，99

希腊—巴克特里亚王国 5，9—11，19，22，23，26，31，37，47，50，61，63，79，80，86，87，90，93，101，117，118，126，127，151，184，186，188

锡尔河 11，12，31，44，61，79—81，83，86，128，136，138，184，188

锡斯坦 131

析面城 129
肸（�）顿 91—94，108，120
奚素 117，123，147
悉计蜜悉帝城 129
悉密言城 130
悉万斤国 107
黠戛斯 51
贤 63，66
显武 72
咸海 25，83
孅犁 39，85
祆教 78，101
香宝宝墓地 30
小宛 34，58，62，63，67，116
小安国 95
小史国 110
萧嗣业 125
谢䫻 110，130，132，142，147
解苏国 117，130，132
写凤都督府 130
兴都库什山 78，86，91，96，105，116，119，129，130
兴昔亡可汗 125
匈奴 2，39，43，46，49，53，58，59，63—66，85，86，91，95，106，167，184，188，190，192
休密 91—94，108，121，128，131，147
修鲜都督府 129，130

叙利亚 17，149
玄奘 6，8，13，16，17，28，29，34，35，55，57，59—63，82，94，114—123，127，130，133，134，138，147，181，184

Y
亚历山大大帝 78
亚美尼亚 82，165
亚利亚 79
雅忽比 117
嚈哒 22，44，105—120，122—124，130，140
焉不拉克（文化，墓葬，城堡）32，33，182，191
奄蔡 82
延城 48，106，108
艳城 131
彦悰 8
阎浮谒国 105，108，116
阎膏珍 98，99
焉耆 6，9，10，13—19，21—23，28—33，41，42，44，45，48，53，54，61，66，71，82—84，125，150，180，182，183
焉支 82
盐泽 64
阏伯 38
阳关 65，92

杨宣 69，70
叶尼塞 25，178
叶护 17，110—115，117，119—129，131—149
曳咥河 125
耶质蒲吉长老 149
翼城 38
义净 8
伊犁（河，伊列河）2，3，5，19，31，42—44，46，57，59，61，81，83，84，86，88，124，125，150，184，186—188，190—192
伊利可汗 110
伊兰（朗）文 17
伊难如达干罗底 142—144
伊捺吐屯屈勒 145
伊涅达干 125
伊吾 43，71，72，184
伊斯卡什米 94
伊塞顿（人，种族）46，47，80
伊循（城）66，69，82
伊莫斯山 10
伊塞克湖 10，11，19，31，44，86，150，184
伊施卡米失 129
伊嗣俟三世 136
易北河 25，27，180，181
乙毗咄陆可汗 124，126，133，137
乙毗射匮可汗 125，126

乙毗沙钵罗叶护可汗 125
益州 71
挹怛 110—114，122，123，127，134，135，139—141
意大利—凯尔特语 24
印度西北俗语 34，64，67，180
印度—巴克特里亚王国 79
应劭 6
淫薄健国 120，121
鱼尔沟墓地 31
欲谷设 124
于迦 52，102，103
于阗（文，塞语）1—3，12，13，15，34，50—57，62—64，66，68，71，72，75，76，82，100，112，116，127，130，132，150，176
玉门（关）58，63
扜泥（城）65，66
扜零城 62
尉迟乙僧 56，57
愉漫（国）117，123，130，147
虞乡 38
员渠 48
原始印欧人 18—23，25，27，29—33，36，45，150，151，166—168，170—174，178，181，182，184，194
原始吐火罗人 25
苑汤州 130

月氏 2—4，7，11—13，22，26，39，42—44，46，49，50，52，54，59—61，64，66，68，81—83，85，86，88—107，111—113，116，118，120，123，124，126，127，150，176—179，184—194

月支都督府 130

越得健（俱德健）117

悦般州都督府 131

允姓 81，82

Z

扎洪鲁克古墓 55

张骞 5，7，9，22，28，36，62，64，87—91，93，179，184，186，187，190，192，193

张骏 69

张匡邺 53

张彦远 56

赵破奴 65

昭武城 95，188

泽棱 131

折摩驮那故国 62

折薛莫孙国 105，108，116，121

赭时 110

真达 70

真珠可汗 126

郑伯 38

至拔州都督府 131

支汗那 117，132，134，135，140，141

咥利失可汗 124

子产 38

仲云 2，13，51—54，59，76，189

众熨 2

重云 2

众云 2

种榅 2

朱驹半 126

后 记

本书为中国社会科学出版社 2002 年初版《吐火罗史研究》的增订本。此次增订除修订了初版中的一些印刷讹误和参考文献外，还补充了英文目录，并以附录形式补充了两篇有关的专题研究论文，以反映最近的部分研究进展情况，其余则一仍其旧。

如前言所述，本书的研究迄今仍然只是初步的和尝试性的。限于当时的条件，文中的许多推论尚不成熟，对国际上相关研究成果的解读和利用也存在缺憾。2007—2008 年，笔者在美国康奈尔大学访学期间收集了西方学术界百余年的大量相关资料，拟在原始印欧人的起源与东向发展的背景下，全面考察包括吐火罗人在内的早期印欧人在东方的活动及其与早期东方民族与文明的关系。但是这项研究难度颇大，工作量也超出了想象，只好期望于在今后的持续研究中逐步推进对这一问题的研究。

余太山先生对本书的此次增订、出版给予了极大的关心、支持和帮助；冯纪儒同学则协助完成了校对和编制索引工作，在此一并致谢！

王 欣
2017 年 4 月